◎ 都市社会工作研究系列

本丛书获上海师范大学社会学重点学科建设项目资助(项目编号 DZW709);
本书为上海市教委课题“学校边缘青少年社交技巧团体训练探索”(项目编号 CW0449)部分成果

高校小组工作:研究与实践

张宇莲　主编

合肥工业大学出版社

序

我自2000年开始教授“小组工作”这门课，至今已有10年，逐渐形成了一套整合理论、专业实践、科学研究、个体成长的教学模式。我戏称这个模式为“结构式西化”：就是借用欧美的理论、研究逻辑为最初框架，尝试理解与应对因工业化、城市化出现的本土日常生活中的困惑。虽然听上去不是一个立足本土思维、解决本土问题的理想模式，但是针对社会工作这个舶来品，“结构式西化”比最初的从框架到内容的“全盘西化”的教学与研究模式还是一个可取的过程。这本书就是这个模式的反映。

“小组工作”与个案工作、社区工作并称为社会工作直接服务的三大方法，最初源自美国的移民安置馆（settlement house），目的是让新来的人们了解美国的民主价值观和生活方式，综合了教育、娱乐、社会支持和社区参与的内容。早期小组工作主要聚焦于成人教育、社会行动、社会正义等宏观层面，后来受心理分析理论盛行的影响，逐渐转向团体治疗，以治疗个体心理及行为问题为中心。美国当代的小组工作大体可分为两大类：介入服务类小组和任务性小组。前者又可粗略分为支持性、教育性、成长性、治疗性、休闲娱乐性的小组。

本书下篇各报告书中呈现的小组模式可归为成长性小组。成长性小组主要聚焦于协助组员完成社会化，承担社会角色。大学生是目前大陆成长小组的主要群体。本书中大学生成长小组的模式有如下特点：

- 关注日常生活中的困惑：以大学生新生为目标群体，了解并介入新生日常生活中出现的现实问题，尤其是人际摩擦，引导组员重视并理解问题的原因与解决之道；
- 关注解决问题的实用技巧：对实用技巧的总结、学习与演练是小组过程的重要组成部分，有助于改变剧变社会中个人不适应行为，促进适应性行为的养成，增进身心健康；

• 关注认知的改变：通过研读学术理论与研究报告来扩展知识；了解个人问题与环境的关系，特别是了解个人思想的社会根源，提升意识；

• 关注参与与表达：激发参与行动，学习表达个人见解，重视沟通；

• 关注助人与求助：体会助人的感受，增强求助意识；

• 关注多元与不确定性：动摇“标准答案”、“唯一正确答案”的思维定势，学习了解多样性与不确定性，增强自信；

• 运用互动游戏、案例讨论、角色扮演、观点分享，连通个人体验与理性思考，形成更为成熟的价值观。

这些内容上的重点体现了当代个人主义价值观的崛起，从增进个体的独立意识、自主能力来平衡中国文化中威权主义、集体主义的传统，与市场经济对民主、自由与创新的追求一致。从社会学视角出发，小组经验有助于培育公民理性、体验参与与民主、积累社会资本。

张宇莲

2010 年 4 月

目　录

上篇　小组工作研究论文

下篇　成长小组实践报告

上篇　小组工作研究论文

中国社会工作发展进程中的小组工作

张宇莲*

【摘　要】

小组工作目前在高校与社区中发展迅猛，其连续性的小团体聚会特征尤其得到本土社会服务机构的认可。小组工作的互动性、“可视性”、易复制性，使其成为社会工作本土化过程中“标志性”方法。实务工作中成长小组是主流小组类型，高校的成长小组以新生适应与同辈辅导为多，服务机构中情境模拟与交流更为常见。未来小组工作应注重运用结构化的模式来提升小组的效率与效果，并重点在服务机构中推行。

【关键词】

小组工作　成长性小组　结构化方法

进入21世纪以来，随着大陆高校社会工作教育的迅猛发展，上海等地社会工作实务机构的正式成立，“小组工作”这一社会工作方法也得到了越来越多的运用，相关的教材、论文、案例集也日益增多。截至2008年初，已出版教材10余种，以“小组工作”为篇名的文章仅在2007年已达到16篇，上海青少年社会工作实务机构也出版了小组工作的案例汇编，以记录基层社会工作者的小组工作实践经验。这些教材、文章、案例集显示，小组不仅在大学校园用于完成发展性任务，如新生适应（冯博雅，2007）、学生党建（魏爽，2006）等工作中，也运用于老人院（尚振坤，2007）、儿童福利院等福利机构（董清，2005），以提升机构服务品质，还用于医院的病人健康教育（康文萍、张一奇，2004）；社区中的小组更是涉及各类群体，有单亲母亲、社区青少年、吸毒者（曹霞，2007）、同性恋者（柴定红、肖燃，2007）、城市中外来务工者子女、各类志愿者，等等。相关文章与研究报告都表明“小组工作”方法效果明显，并受到了组员与机构的欢迎。

---

* 张宇莲，女，（在读）法学博士，副教授，上海师范大学社会学系主任，中国社会工作教育协会理事。主要研究方向：小组工作实务、学校社会工作、妇女社会工作。

虽然小组工作的教学与实践得到快速发展，但理论探讨和规范性研究还比较薄弱。有关小组工作的专著大多为教材，主要是在2006年前出版，且多借鉴港台的经验。虽然近两年有关小组工作的文章增多，不过绝大多数不是刊登在核心期刊上，其理论深度和经验研究的规范性都有待提高。这表明，大陆本土的小组工作还处在起步阶段，以学习和借鉴海外经验为主，还难以形成有本土特色的理论与模式。但是，对此阶段实践的总结将有助于澄清本土小组工作的特点，为理论与实践的发展奠定基础。

鉴于上海在2003年就已经率先建立社会工作专业社团，4年多来积累了社会工作方法实践的一些经验，本文将在上述教材和文章的基础上，较多地结合上海的小组实务来讨论当前小组工作的状况，总结其特点，探讨其模式，为社会工作的本土化进程贡献绵薄之力。

一、小组工作：社会工作专业的“标志”

小组工作，也称为团体社会工作。在传统分类中，小组工作与个案工作、社区工作并称为社会工作三大方法。虽然海外社会工作教育现在已很少对方法做如此分类，但是，不论是在直接服务与间接服务的划分中，还是在微观社会工作与宏观社会工作的分类中，小组工作都有其独立地位。它能将单个服务对象与其他服务对象连接起来的基本特质，无论对临床取向还是变革社会制度取向的实务社会工作者，都有重要意义。对那些谋求连接个体与社会的实务社会工作者（如，女性主义社会工作者）而言，小组工作更是最佳的实践方法。

（一）当前小组工作的内涵

在有关小组工作的海内外专著中，对何谓小组工作并无统一说法。这种情况既与不同作者对小组工作的理解差异有关，也与小组工作在各地区的发展状况有关。在美国，1959年美国社会工作教育委员会发表的墨菲（Murfy）的观点是：小组工作是社会工作的方法之一，它透过有目的的小组经验来增进人们的社会功能（刘梦，2003，p3）。这个界定就相当宽泛。特斯兰德和瑞沃斯（Tosland & Rivas）（译出）在1998年合著的教材《团体工作实务》则对小组工作做了更明确的限定，他们认为小组工作是：在社会服务输送系统内的小型治疗性和任务性小组中，运用目标导向的活动来满足社会情绪的需求与任务的完成；其中，目标导向的活动既针对个别成员也针对整个小组（许临高等译，2000，p25）。这个定义不仅将小组工作限定在社会服务系统内，而且还包括了任务性小组。即使如此，界定者仍认为这是一个广义的界定。可见，小组工作在美国近40年的发展中已越来越精细化与专门化。

在大陆，小组工作的实践刚刚起步，社会工作教育界中较多地传授海外的定义。在上海的社会工作实务机构中，比较一致的理解是：由实务社会工作者或实习学生发起、由较少人数（通常 5～20 人左右）构成的群体、连续有主题聚会两次以上，即为小组工作。在有的实务机构，近期聚会次数已被提到6 次。至于社会工作任务性小组，还远未出现。这种萌芽状态的实践显示，本土对小组方法的认识主要是其连续性的小团体聚会。

（二）小组工作在社会工作实务中的地位

值得关注的是，小组工作方法正在成为社会工作专业本土化过程中“标志性”方法。社会工作作为舶来品，在从高校走入实务领域中，面临着证明自身价值的考验。在嵌入到原有以民政系统为主的社会服务系统过程中，对于何谓社会工作专业贡献，全社会都在拭目以待。在这个过程中，小组工作由于下述原因而成为社会工作的“标志性方法”。

首先，小组工作填补了大陆人类服务领域的空白。小组工作的小团体性质，既能关注个人又不仅仅关注个人，强调互动与互助的特点。这种特性事实上填补了大陆人类服务领域的空白。在“单位制”时代，社会服务输送形式中不乏个案工作与社区工作方法的影子，如，思想政治工作，其形式类似于个案工作；团组织、街道、居委会在社区中开展的各类活动，也与社区工作在形式上有相通之处，但是，工作者与成员有着平等关系的小组工作形式则相当罕见。因此，小组工作成为社会工作走入实务领域时，体现其专业特点的独特方法，并获得了迅速推广与广泛运用。

其次，在社区与福利机构中，小组工作具有“可视性”。社会工作是短期内很难看到效果的专业，因此其专业性在很大程度上就取决于其方法的“可视性”。就三大方法而言，小组工作最具有“可视性”。个案工作方法无论过程还是结果都难以观察，究竟在社会工作者与服务对象之间如何进行，服务对象的转变如何体现，这些都需要长期训练才能观察得到，对没有经过训练的人而言，很难看出个案方法的独特性。社区方法的核心是居民自助、互助与自决精神的发动与培养。这体现出一系列过程，但并没有形成特别具有“可视性”的技巧行为。小组方法则有明显的“可视性”：同一群组员连续性聚会，有互动游戏，有组员间的讨论，呈交给相关机构的报告也体现其科学性，因为报告中通常含有理论框架与过程及成效评估内容。这些特点在那些谋求改变、力图进取的服务机构内受到重视。

第三，小组方法易复制和推广。无论对社会工作实习生还是实务工作者，小组方法比之于个案和社区的方法，更具有可行性。个案工作需要深厚的理论基础及密集的督导，难以被缺乏训练与指导的实习学生和实务工作者实施，且由于人类行为改变的长期性和多变性，新进社会工作者也难以把握个案工作的精髓。社区工作更适合有丰富阅历及人脉，并对政府主导的行政工作有了解的实务人员运用。因此，新进入社区和机构的实习生和基层社会工作者就多选择小组方法来开展服务以确立专业身份。并且，逐渐形成了易复制的实践模式：小组过程主要由破冰游戏和体验游戏、主题演讲、讨论与分享构成；第一节的内容较为固定，除了破冰游戏，自我介绍，主题演讲，还包括定合约，讨论小组目标与个人目标，评估；最后一节的内容也很固定，总结小组主旨，组员道别，终期评估，多以户外活动或聚餐方式进行。相对结构化的过程降低了难度，又不失社会工作的专业性，从而成为高校实习生及毕业生在从事实务工作中最愿意运用的方法。

由于上述这些特点，小组工作目前成为社会工作本土化过程中最体现专业特质的部分，“小组工作”这个名词也成为唯有社会工作界才运用的术语，在大陆社会工作职业化与专业化的进程中，小组工作承载了超出其专业意义的使命。某种程度上，小组工作的专业化进程也标志着社会工作本土化的进程。

二、当前小组工作状况：高校与社会服务机构内的小组类型

在小组工作的教材中，小组通常被划分为几种类型，常见有成长性小组、治疗性小组、支持性小组、社会行动小组。这些类型反映的是相对成熟期的社会工作的小组状况，而在社会工作发展初期，最常见的小组是教育、娱乐与休闲小组，并且是与睦邻组织、男女青年会这类社会机构的出现相伴随的，是社会机构出现的产物（赵芳，2005）。而大陆小组工作的出现是与社会工作本土化与专业化过程密切相关，因此寻求专业特征就成为发展的动力。教育、娱乐与休闲小组因无法体现专业性而不被重视，这无论在高校社会工作教育中还是在社会服务机构中都一样。

（一）主流小组类型：成长性小组

社会工作者带领小组的核心技能是使用语言与非语言工具增强组员的自我功能，社会工作的价值观、社会工作者的专业视角在最微观的层次上都透过这一过程来发挥作用，否则，即使实现了“助人”目标，也很难实现“自助”。因此，虽然形式上小组工作比个案工作更具“可视性”，但是，在技巧上小组工作也同样需要长期训练，甚至比个案工作更难，因为还要善于运用团体动力。在目前社会工作的小组实务中，由于训练不足，这类微观技巧还很难得到运用。

治疗性小组、支持性小组对社会工作者的微观技巧都有较高要求，治疗性小组通常依赖特定的心理学理论，支持性小组倚重社会工作者对促进组员沟通的语言与非语言技巧的熟练。社会行动性小组虽然不太强调社会工作者的沟通技巧，但重视提升组员个人的社会意识和社会责任，与中国传统的家族主义、权威主义文化差别较大，不易被社会工作者掌握与运用。因此，目前在大陆社会工作实务中，运用最广泛的小组形式可大略归为成长性小组。成长性小组主要目的是提升自我意识和教导生活技巧，适合大多数人和情境，对技巧的要求也较具包容性。如，目前较常见的体验性小组，工作员只要能完成游戏的带领，就能赢得组员的热情回应。严格而言，这还不是合格的成长性小组，因为团体的动力是自动自发的，工作员的作用有限。

（二）新生适应与同辈辅导：高校成长性小组特征

高校是小组工作教学与演练场所，高校成长性小组主要用于帮助新生适应，采用同辈辅导的形式。具体来说，就是社会工作专业的大二、大三学生，在老师的指导下，为本专业大一新生开小组，组员控制在7～8个，主要目的是了解专业，认同专业，培养和谐寝室与班级关系，引导组员到社会中参加各种义务工作等，运用游戏、讨论、户外活动等学校教育中少见的形式（刘华丽，2003；冯博雅，2007）。其出发点是以人为本，体现在关注个体的发展与适应的议题，主要是人际交往的经验交流，并没有精细的理论框架。这类小组有很高的参与率，组员也比较喜欢小组进行的方式。

然而，缺乏理论指导的经验交流使同辈小组难以深入，尤其无法体现小组工作的专业性。从相关报告可以看出，小组主题与过程有很大的随机性、模糊性，完全依赖工作员的临场发挥，这对还是学生的小组工作员挑战很大（刘华丽，2003；冯博雅，2007）。

在笔者看来，破解这一困境的方法有两点：第一，将小组过程结构化，以降低对工作员的依赖；第二，建立适合同辈辅导的运作模式，能将同辈工作员的经验不足、理论与技巧欠缺建构成同辈小组的基本特征。笔者所在学校已开始尝试以体现这两个特征的模式来开展同辈小组工作。这个新模式包括主题讲解—案例讨论—经验分享—组外作业—回组报告—达成共识的系列程序。首先，围绕非常具体的某主题组成小组，如转专业小组、情绪控制小组、学生干部减压小组、校园资源小组、理财小组、减肥小组等，寻找主题与组成小组的过程就是社会调查与小组招募的过程。当小组开始时，第一节和最后一节都沿用上面提到的较为固定模式，中间则沿用本模式：围绕本节主题，工作员讲解相关信息，然后以案例或角色扮演方式呈现一个情境，之后工作员引导讨论与分享组员相似经验，当出现争论或缺乏信息时，这就成为小组结束后的作业，组员与工作员需分工寻找答案或求助，并在下节活动时彼此报告寻找的结果，最后讨论这些结果以达成某种共识（注意：即便没有形成一致结论，那也是一种共识）。运作下来，这一模式很好地处理了同辈工作员知识与技巧不足问题，并建立了工作员与组员的平等地位，推动工作员和组员诚实面对自己的局限并学习向外界求助，深化了小组的社会工作专业特点，在这里就是与组外广阔的资源联接，学会求助。

（三）情境模拟与交流：社会工作实务机构成长性小组特征

上海的社会工作实务机构包括两类：司法社会工作机构和民政福利机构。司法社会工作机构是2003年成立的政府主导的社团组织，分为专责社区青少年工作、社区戒毒人员、社区矫正人员的三个不同社团，社会工作者驻扎在街道，为居住在本街道的相关人员提供服务。民政福利机构中，以儿童福利院、养老院、精神病院为代表的机构有较多的社会工作方法的探索。其中，专为社区青少年服务的阳光青少年社区事务中心最热心推动社会工作方法的探索。该中心运用量化的考核方式，要求社会工作者每年必须完成一定数量的个案、小组、社区方法实践，从而在短短几年间就积累了大量本土经验。在这里，小组工作普遍发挥了提供信息、教授技能、调动组员互动的功能。这在协助社区青少年就业类的小组中体现得最为明显，就业形势讲座、面试技巧讲解与演练、户外开展竞争与合作的拓展游戏等三类活动构成了小组的主要内容，社会工作者主要是协调者和组织者。其中，面试情境的模拟对社区青少年帮助较大。另一类开展较多的是亲子沟通小组，对象是青少年或家有青少年的父母，两个小组同时进行的平行小组也有尝试。与就业类小组比较，亲子沟通小组更能体现社会工作的专业性，因为处理的主题是对个体自我功能有重要影响的家庭。家庭如何影响个体自我的生成与发展，对大陆大多数人来说比较模糊，在社会工作教育中也没有充分展开，因此社会工作者处理家庭议题还是非常有难度。不过，借助角色扮演和角色交换等技术，基层社会工作者以协助“场景呈现”引发自然讨论的“无为而治”的方式，让青少年及其父母亲对日常互动有所领悟，从而分享某种程度的互相理解[①]。因此，在社会工作者

① 蔡忠（2007）：《阳光点亮心灵——上海青少年事务社会工作案例汇编》，189-193页，上海：华东理工大学出版社。

理论与技巧都不成熟的情况下，能运用典型的生活场景来激发讨论，也能促动组员反思。但是，对于反思是否马上带来行为改变，社会工作者还没能进行深入思考。

民政福利机构中的小组工作更偏重提升机构的服务质量。如，儿童福利院开展的脑瘫儿童家长小组、大龄儿童回归社会适应小组、精神病院针对病人不愿服药现象的病人藏药小组，都体现了对社会工作者发挥专业功能以提升服务品质的渴求。这类针对具体问题的小组，都需有一定理论支撑才能有成效。因为问题越具体，就越需社会工作者有独特理解及解决思路，能够构建介入策略，具有实施技巧。由于主要是实习学生在带领这些小组，他们有时也会带入新的方法（如，将“怀旧法”用于养老机构），但是，在福利机构的实践中，小组工作还刚起步，因此，这些实习学生也很难带领反映机构实务并结合机构特点的、更具实质意义的小组。以精神病院的病人藏药小组为例，这个小组的目标是什么，社会工作者的主要角色有哪些，小组过程应取何种模式，在医生与病人的对立中社会工作专业的功能是什么。在大陆当前的社会福利状况下，这些问题不是实习学生能轻易回答的。所以，这类小组的开展将会引出社会工作本土化过程中需要更深入思考的议题。

三、关于推进小组工作实务的思考：理论框架与实务模式

随着社会工作实务机构的专业化发展，小组工作获得了广泛运用与快速发展。高校、社区、福利机构都已成为小组工作的场所，并酝酿着有本土特征的小组模式。前述讨论突出反映了本土小组工作还处在初始阶段，小组工作者训练不足，在过程中较为被动，依赖因游戏或活动而产生的组员间自然交流来发挥作用，还无法做到运用团体动力带动组员转变。但是，因为小组能产生自然交流的状态对组员也有一定意义，特别是游戏与活动能带动组员投入小组，“情境呈现”也激发换位思考，所以，小组工作仍然是社会工作方法中最易产生效果、初做社工者最易入手的方法。在此种情况下，要推进小组工作实务的深入发展，需要建立一种社会工作者普遍能掌握、具有广泛适应性的小组实务模式。以社会生态系统论为基础框架、较为结构化的小组过程，应该是目前阶段较为适合的小组模式。

（一）理论框架与实务模式

社会生态系统理论是社会工作的基础理论之一，它认为人的生存依赖于周围的社会环境。环境可划分为三类系统：非正式的系统，如家庭、朋友等；正式系统，如社区组织；社会系统如医院、学校。个人出现问题，

其原因在于个人与这些系统的互动出现问题，因此既不是个人必然有问题也不是环境必然有问题。社会工作的任务是：协助人们使用和提升自己的能力以解决问题；建立人们与系统间新的联系；协助或修正人与系统的互动；改善系统内人们之间的互动；协助建构和改变社会政策；提供实际协助；等等。社会生态系统理论强调环境的作用、强调个人对他人的影响（何雪松等译，2005）。以社会生态理论为基础，小组工作可聚焦于环境的作用，寻找环境资源，教授服务对象与资源系统互动的技巧。这可以避免正在发展中的社会工作实务过于强调心理学的干预取向，重走西方社会工作专业化过程的老路，也避免使受训不足的社会工作者滥用心理学标签伤害服务对象。关注个人与资源系统的互动也符合当前大陆转型社会的特征，随着“单位制”的瓦解，个人与系统的互动关系发生巨大变化，个人越来越需要为自己负责，在与环境的互动中发挥主动性，而环境系统也越来越需要了解并回应个人的需要。这对深受集体主义传统影响、对个体行为缺乏探究的大陆的机构和个人都是一个改变的过程，并且都需要协助。新生的社会工作应该义不容辞，担当此任。

西方小组工作的实务模式有很多种，最有影响力的是社会目标模式、交互模式、治疗模式，而在实务过程中，这些模式被整合运用，形成了重视小组过程的主流模式（许临高等译，2000）。主流模式是北美小组实务长期发展的结果，其中协助成员发展互助系统、协助成员在团体内和团体外发挥自治性功能、尊重小组发展过程是特别重要的特征。这些对中国大陆的小组实务模式非常有启发意义。目前，中国大陆的小组工作通常是短期小组，整个小组聚会次数在 6 次左右，在 2 个月内完成。在这么短的期限内，小组常常很难达到成熟阶段，小组动力的作用也很难有较大发挥。因此，以结构化的方式进行会更易聚焦于目标。结构化过程一般通过如下方式进行：

开始阶段：相互认识、概述小组、订合约、表达个人目标、组内倾听及反馈技巧、预估。

中间阶段：典型情境分析、讨论（社工带入资源系统视角）、联结资源系统的技巧、组外作业、分享作业，重复上述过程。

最后阶段：巩固小组要点、组后安排、道别仪式、评估。

这一结构化方法借用了认知行为小组的模式（翟宗悌译，2003），但引入了更具包容性的生态系统理论，引导组员认识个人与环境的互动关系，尝试发起影响环境的行为。结构化方式遵循了相对固定的模式，社会工作者和组员都能在短期内熟悉小组的运作方式，并投入到小组过程，从而降低了社会工作者带领小组的难度。

（二）发展方向

上海的小组实践表明，在社区内开展小组工作，在招募与维持参与上都面临较大困难，场地、时间都很难保证。这两个条件在机构内都很易做到，因此机构是更适合开展小组工作的场所。而且，机构内的小组可以维持较长时间，能给小组以时间和空间走向成熟阶段，发展出团体动力来带动组员转变。因此，在机构内开展小组工作应是未来主要发展方向。此外，对小组的评估研究也是未来重要的发展内容，特别是在机构内小组中，运用实验组—控制组设计来证明小组方法的有效性，能够在讲求效率与效益的市场取向的改革中更有利于争取政府资源及社会资源的资助。

【参考文献】

1. 冯博雅．同伴教育模式在大学新生辅导中的运用．青年探索，2007（1）．

2. 魏爽．小组工作方法在高校学生党建工作中的应用．中国青年研究，2006（5）．

3. 尚振坤．小组工作在养老机构中的运用．社会福利，2007（2）．

4. 曹霞．小组社会工作方法在本土禁毒社会工作中的应用——嘉定“亲子平行小组的例子”．中国药物依赖性杂志，2007（5）．

5. 董清．运用小组工作方法开展脑瘫患儿家长社会康复的探索．中国康复理论与实践，2005（11）．

6. 康文萍，张一奇．小组社会工作在糖尿病病人健康教育中的运用．中华护理杂志，2004（5）．

7. 柴定红，肖燃．小组工作在同性恋者生存困境改善中的应用及其反思——以某“同性乐小组”为例的探讨．华东理工大学学报（社会科学版），2007（3）

8. 刘华丽．浅议成长小组的社工模式．华东理工大学学报（社会科学版），2003（1）．

9. 刘梦．小组工作．北京：高等教育出版社，2003.

10. 赵芳．团体社会工作——理论、实务．北京：知识产权出版社，中国水利水电出版社，2005.

11. Tosland & Rivas 著．许临高等译．团体工作实务．台北：双叶书廊有限公司，2000.

12. Payne，M. 著．何雪松等译．现代社会工作理论．上海：华东理工大学出版社，2005.

13. Rose，S. 著．翟宗悌译．青少年团体治疗——认知行为互动取向．上海：华东理工大学出版社，2003.

（全文收录于《中国社会工作发展报告（1988～2008）》，社会科学文献出版社，2009）

增权取向的“小组工作”教学模式

张宇莲

增权是近年国际社会工作实务和研究中核心概念之一，关于增权的理论和实践的探讨既多且深入。大陆的相关探讨也已开始涌现，不过还很少看到如何将增权的理念运用在社会工作教育中，而这其实是相当值得提倡的。增权涉及对自身生活的控制，对自己解决重要问题的能力的信心，认识并发展自身行动能力的能力，在做出决定与具体行动过程中对可能的选择与自己独立性的意识与使用（何雪松等译，2005）。这些层面无论对案主还是中国大陆正在从事基层工作的第一代社工都是极其重要的。一方面，大陆的社会工作行政与政策框架远未成熟，社工能提供的服务资源极其有限，社工和案主在专业关系内常常体验到大量的挫败，社工也常常如同案主一样感受到习得性无助。另一方面，大陆的社会工作教育刚刚起步，偏重课堂讲授植根于西方政治经济背景下的社会工作概念与理论，也加重了社工专业的毕业生在基层工作中的难以适应。彰显增权的理念和操作的社会工作教育会倡导一种关注本土文化背景和探索适应本地的社会工作实践模式，从而带给社工学生力量感和控制感，在未来的基层工作中更乐观和进取。

笔者在上海从事社会工作本科教学5年，主要讲授“小组工作”。自2002年起尝试在教学中改革传统模式，着眼增权取向。这里的“增权”是一个相当宽泛的理解，更着眼引用具体做法和带来的效果，其激进的阶级压迫和权力分析的内涵和操作并没有被强调，这些方面有赖其他课程的配合。具体做法包括课堂讲授与课后增权性实践并行，取得非常好的效果，极大地激发了学生对专业的热情和参与。这门课程结束后，常常有学生自发组建社团，开展活动，在大学校园中成为主动的学习者，工作后在社区中也成为更为积极乐观的基层社工。本文总结这种教学模式，希望为本土化的社会工作教育积累信息。

一、增权：概念及方法

（一）增权的概念

增权（empowerment），也被称为赋权，是在上个世纪八九十年代的欧美得到广泛讨论的社会工作概念。增权中的“权”意指权力，就是个人或群体拥有的能力，具体说包括个人权力、人际权力和政治权力。个人权力就是获得所需要东西的能力，人际权力就是影响其他人思考、感受、行动或信念的能力，政治权力则是影响资源在诸如家庭、组织、社区或社会等社会系统中分配的能力（范斌，2005）。拥有这些能力，对个人或群体获得资源，满足自己的需要极其重要。由于种种原因，社会上的弱势群体常常没有这些能力，个人和群体的生存就面临诸多问题。这些问题不仅仅体现在客观层面，还会体现在主观体验上，这就是心理学上所说的习得性无助。它是说这样一种情况，如果人们有过无力改变自己面临的问题的这种经验，那么他们就可能形成下述心理预期：自己的行动很少能产生有用的结果，这样他们在其他情境中也会放弃学习有用的行为方式，继而就可能全面丧失学习动机，并在思考、学习过程中可能变得更焦急而沮丧（何雪松等译，2005）。结果他们的个人和社会功能不但被损害，还会构成一种循环，因被动而境遇越来越差。社会工作的介入目的就是使其获得权力，增权就是介入的一种模式，社会行动是介入的另一种模式，心理取向的介入也是模式之一。增权主要是因其避免了社会行动和心理取向两个社会工作实践的极端取向的弊端，并且将对个人或家庭的工作放置在对社会目标的追求过程之中，因而得到社会工作研究与实践者的推崇。

（二）增权的工作方法

作为过程的增权有宏观和微观两个层面，宏观层面指的是增加集体政治权力的过程；微观层面指的是个人增加权力和控制感，而没有结构安排上的实际变化。在对权力与权利进行区分后，张云昊（2005）认为增权应该主要指激发人的内在权力观念，在不断地唤醒和持续的进程中，逐渐改变整个社会的权力结构，使自己的利益在国家的权利体系中得到表达和有效实施。

由于权力来自于社会互动过程，其来源是不同的，并且也是无穷的，增权的工作方法也非常多样化（陈树强，2003）：

- 把助人关系建立在合作信任和分享权力基础上；
- 利用小的群体；
- 接受案主对问题的定义；
- 确认和加强案主的长处；
- 提升案主关于阶级和权力议题的意识；
- 积极引导案主加入改变的过程；
- 传授具体的技巧；

- 使用互助、自助或支持群体;
- 在助人关系中体验个人权力感;
- 动员资源或为案主进行倡导。

(三)增权的结果

增权的结果从个体角度讲就是拥有了公民的能力、社会政治修养、政治参与能力。具体表现有:积极的社会参与的个人态度或自我观念,对定义环境的社会和政治系统进行批判性分析的知识和能力,发展行动策略和为实现自己的目标筹措资源的能力,利用有效的方式与其他人一道定义和实现集体目标的行动的能力(陈树强,2003)。

理解增权的结果需要了解增权理念的政治和思想基础。这些包括民主的概念和政治制度、商业与资本主义的发展、扩展中的公民权的观念等(陈树强,2003),是跟欧美的文化背景和社会发展进程密切相关的。增权中蕴含的是自主、个人责任与自我实现的理念。

二、增权理论与社会工作实践

增权的概念和理论对大陆的社会工作实践和教育都有重要意义。我国目前正处于社会转型时期,从权力的视角来看,是从威权型转向民主型的过程,这个过程充满了不确定性,蕴藏着出现社会剧烈冲突的可能,而社会工作概念的引入就是为了应对这些代价过大的危机的爆发。但社会工作该如何担当此重任呢?作为一个新的舶来品,我们还处在对海外社会工作理论的消化与理解阶段,虽然众多的研究者不断探讨本土化的可能和路径,至少目前还没有形成某种一致的意见,体现在社会工作教育中我们仍然主要是介绍西方的社会工作实践和理论。由于不能配合国内的社会现实,无论是社会工作教育者还是毕业生都体验到了一种无力感。例如,社会工作教育和实践中强调个案与小组的工作技巧,而在基层社区实践中由于缺少类似西方的成熟的社会政策体系的配合,这些微观技巧在协助案主解决问题上苍白无力,导致社会工作者不知如何定义自己的角色和存在意义。社会工作行政与政策方面的教学很多时候强调政府的自上而下的改革,由于这种改革的进程缓慢,这类强调导致并加剧基层社工的无力感。上海作为在全国首先发展社会工作体系的城市,这种状况就体现得更为明显。在阳光、自强、新航三大代表性的社会工作服务机构,社会工作实务的这种困境直接导致机构和员工茫然,找不到发展方向。

将增权的概念引入社会工作基层实践能够带来一整套清晰的工作思路

和具体操作模式，并且整合社会工作宏观和微观两个技巧层面。增权后的个体在自主、个人责任与自我实现方面的成长，也就是“无权感”的削弱，会激发并延续参与社会变革的过程，从而打破无权现实与无权感互相建构的恶性循环，这对案主和基层社工都是目前最务实的出路。并且增权的过程成功与失败也会带来在新的、更具体的层次上展开的对本土化社会工作实践模式的讨论。

对社会工作教育而言，以增权的取向统整教育过程是迈向增权的社会工作实践的基础环节。这里增权的社会工作教育指的是这样一种历程：通过在师生的教学互动中运用具体的增权工作方法，培养学生整合的专业能力，并成为具有主体性和主动的社会工作者。

三、增权取向的“小组工作”教学模式

笔者工作的上海师范大学社会学系社会工作专业成立于1999年，自2000年开始招生本科学生。这所大学是地方性院校，招收上海本地学生，每届40人左右，有相当比例的调剂生，入学时的专业认同低。由于是新专业，师资和其他教学资源极为匮乏，是大学中的“弱势专业”；相应地教师和学生也都自觉是大学里的“弱势群体”，缺乏乐观态度和努力方向。第一届毕业生到基层社区工作后，难以应对日常工作的现实，因“无力感”而不能发挥角色作用。笔者自2003年起担任专业负责人，尝试在教学中改革传统模式，在讲授“小组工作”这门课程中引入了增权的取向与方法，从教学目标、内容、方式、考核等方面做了调整（表1）。

表1　增权取向的“小组工作”教学要点

	增权取向的具体运作
教学目标	掌握和运用“小组工作”方法 培养社工有“权力感” 了解在真实社区中开展小组工作的行政技巧
教学重点	1. 小组工作伦理、小组带领技巧、小组工作基本理论（18周54课时）。并在三年级开设《认知行为与互动小组工作》，来提升学生对此专业方法的理论层次和操作技巧 2. 小组流程：定义问题—建构理论框架—将框架操作化—运作—评估与总结 其中，建构理论框架的过程会成为课堂讨论的重点，教师引领进行启蒙性的阶级与权力分析

（续表）

	增权取向的具体运作
课堂教学方式	最初四周介绍小组的伦理和运作过程概要；然后讲授小组带领技巧；最后详细讲述团体理论。这样安排的目的是使学生了解运作过程概要后，可以着手准备自己要做的小组。课堂教学与学生的课外实践密切配合。在有了操作小组的经验后再来学习小组的基本理论，学生就很容易了解理论的内容和学习理论的意义
并行的学生实践	1. 在第一次上课时就要求学生自愿三人一组，准备在校园开试验性的小组，期末需三人合作上交一份报告书。目的：学习团队工作方式。主讲老师要帮助学生彼此理解和沟通 2. 在课堂就各自小组的主题、设计、和实施体验引领讨论。目的：锻炼表达和领导能力 3. 课外招募组员、联系场地、开展小组活动。目的：了解本土小组工作的行政技巧 4. 按要求撰写工作报告。目的：学习学术交流的方法
考核安排	1. 期末考试成绩由闭卷考试和报告书构成，各占50%。其中闭卷考试成绩是反映学生个人学习情况，而报告书则反映的是团队合作情况 2. 能筹措资金或与其他机构合作的小组操作有鼓励加分
成果发表	1. 将好的小组工作报告书结集，传递给下一届学生，启发他们的学习热情 2. 鼓励学生将经验总结投稿发表
继续改进之处	本课程还将在以下两个方面继续调整： 1. 加强理论和评估的部分，也就是加大专业深度。对二年级的学生来说，这是有难度的，可能要在三年级的选修课中，突出这个部分 2. 引导学生作小组时，选择本系新生做组员。这样能促进不同年级间学生的交流，使新生提前介入本课程，使本课程的操作水平逐年提高

这个教学模式以“在做中学”为主要特征，引入了一些增权的元素，如组成小群体、传授多种技巧、动员资源、体验助人关系、引导学生参与改变，帮助学生反省个人与社会变革的关系，从而培养学生成为自主和有个人责任意识的社工。不过，国外增权实践所突出强调的社会的阶级性与压迫性等议题在此教学模式中没有得到彰显，这有赖于其他课程的配合。但引导学生讨论各自的理论框架，并适度提问阶级与权力的考虑有一定的启蒙作用。

总体来说，这种讲授方式极大地调动了学生的积极性和主动性，结果不仅仅是全面地掌握了这个专业工作方法，还促进了对社会工作专业的理解。更具体的效果体现在学生在学习这门课程时，表现积极，这门课常常激发他们将此方法运用到校园和社区中，并在这种运用中找到了作为社工的存在意义和开拓方式。如有的学生就在网吧里给玩游戏的青少年作团体训练，有的学生在大学校园为深受寝室关系困扰的学生做团体训练。课程结束后，有的学生意犹未尽，还积极组建社团开展活动。如组建过旅游社团，还组建了知心大学生社团，为外来务工人员的子女开展小组活动，并参加相关主题的研讨会，参与政策倡导。在校外实习中也经常选择在实习机构开展小组，01 级学生在某街道做的“生涯发展”团体训练，获得当地街道资助并赢得一面奖旗。可见这门课程从多方面激发了学生的学习热情和从事社会工作实践的态度。已毕业留在民政局等相关机构中工作的学生，有的正是因为擅长做适宜的小组，深获好评，工作一年成为院长助理，在民政局声名鹊起。学生在校园的表现也赢得学院院长的好评，在教学评估的学生座谈会上，社会工作专业的学生非常善于表达，在整个人文学院的本科生中表现突出。因为学生的表现，带动整个专业在学院地位的提升，难获资源的状况得以改善。

很多校外机构也经常要求本系派实习学生到他们那里开展小组工作。学生在实习期间撰写的小组工作报告经常被这些基层工作人员作为年度考评的汇报材料。已有学生在老师的帮助下，将小组工作过程总结发表，如“生涯发展”的小组工作过程被收入某教学手册中，“游戏技巧”的文章被《上海社工》发表。

这些表现可以归纳为学生主体性的萌发，也就是增权的学习历程培养了积极社会参与的个人态度或自我观念；通过对理论的理解和运用，开始萌芽对定义环境的社会和政治系统进行批判性分析的知识和能力；也锻炼了发展行动策略和为实现自己的目标筹措资源的能力；也开始孕育利用有效的方式与其他人一道定义和实现集体目标的行动的能力。简言之，获得了“权力感”和能力，继而对环境产生积极影响，不再陷入“无力感”与“无力现实”的循环。如果在整个课程结构中不断强化学生的“权力感”，可以预计自主的社工毕业生会在基层实践中生存和发展，并推动社会工作实践的有效进行。

四、总结

国内的学者在讨论增权的社会工作理论和实践时常常侧重外界对弱势群体的增权，如政府的作用，中介组织的作用，也指出了社会工作能够做出的贡献（范斌，2004）。据笔者看，应更进一步讨论如何启动增权的实践。改变现有的社会工作教育模式，着眼培养有“权力感”的社会工作者是重要的启动步骤。因为要增权他人，须自我增权，这两者是一体两面（冯朝霖，2001）。在这个变革的时代，社会工作教育应以参与社会进程，创造社会转化条件为首要出发点。增权取向的“小组工作”教学模式即是这一理念的产物。值得一提的是，其教学目标也许与全国社会工作教育协会的规定不完全相符，但笔者认为在现阶段的社会工作实务环境下，我们需要讨论应培养怎样的基层社会工作者，有权力感的自主的社工也许比技巧娴熟更重要。

【参考文献】

1. 范斌．弱势群体的增权及其模式选择．学术研究，2004（12）．

2. 陈树强．增权：社会工作理论与实践的新视角．社会学研究，2003（5）．

3. 何雪松等译．社会工作理论．上海：华东理工大学出版社，2005.

4. 张云昊．增权：“农民工讨薪”案例的分析及其启示．青年研究，2005（9）．

5. 冯朝霖．自我增权、公民社会与教育改革——台湾近十年教育改革的理论反思．清华大学教育研究，2001（3）．

（本文收录于《社会工作专业化及本土化实践》，社会科学文献出版社，2006）

能力取向的学校毒品预防教育模式探索

——以上海L中学体验式学习实践为例

彭善民*

【摘　要】

近年来我国学校毒品预防教育尤其是中小学毒品预防教育取得了一定进展，但仍存在毒品预防教育过分德育化倾向、教育内容的片面与方法的单一、人才缺失和资源匮乏等问题。本文在分析问题成因的基础上，结合笔者所在上海L中学毒品预防教育中尝试推行的体验式学习实践的经验及海外毒品预防教育的部分经验，指出毒品预防教育是一项能力教育，具体对策为体验式学习方法的倡导和资源整合能力的培养等。

【关键词】

学校毒品预防　能力教育　体验式学习

毒品预防教育是提高全民禁毒意识的一项治本之策，是禁毒人民战争的关键环节。随着吸毒人群低龄化发展，青少年越来越成为易染毒对象，学校毒品预防教育尤其是中小学毒品预防教育近年来得到了一定的开展。其所存在的问题及解决之道是本文着力探讨的对象。

一、当前学校毒品预防教育问题

1997年毒品预防教育纳入我国中小学德育教育大纲，2002年12月，国家禁毒委、中央综治办、教育部、团中央联合下发了《关于进一步加强中小学生毒品预防教育工作的通知》。2003年2月教育部制定下发了《中小学生毒品预防专题教育大纲》。各地中小学校开展了不同形式的的毒品预防教育。主要的做法有：将毒品预防教育纳入课堂教育，开设禁毒知识课程，并规定相应的课时和学分；课外结合普法教育，邀请公安干警或有关部门人员开展禁毒专题讲座；定期举行禁毒展览参观和毒品预防宣传活

* 彭善民，男，上海师范大学社会学系副教授、博士。主要研究方向为毒品与公共卫生、NPO与社会工作。

动。上述措施对毒品预防知识的传播起到了一定的成效，不过这些进展主要体现在政府的政策层面，由于多种因素的影响，学校毒品预防教育在理论和实践领域仍存在诸多问题，大致可以总结为以下四个方面：

（一）道德化

毒品预防教育被完全视为德育教育的重要内容，吸毒被贴上道德败坏的标签。在教育内容上的片面强调毒品的危害性，对毒品的种类及危害缺乏科学的认识。例如过分放大美国等资本主义社会的吸毒现象，广泛宣传，借此抨击其道德沦落、观念颓废、行为消沉，但未点明西方绝大部分瘾君子吸用的毒品系大麻。大麻瘾癖性小、毒害程度轻，放弃吸食比较容易。这在一定程度上导致对海洛因的顽固瘾癖性缺乏翔实深入介绍，更没有转化为公众知晓的常识。多数人对其特有的恶劣危害基本上无知，甚而有人滋生轻视的心理，尤其是青少年缺乏应有的警惕，低估海洛因的毒害程度及戒毒断瘾的艰巨性，容易上当受骗，沦为瘾民。或特别强调初吸者产生诸如恶心、呕吐、头晕、乏力等症兆，忽视这些不良反应中寓有的特殊诱惑。初吸不适的感觉常与一种莫名能状的快感并存，快感的强度往往遮盖或模糊了难受的感觉，使大多数初次尝试者产生再次染指毒品的欲望和渴求心理。一些青少年不明白其表里关系，萌发尝试念头，一旦被海洛因所俘虏，难以解脱。[1](p323) 毒品预防教育宣传内容上的片面的道德化倾向，容易使宣传脱节，难以落实，极少数人可能滋生反感情绪，酿成更为恶劣的后果。

（二）形式化

部分学校教育工作者视毒品预防教育是一项被额外增加的任务，实际工作中态度不积极，常表现为一种临时性、被动性或运动式的形式。逢禁毒日或检查时象征性地开展宣传活动，通常表现为国际禁毒日及世界艾滋病日等特殊日子有意加强教育，日常则放任不管。教育过程中对学生要求低，停留在学生仅能说出几种毒品的名称、知道部分毒品危害的层面上，导致学生普遍缺乏对禁毒知识全面而系统的了解。部分教育工作者对海洛因等毒品缺乏全面的、系统的、深刻的认识外，还对其特有危害的顽固性、严重性及关联性缺乏应有研究，产生毕其功于一役、迅速消灭毒害的观念，试图以采取短期群众性运动的形式来解决问题，根治危害。毒品预防教育更是缺乏深入的研究及精心策划，被动开展的活动效果不免要大打折扣。毒品预防教育形式上趋于雷同或单一，从小学到高中教育模式整齐划一，简单重复。教材老套，时间基本上局限在每年 6 月的国际禁毒日前后，活动从来就是签名、参观、图片展等传统形式。宣传手段上仍停留在渲染吸毒受害的典型案例，以及对吸毒者的某些特殊表面加以夸大，从吓唬着手，希望起到警戒的作用。这些渲染、吓唬等做法容易使得青少年滋生逆反心理，出现对抗举动。这就使得毒品预防教育的科学性、针对性、系统性和实效性难以体现和发挥。

（三）边缘化

因校园内学生吸毒现象少，毒品预防不被重视，尤其是在应试教育的框架下地位低下。不少学校并没真正认识到毒品危害的严重性和毒品预防的重要价值，认为在教育质量评估和学生升学等多重压力下，毒品预防教育是学校工作中可有可无的内容。毒品预防教育与其他应试课程的教育相比较，显得不够重要，处于边缘位置。或缺少防微杜渐的意识，认为毒品远离学校和学生，禁毒宣传只是毒品重灾区才开展的工作，只顾学生在校期间平安无事，对今后毒品在青少年身上的乘虚而入缺乏考虑，有些淡忘履行基础教育为学生终身健康发展奠基的神圣职责。

（四）空心化

学校毒品预防教育实际运作过程中缺乏专职部门、专职教师、专项资金。当前学校毒品预防教育中的一个突出问题便是缺乏专门人员和专项经费。以重庆市为例，在全市中小学建设和发展资金缺口近 100 亿元的情况下，广大学校尚未建立德育专项经费，毒品预防教育专项经费更是无从谈起。毒品预防教育的教材、音响资料、教育基地和教育人才短缺。经过市区县两级及其专门培训的毒品预防教育教师只占实施毒品预防教育教师的 1%，对中小学生的毒品预防教育基本上由学校德育工作机构人员客串或班主任兼任。[2]这实际上反映出，部分学校毒品教育只能是有其名无其实，这对毒品预防的发展是一个很大的障碍。

上述问题的核心基本上可归因于应试教育模式的影响，应试教育体系下能力为本的毒品预防教育如何可能？兹以实践中的探索性个案为例。

二、体验式学习：毒品预防教育模式创新个案

能力教育相关理论强调“体验式学习”，认为，学习是一个体验的过程，是学习主体和客体相互作用的过程，体验的过程是知识发现的过程，体验的过程是一个自我认识和反思的过程。在这个过程中学生的实践能力逐渐形成，专业理念和知识被学习者灵活有效地掌握。能力教育推崇“学习合同”方法，即将学习目标课题化，让学生以小组为单位自主选择课题，在教师指导下自主进行需求分析、方案设计、组织实施、项目评价。

笔者及所在的研究团体在此理论的指导下，在上海 L 中学毒品预防教

育中尝试推行了体验式学习方法。我们具体策划了不“药”同行的实践方案。方案目的，旨在让学生面对烟草、酒精、毒品等诱惑时，学会在同辈压力面前，学会在不失掉朋友和面子的前提下说“不”的技巧。在自主体验、多元互动、能力激发核心理念的指引下，主要运用了情景模拟、角色扮演、游戏形式、快乐动员等方法。具体设计、操作及评估简述分析如下：

（一）方案设计

方案的设计首先从对个案学校及学生的具体情况调查和需求分析入手。L中学是上海市的一所区重点中学。具体对象为上海L中学初二年级全体学生，该年级共有6个班级，其中包括一个主要是外来务工人员子弟的班级。在制订方案前，我们首先对该年级学生进行了访谈调查，我们选择的访谈对象尽量做到具有一定的代表性，有男生和女生，有成绩好的和成绩差的，有外地的和本地的，有班干部和群众。主要了解他们曾参加过的毒品预防教育活动、所了解的毒品知识及对毒品的认识态度。几个基本问题分为：1）曾参加过哪些毒品预防教育活动及其形式如何；2）曾通过哪些途径了解毒品知识；3）平时学校老师或家长有否对你们进行过远离烟酒及毒品的教育，个人对烟酒的及毒品态度；4）个人理想中的毒品预防教育活动形式和内容。最后访谈结果大致如下：所有参与调查学生均表示读书期间均曾参与过毒品预防教育，活动形式大致包括预防毒品专项知识讲座、禁毒的各种展板、画报在校园的展出及禁毒知识竞赛等。这与上海市在毒品预防教育方面的相对重视和积极推动有关，自2005年起上海市即推出文明、平安校园建设，规定只要校园中出现一例吸毒学生，便在评比中即可实行一票否决制。所以上海市一般的中学都还比较重视毒品预防教育的开展。学生整体的素质较好，关于毒品的基本知识他们并不陌生，对毒品的种类、危害都有一定认识。对于毒品知识，学生表示除了从学校教育中获得外，平时从电视、报纸、网络也会了解到一些。

不过学生普遍对已经历的毒品预防教育模式评价不高，参与调查的学生表示学校基本没有进行过专门的学生禁烟、禁酒的教育。当然有同学吸烟被老师发现，老师会严厉制止，并进行教育。而这一年龄段的学生普遍对烟酒的敏感度不高，对其危害性也了解不多，抵制意识不强。他们认为自己所希望的毒品预防教育可以生动、有趣一些，互动性强一些，不希望又是简单说教，这样会很枯燥，而且效果也会不佳。他们希望可以以游戏、小品的轻松形式展开，这一点正符合我们对此次活动设计的初衷。

我们调查得知，在校学生大部分是没有直接接触过毒品，但是烟酒却是易于被他们接触与滥用的物质。在同辈压力面前拒绝烟酒的技巧是很多学生急于想得到的，并且烟草和酒精的滥用与毒品滥用具有较大的相关性。因此我们设计的不“药”同行活动首先是从拒烟开始。学生在具体的情景模拟和角色扮演中具有一定的经验。如果一开始就从毒品的拒绝开始，会让学生产生较大的陌生感和距离感，从而可能导致活动的不畅。

（二）方案实施

考虑到学生的学业繁重，加上校方给我们的时间有限，我们的主要活动安排在一节课的时间里面。方案的第一步带领者（禁毒社工志愿者）在8分钟的时间内以抽问的方式重点介绍毒品的类型、烟酒滥用的危害及毒品吸食的危害。第二步让学生根据兴趣分成4～6组（具体参考班级人数），各组设想发生烟酒及毒品易触的一类场景，并民主推选出角色扮演的代表，规定8分钟的讨论时间，小组成员一起参与角色扮演活动及形式的策划。第三步，各组推选代表按顺序走上讲台进行情景模拟和角色扮演，其他同学及带领者作为旁观者。第四步，观众给表演者打分，并展开评价，允许自由登台表演。第五步，带领者及观察员的点评及情景技巧的补充。

（三）方案评估

学生首先对拒绝烟酒这类物质滥用有很高的兴趣，因为他们平时在日常的生活中有很多的体认，或耳闻目睹自己的亲人们在这方面的行为，或亲身经历这种情境下的同辈压力。这是对我们选择拒绝烟酒滥用突破口的肯定，符合学生有所体验的实际，同时可以比较容易地引申到毒品教育之中。其次，分组选派代表产生了竞争和认同，小组讨论激发了组员的能力，讨论的场面十分热烈。再次，各组的自主表演展示了学生丰富的想象力和表演力，事后大家的评价或自由登台表演使得拒绝说“不”的技巧得到了最大程度的体现。学生在体验式学习过程中，想到了各种拒绝的技巧，如表明态度，直接拒绝型；坚定立场，不受诱惑型；自我解嘲型；转移话题型；立即远离现场型等等，充分施展了各自的智慧。最后带领者和观察员的点评让大家充满了期待，这为毒品预防知识进一步讲解创造了良好的氛围。他们的点评和讲解给情境体验中的学生以很深的印象。这在我们事后评估问卷中得到有效的反映。如经过本项目的实施，目标人群对“药物滥用”这个概念的认知程度有了明显的提升。在项目实施后，有近95%的学生表示其对“药物滥用”这个概念有了认识，较之前的63.63%有了约30%的增长幅度。93%的学生反映通过此活动至少增加了一门以上的拒绝的技巧。

三、能力为本的追求：L 中学体验式学习实践个案的启示

（一）毒品预防教育是项能力教育

L 中学毒品预防教育中体验式学习实践效果表明，学校毒品预防教育的定位不仅仅是毒品知识自上而下的传输，不单是对毒品知识的普及教育，而是一项富有挑战性和启发性且形式多样、以学生为本的能力教育。唯有这样才能激发青年学生的兴趣。这主要是因为吸毒是一种具有复杂背景的社会现象。在很多情况下吸毒是项社会行为，社会角色的紧张度是导致青少年吸毒行为的重要社会心理基础。善拒毒品是项社会技巧。毒品预防教育实际上包括了各种人际技能的培养。不少教育者很多时候将毒品预防教育完全等同于德育教育，显然是很不完整的。毒品预防教育中的过度道德化趋向，如不分原因的给吸毒者贴上歧视标签，或妖魔化，有时反而容易让学生产生逆反心理。

正如美国教育部门认为，好的毒品预防教育计划主要包括：准确的适合不同青少年特点的毒品知识；基本的人际交流技能；决策及解决问题的技能；拒绝别人的技能；维护自身权利的训练；消费教育；压力调适与疏解；自信心的培养。在很多方面都体现出能力为本的取向。具体到不同的年龄阶段的青少年，有针对性的有所侧重。对小学生而言，重点进行广泛的健康教育，培养良好的个人卫生习惯，如美国司法部麻醉品与危险药品处发行的《苏泽与凯蒂》彩色图书就鼓励学生分析药品广告，结合生活实际，养成正确的用药习惯；中学阶段突出学生的社交抵制技能训练，尤其让学生在同辈压力面前，学会不失掉朋友和面子的前提下说“不”的技巧。美国心理健康研究所制作了一套《交朋友》的系列录像，录像中提供了大量有关同辈压力的讨论题目。同学们可以通过角色扮演的方式体验同辈压力带给自己的心理冲击。[3] 技能培养丰富了毒品教育的方式，使他们增强了自信，提高了拒绝毒品的能力。

（二）资源的发掘与整合

尽管资源缺乏是当前学校毒品预防教育的一个制约性因素，但是 L 中学毒品预防教育的成功实践，如果从资源上说，很大程度上得益于两方面的力量：

其一，学生的热情参与。如果我们能在毒品预防教育回到学生本位，让学生自主体验式学习，我们发现其实学生是非常重要的人力资源。我们可以尝试，将毒品预防教育以课题的方式发包给学生，由学生自己设计、实施和评估方案，类似采取“学习合同”、“项目学习”的能力教育方法，

充分发动学生的积极性，定会取得较好的效果。而我们传统的恐吓式毒品预防教育中的学生只是成了消耗我们资源的对象，以体验式学习为主的能力教育则让他们从“消费者”转变成“生产者”。

其二，民间社会的力量。L中学能力为本教育模式的尝试得益于禁毒社会工作志愿者的介入。中国民间社会的力量是无穷的，关键是需要有一种良好的引入机制，如在资金筹措等方面政府可以适当放低民间组织介入的门槛，以建立毒品预防教育协作机制，单靠政府的拨款和学校的力量终究是有限的。事实上海外一些毒品预防教育的成功也表明对民间力量介入的注重。如香港政府除了自身组织的大量活动之外，还通过参与、协助和资助等手段，调动非政府组织的力量，极大地扩展了宣传教育活动的覆盖面及其数量，促进了宣传工作的深入开展。像社区药物教育辅导会、明爱乐协会、启励扶青会、香港戒毒会和香港善导会等民间机构，都先后在这些活动中扮演了重要角色。[4]在美国，许多城市成立了“拯救儿童中心”等组织，或者资助学校成立以学生会为主的“反毒俱乐部”。民间社团的广泛参与不仅缓解了政府的资源压力，而且民间组织的志愿性、非政府性等特点有时使得它更有利于接近青少年，从而起到政府所无法产生的正向功能和良好效果。从某种意义上可以说民间社会力量的介入是学校教育者观念更新和资源整合能力的重要体现。毒品预防教育过程中可以尽量将学校教育与家庭教育和社区教育结合起来，将无毒社区、无毒家庭的建设与无毒校园的创建结合起来。全盘考虑，统筹安排，组织协调，督促检查，从根本上改变学校、家庭、社区毒品预防教育“各自为政”、力量分散的局面。[5]

（三）能力为本预防教育是项长期过程

为更客观地评估L中学能力为本的毒品预防教育模式的成效，我们事后做了两次评估。其中一次是活动结束一个月后做的问卷调查，结果表明学生对毒品预防的认识水平有所下滑。正如国外有关研究表明的那样：一次或偶然性的学校毒品预防教育通常是无效的，其虽可在较短时间内产生一定影响，但却不能在学生的思想深处留下烙印，也不能提高学生的拒毒能力。有效的毒品预防教育需进行10次以上的教育，应有一定的集中学习时间作为保障。[6]毒品预防教育是一项长期的基础性的教育工作，是公共安全教育、健康教育、生命教育的重要组成部分。因此能力为本的毒品预防教育更是项长期渐进的过程，需要日常化、制度化和科学化，学校素质教育完全可以此为重要的载体。

总之，能力为本毒品预防教育模式强调学生本位，自下而上的自主式、行动式、体验式学习，以改变传统的自上而下的控制式、恐吓式教育模式。同时能力为本模式对教育者也提出更高的能力要求，需要创建无毒社区、无毒学校、无毒家庭相结合的资源整合机制。唯持有能力为本取向，才能激发青年学生的兴趣，亦能更好满足家长的期望，赢得更多的社会支持，从而突破现有学校毒品预防教育中的瓶颈。

【参考文献】

[1] 秦和平．西南民族地区的毒品危害及其对策［M］．四川民族出版社，2005.

[2] 粟朗，马骁．中小学毒品预防教育误区及消解策略［J］，青少年犯罪研究．2005（4）．

[3] Dianne F. Bradley, Alcohol and Drug Education Elementary School, the education Digest Vol. 54 No. 7 Mar, 1989.

[4] 方巍．香港青年药物滥用与社会政策分析［J］，青年探索，2006（1）．

[5] 赵翔．中小学毒品预防教育的困惑与出路——以贵州为个案进行研究［J］，北京人民警察学院学报，2007（1）．

[6] 杨丽君等．云南省中小学毒品预防教育现状及对策研究［J］，云南警官学院学报，2004（2）．

（本文曾发表于《青少年犯罪问题》，2008 年第 1 期）

支持与应对：家庭为本社会工作戒毒模式的探索性研究*

沈　黎**

【摘　要】

本文以上海市M区戒毒人员家庭支持小组为例，采用案例研究和行动研究的方式，探讨家庭为本的社会工作戒毒服务模式对于戒毒人员家庭成员认知、行为改变的历程，及在参加小组后的改变情形，并进一步探讨影响改变是来自小组治疗性元素。研究发现，家庭支持小组能够对戒毒人员家庭成员提供较好的情绪支持，并且小组成员对高危情境的认知与应对，沟通技巧与自我控制技巧的学习具有积极意义。最后研究建议：其一，建立支持家庭的社会政策，为戒毒人员提供家庭为本的混合福利体系；其二，延伸戒毒人员的康复服务内涵，建立以家庭为本的社会工作戒毒模式。

【关键词】

家庭为本　家庭支持小组　戒毒社会工作

一、引言

近些年来，国内有关吸毒研究的文献资料、报道越来越多，这主要是因为毒品问题已经成为一个危害性极大的现代社会问题。而与此同时，从单一的打击为主到兼顾防复吸的康复辅导之转向，让我们看到禁毒工作与戒毒工作的进深。

社会工作认为吸毒行为是个体本身与环境变量互动的产物，而戒毒康复的内涵自然也就不该单单限定在戒毒人员本身，还应当包括戒毒人员的社会环境。而环境变量中，无疑家庭是最为重要的因素之一。社会工作强

---

* 本文获得上海师范大学社会学重点学科项目支持。

** 沈黎，上海师范大学人文与传播学院社会学系副教授，社会工作硕士。主要研究微观社会工作及社会工作价值与伦理。

调家庭在人生长过程中的作用，是影响人的主要场所，因此家庭为本的戒毒康复服务成为现代社会戒毒模式中的越来越重要的组成部分。

但遗憾的是，国内以家庭为本的戒毒康复研究极少，大多是从定性的角度研究影响因素。虽然学者普遍开始认同家庭对于戒毒康复的意义，除了以往强调戒毒人员自我管理能力之外，也建议加强提升亲子间同理心与亲子关系，促进父母本身的自我察觉、情绪管理以及问题解决的能力等。但从事家庭康复戒毒服务的研究较为缺乏，且止于建议，并且以家庭为本的实务工作介入性研究甚为罕见。

本研究认为戒毒人员问题是一个系统问题，涉及戒毒人员及其生态系统的互动。戒毒并不是戒毒人员一个人的议题，而关系到戒毒人员整个家庭的和睦和谐，因此对戒毒人员及其家庭成员分别进行有针对性的辅导极其必要。另外，笔者以为，鉴于戒毒人员家属是与戒毒人员关系最为密切的角色，对于建立良好的互动关系对促进彼此生活满意度等方面很有帮助。故笔者更期待家庭为本戒毒康复服务的实现，是戒毒人员及其家属能彼此从“知道”转化为“做到”并能运用在生活中，互动方式是“品质”的改变及“频率”的改变，因此将尝试使用社会工作中“家庭支持小组”（Family Support Group）的治疗方法，试图探究协助戒毒人员家庭成员互动模式、信念与行为改变的历程与成效。

二、文献回顾

目前国内关于吸毒问题的研究随着吸毒问题形势的发展有了很大的进步，文献回顾显示，国内研究已渐渐将研究主题从吸毒行为演变为对复吸与康复的研究。

学者 Daley 对复吸影响因素的总结较为全面，并体现出社会工作所强调的人类行为与社会环境互动的历程，他在回顾了有关复吸征兆及其相关因素的研究后，总结出对复吸产生影响的五大因素（Lavee & Altus，2001），即吸毒者自身、吸毒者家庭、治疗师、治疗体系和其他一些社会系统。Daley 的总结表明，尽管一直存在这种想法，即家庭在吸毒者康复的过程中起着重要的作用，然而，针对家庭在康复中的作用所进行的研究却很少。1990 年代前，研究复吸的学者基本上都把焦点集中在个人因素上，而很少关注其家庭，因此家庭支持在康复过程中的积极作用也被忽略了。而针对戒毒人员家庭因素的研究从 1990 年代后越来越受到重视。

（一）家庭因素对于戒毒人员康复的影响

良好的家庭支持系统能增强吸毒人员的自我价值感、信任感和生活方向，也会激励戒毒人员尽力处理生活挑战，帮助其成为较好的问题解决者。

来自家庭支持的作用主要体现在主观支持方面，即戒毒人员能够在主观上自我感受到的关心、理解和帮助（杨玲、赵国军，2004）。调查发现，亲子关系与复吸有着最直接的联系，亲子关系负性（消极）的项次越多，对应的复吸次数越多，吸毒的时间也越长；另有研究指出，亲人对自己看法的好坏对吸毒人员的自我概念好坏有着极为重要的意义，而戒毒成果的好坏往往取决于自我概念的好坏（程旭，2003）。

有学者用中国药物依赖性研究所设计的《药物滥用因素调查表》中有关复吸原因问卷进行调查，调查显示，社会和家庭因素较之毒友影响、对毒品的渴求、稽延性症状的存在而言是更为主要的影响因素，并认为家庭的关心与爱护是防治复吸的最主要措施（何家武等，2004）。

在康复过程中要特别重视关键的组成成员，年龄小于24岁的康复者，其关键成员为父母及兄弟姐妹；大约24岁的已婚康复者，其关键成员为其配偶。康复者对父母的依赖性越强，父母所做工作的作用就越大（朱德胜、杨杰，2002）。

由此可见，无论从主观方面抑或是客观方面，家庭成员是最能给予吸毒者以关心、理解和帮助的支持性力量，同时也是促进戒毒人员康复的关键性因素。

（二）家庭为本的社会工作戒毒服务研究

社会工作认为戒毒服务内容的提供包含戒毒人员本身及其生态系统的改变，而家庭为本的服务即强调以戒毒人员家庭整体作为服务单元，通过为戒毒人员及其家庭成员提供服务，来达成戒毒康复目标的实现。而研究表明，家庭为本的服务模式效果大大好于仅为戒毒人员本身提供服务，家庭的介入往往是个人完全康复的主要决定性因素。

Cloud & Granfield（2001）指出，能够加强“社会资本”的干预，即以一个可靠且有效的支持体系作为资源干预物质滥用，会产生实质而持续的变化。Denning（2004）对此有了更深入的理解，他认为这种干预需要靠家庭成员在其中起作用，也就是在实际的情况下进行介入。有家庭介入的治疗比无家庭介入的治疗更能有效减少毒品的消耗量（Linddle，Dakof，Parker，Diamon，Barrett，& Tejeda，2001）。Edwards，Hohman，Moore & Finkelstein的研究表明，家庭介入通常与理想的康复进程及较少的复吸事件相关；相反，病态的家庭功能与不理想的康复结果有关（Gruber，Fleetwood & Herring，2004）。

Kumpfer 的研究为家庭成员有效干预吸毒行为提供了借鉴。他认为，有足够的研究证实：父母的行为训练、家庭技巧培训、家庭内的支持、家庭治疗及家庭教育都是非常有效地加强家庭力量的途径，同时，通过家庭进行干预的效果比靠吸毒者本身进行预防平均高出 2 ~ 9 倍。通过对个人进行情感教育、生活技巧或社交技巧等其他一些以个人为主的培训在一定程度上是有效的，但在对于预防和减少吸毒行为方面却收效甚微，让父母及其他家庭成员一同加入会更有效（Kumpfer，Alvarado & Whiteside，2003）。

纵观国内外的研究发现，学者普遍认同家庭介入的重要性，但就如何教授家庭成员有效的策略以应对复吸行为的研究仍十分有限，因此，这一领域的实证研究很有必要。

三、研究方法

（一）研究方法的选取

本研究系探索性研究，故采用个案研究（Case Study）与行动研究（Action Research）相结合的研究方法进行。其一，本研究旨在探索家庭支持小组在戒毒康复领域的运用情况及其效果，即对比小组成员（戒毒人员家长）在小组不同阶段认知、行为方面的改变。而个案研究与行动研究适合该类发生在当下但无法对相关因素进行控制的事件。其二，个案研究与行动研究擅长直接观察事件过程、并对事件的参与者进行访谈，故获得资料的渠道更为广泛；除此之外，在某些情况下，通过参与性观察，个案研究与行动研究可以对研究对象进行某种程度的非正式的控制。

（二）研究对象的选取

本研究的对象为上海市自强社会服务总社 M 区工作站所服务的戒毒人员家属，小组成员由各工作点的社会工作者推荐，经研究人员访谈和筛选最终确定 8 名小组成员。

（三）研究设计

根据大量文献回顾，家庭对于戒毒人员提供的支持可以分为工具性支持、情绪性支持和信息性支持。工具性支持指戒毒人员在生活中获得的物质帮助；情绪性支持是指对戒毒人员表示爱、关怀与了解等，使其情绪获得安慰与鼓励；信息性支持是指给戒毒人员提供意见，如建议、忠告与直接信息等支持。本研究所提供的服务介入主要是提高家庭成员对于戒毒人员的情绪性支持和信息性支持，又将此进一步具体化为自我控制训练、沟通技巧训练、高危情境应对三个具体的服务。并以此作为小组设计的基本理念。小组设计理念图及小组实施过程设计如下图和下表所示：

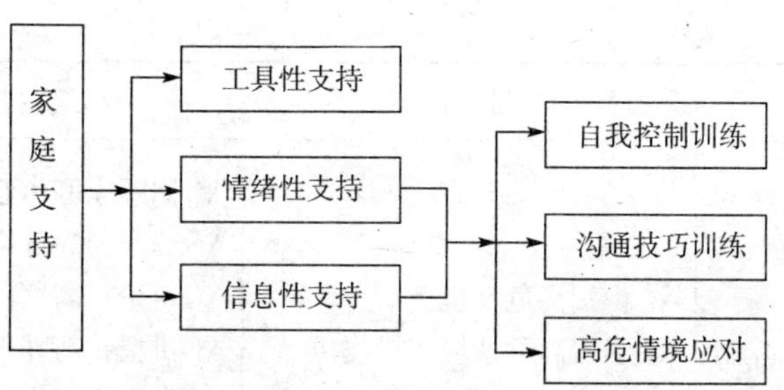

图 1　家庭支持小组设计理念图

表 1　家庭支持小组实施过程设计

主　题	目　标	小组主要内容
第一节 初次见面	√ 组员相互认识 √ 明确小组目标 √ 建立小组规范	√ 暖身活动：自我介绍 √ 介绍小组目标 √ 签订小组契约 √ 自我探索练习 √ 布置家庭作业（一） √ 总结
第二节 我行，我可以	√ 了解自我控制概念 √ 学习愤怒管理技巧 √ 学习情绪反应技巧	√ 回顾家庭作业 √ 短讲：自我控制理论 √ 角色扮演：愤怒管理技巧 √ 角色扮演：情绪反应技巧 √ 分享与讨论 √ 布置家庭作业（二） √ 总结
第三节 成功在乎联系	√ 了解沟通意义 √ 学习沟通技巧	√ 回顾家庭作业 √ 短讲：I message 的运用 √ 角色扮演：沟通技巧运用 √ 分享与讨论 √ 布置家庭作业（三） √ 总结

（续表）

主　题	目　标	小组主要内容
第四节 危险，我可以控制	√ 识别高危情境 √ 学习高危情境应对技巧	√ 回顾家庭作业 √ 分享：高危情境再现 √ 讨论：高危情境应对策略 √ 讲授技巧并角色扮演 √ 布置家庭作业（四） √ 总结
第五节 珍重道别	√ 学习改变记录 √ 巩固小组成果 √ 处理离别情绪	√ 回顾家庭作业 √ 短讲：改变记录的原则 √ 制定家庭支持策略 √ 生命树 √ 总结

研究分三个阶段：第一阶段为小组前期准备，研究人员查阅文献资料，并设计小组架构，为小组做各种准备工作。第二阶段为小组实施阶段，研究人员每周六下午定期进行小组工作，其中一人主带小组，并设小组协同者与观察者若干。第三阶段为研究结果分析与反思阶段。

四、研究结果与讨论

（一）戒毒人员家庭成员的改变

小组的评估采用自陈式量表和焦点小组（Focus Group）的方式进行。自陈量表由研究人员根据小组目标设计，采用利克特量表计分，1表示完全不同意，9表示完全同意。而焦点小组的数据来自于每节小组过程中的分享，外加研究人员和小组成员的个别访谈。小组成员普遍感觉小组对其有支持意义，并且学会了一些有用的技巧，基本达到小组预期目标。

1. 小组为家庭成员提供情绪支持

小组在无压力状态下，敞开心扉，真正直接面对内心深处积压已久的心境，并与组员做深层次分享。这对戒毒人员家庭成员而言是一个倾诉、释放的过程。同时，在互动过程中建立起同质的支持系统，对生活增添了信心。

在自陈式量表中，家庭成员的情绪支持可以通过如下数据来反应：

题号	自陈问题	平均分值
1	在小组中我能够较好地聆听他人的分享	7.2
2	我的讲话，小组成员能够给我积极回应	7.8
3	参加小组后，我感到受到更多的支持与鼓励	8.2
4	参加小组，让我相信我不是孤立无援的	7.9
5	参加小组，让我对生活增添了更多的信心	7.0
6	如果遇到和我同样情况的人，我会推荐他来参加这个活动	7.6

P1：这次的小组很有意义，我是我们社工点家庭联谊会的小组长，在这次小组活动中学到的东西，我也要把它用到我们的联谊会中来，让更多人受益。

P2：参加小组的最大的好处，让我知道其实并不是我一个人遇到这么多问题，原来我并不是最不幸的人。我很感谢大家能够听我讲那么多，把我的苦恼能够说出来也是一种解放。我想眼泪不能白流，生活还是要过下去的。

P3：很喜欢这里的感觉，大家能够一起出出点子、想想办法。我尤其喜欢×老师的那句话：问题本身不是问题，怎么处理才是问题。

P4：家家有本难念的经，你有，我也有。我们大家也算是同路人了，一个人走这条路不容易，但是我们一起走，路上有个伴，至少我们在累的时候还能有人扶我们一把。

P7：人啊，就是这样的，需要讲讲。你看，我们大家一起讲讲，不就舒服好多了啊！需要的，挺好！

P8：感到社工做了蛮多工作，通过小组知道家长应该如何去更好地配合社工，对吸毒人员的心态、禁毒知识方面都加强了了解，而且也学会了正确应对的方式，更好地发现了自己孩子的问题。

由此可见，由于小组成员都是来自吸毒者家庭的家长，所以为人父母，对子女都有些恨铁不成钢，在原本的生活中就已经感觉非常的压抑，有苦无处述。家庭支持小组正好为他们提供了这样一个平台，大家在一种坦诚、彼此支持的状况下了解到与自己境遇相同的人有共同的想法，并作彼此祝福，使戒毒人员家庭成员更加积极面对生活，摆脱许久以来自怨自艾的痛苦无助状况。

2. 家庭成员认知与行为的改变——技巧训练的意义

对于戒毒人员家庭成员认知与行为的改变，研究者试图通过自我控制训练、沟通技巧训练、高危情境应对这三个纬度来进行。在小组工作中，成员们通过听短讲、讨论学到的相关技巧、角色扮演等，他们有机会分享经验和建议，并尝试在生活中运用小组内学习到的技巧，这有助于提高他们“自助”的信心及能力。

在自陈式量表中，家庭成员的认知与行为改变可以通过如下数据来反应：

题号	自陈问题	平均分值
7	总体而言，我觉得小组内学习到的各种技巧，对改进我的生活是有帮助的	7.8
8	在面对我的家人（戒毒人员）时，我比过去能够更好地控制我的情绪	7.6
9	我会尝试用小组中学习的沟通方式与技巧，和我的家人（戒毒人员）对话	7.0
10	我和家人（戒毒人员）的沟通比过去要好	7.1
11	通过小组历程，我能够在生活中识别什么是高危情境	7.7
12	在面对高危情境的时候，我的处理方式要比过去好	7.1
13	我现在开始尝试做记录，并且能够对自己的行为有反思	6.9

小组成员普遍认为小组内学习的方法和技巧对他们能够提供帮助，使得他们能够更好地应对生活中的事件。

P2：以前说着说着怒火会上来，然后就口不择言了。规定了原则时常会给自己敲警钟，再愤怒也要将火压下去，对事不对人，旧账翻得少了。

P3：孩子有逆反心理，接受不了批评，所以我常常压住怒火跟他谈，这孩子吃软不吃硬。通过小组学习，我现在尽量尝试用缓和的语气说话，慢慢学习用“我”的信息讲道理，不辱骂，尊重人格。多和他表达一下我的感情和感受，我觉得这招效果不错的。……听别人教育孩子的经验，学会控制情绪，总的目的是为了孩子好，学会耐心地和孩子进行交流，和别人谈谈，自己心情也会好一点。

P5：孩子不吸毒的话，家长也会有信心。小组中教的沟通的原则，我在生活中也积极尝试去用一下。如何控制孩子的零用钱、沟通时的技巧都比较实用。尤其是那次关于“高危情境”的，其中提到“毒友相聚是导致复吸的重要影响因素”，后来有陌生的电话找我儿子，我马上和社工联系，及时反映儿子的最新动态，也制止了他们接触。据了解，这个陌生人是儿子在劳教所里认识的吸毒者。所以，我觉得这个小组活动很有实际意义。……我觉得我们小组上次说的那个原则很好，就是尽量不要给他钱，需要什么我就把东西直接准备好。就算给钱，也要和他想要买的东西匹配起来。他（儿子）问我老婆要钱，我就控制我老婆的钱，要钱的话没有，现在每天给他一包烟抽，不给现金。要出去玩的，叫朋友到家里来交流，这样就杜绝了一些不可控的因素。

P6：总体而言，最近我和儿子的关系缓和不少，我觉得可能是我开始和他比较心平气和地讲我的感受。我觉得“我信息”这招效果还是蛮灵的。……不过我也觉得我脾气是好多了，火一上来，我就让自己数数字，心里告诉自己要冷静，要冷静。最关键的是我现在知道了，发火是不能解决问题的。……我现在懂得如何有技巧地看住他，技巧性啊，比过去高明了不少。

P7：发火是不能解决问题的，我自己脑袋也受过伤，能心平气和地说话最好，等儿子出来了好好跟他说、不翻旧账。我儿子现在还没有出来啊，所以我和大家的问题还不太一样。可能我现在遇到的最大的问题就是怎么让自己不要生气，不要一味地埋怨儿子，不过最近学习的一点方法还是有点作用的。

P8：那天我儿子和我老婆吵架，吵得很凶的。我知道这个时候不能偏袒任何一方，要中立地来协调。我儿子觉得这次老头子不是偏向妈妈了，所以情绪后来平静很多。……还有一点我觉得，以前我容易死脑筋，一条路不同也要硬走下去，现在小组让我看到其实还是有不同的路可以选择的。

小组为戒毒人员家庭成员提供技巧训练和辅导基本达到预期目标，但与此同时，研究人员也发现小组中仍有一些地方有待改进。一方面，小组活动过程中工作者虽然举了具体的实例作阐述说明，但未充分考虑到组员的实际理解程度，因此造成部分组员对概念理解不清；另一方面，组员文化程度和接受领悟能力参差不齐。其中，使用“我”的信息方面比较欠缺，主要原因是：第一，有些组员对于“我”的信息的定义比较模糊，甚至错误地理解为是“自己所了解的信息”；第二，习惯将第二人称“你”作为句子的开头，沟通时不知如何正确表达自己内心最真实的感受。

（二）戒毒人员家庭支持小组辅导模式的综合评价

戒毒人员家庭支持小组遵循的是家庭为本的福利理念，强调通过对于戒毒人员家庭系统的改变，进而推动戒毒人员的康复。本探索性研究发现该辅导模式能够为戒毒人员家庭成员提供有效支持，并且在认识与行为方面能够形成一定改变。

1. 戒毒人员家庭支持小组的治疗性元素

根据参与式观察的结果，以及研究人员自身的反思小组（Reflection Group）的讨论，研究人员认为家庭支持小组的介入基本达到小组预期效果，和以下几项治疗性元素密不可分。其一，灌注希望。坚信参与小组辅导能够带来希望的改变，是治疗成功的最重要因素。如果不怀有希望，小组成员就无法承受过程中的各种担忧、焦虑和疑惑，无法开放地表达和冒险尝试新行为。所以在小组带领过程中，研究者用各种方式给组员以鼓励和支持，并且对每一个良好的改变予以肯定。其二，普遍化原则。戒毒人员的家庭成员普遍比较失望，为自己感到不幸。研究者强调让成员知道自己并非世界上最惨的人，还有人有相似的问题，当戒毒人员家庭成员与相类似的成员在一起的时候就不觉得孤独，也会更客观地看待自己和他人的问题。其三，促进自我洞察。研究者发现这是辅导过程的核心，并且洞察可以引发改变。研究者促进戒毒人员家庭成员通过彼此间的人际互动，如倾听其他成员对自己行为、想法和经验的感受加深自我了解并引发改变动机。其四，互动性学习。在研究者的努力下，研究者引导戒毒人员家庭成员间给予真实、真诚、清楚的反馈，协助成员学习并维持新的正向行为，同时研究者也注意自身能够及时给成员反馈，因为问题在当下处理的效果最好。

2. 戒毒人员家庭成员对家庭支持小组辅导模式的态度

从焦点小组和个别访谈的结果来看，戒毒人员家庭成员普遍对小组从自我控制训练、沟通技巧训练、高危情境应对这三个纬度来进行，表示了积极肯定的态度，认为容易接受、易于操作，小组气氛融洽，且小组成效易于迁移到真实生活语境。小组成员对于“高危情境”、角色扮演等活动给予了积极的评价，认为令人印象深刻，且能够帮助他们思考并掌握一定技巧。可见小组基本达到预期效果，这为该辅导模式的推广做出了初步的尝试。

但与此同时，我们也发现部分环节仍有待改进，在设计小组活动内容时，在分析各小组成员家庭具体情况的同时，也要考虑到小组成员本身的具体情况，包括性格特征、文化程度等，这对于小组成员有效理解和掌握知识技能方面很有利。此外，亦有家庭成员指出小组单元能否有所增加，后续小组支持应该如何跟进，这些对于该小组模式的拓宽与应用具有一定参考价值。

五、结论与建议

（一）研究结论与建议

本研究旨在探索通过小组工作方式，协助戒毒人员家庭成员在认知、行为层面发生改变，并为他们提供良好支持，进而推动戒毒人员能够有效康复。研究发现，家庭支持小组辅导模式对于改善戒毒人员家庭成员在认知、行为层面发生改变，增强应对问题能力的改善具有积极的促进作用。

对于如何进一步提高对戒毒人员康复的服务，以及维护戒毒人员及其家庭的权益，本文提出如下建议：

其一，建立支持家庭的社会政策，为戒毒人员提供家庭为本的混合福利体系。个体的福利支持一般而言来自市场、社会、家庭（曾群，2006）。由于社会排斥，戒毒人员成为社会的边缘群体；大部分戒毒人员经济地位的弱势使得他们难以通过市场购买商品与服务；而身体素质的欠佳亦使其失去了由劳动力市场提供的收入和职业福利（即失去了通过市场实现社会融合的制度途径）。因而，戒毒人员的福利支柱主要是国家和家庭。由于我国政府选择的是“经济国家”的社会政策，即以经济发展为国家首要任务，国家的发展战略是优先投入经济生产而非社会福利（曾群，2006），因此国家对吸、戒毒人员采取以打击和控制为主的管理与服务，将戒毒人员的成长责任转由国家和家庭共同承担。因此，戒毒人员的发展性福利支持其实最终要由家庭来实现。所以，本研究认为，戒毒人员福利制度的合理选择是建立家庭为本的混合福利体系，即以家庭保障为基础，现代保障与传统保障相结合的福利制度。而与此同时，国家将原本由其独立承担的福利责任部分转交给家庭时，必须加强支持家庭的社会政策。

其二，延伸戒毒人员的康复服务内涵，建立以家庭为本的社会工作戒毒模式。社会工作认为戒毒服务内容的提供包含戒毒人员本身及其生态系统的改变，而家庭为本的服务即强调以戒毒人员家庭整体作为服务单元，为戒毒人员及其家庭成员提供服务，通过戒毒人员与家庭成员的互动，最终达成戒毒康复目标的实现。而研究已经表明，家庭为本的服务模式效果大大好于仅为戒毒人员本身提供服务，家庭的介入往往是个人完全康复的主要决定性因素。因此，普及家庭为本的社会工作戒毒模式势在必行。

（二）研究局限与今后研究方向

就研究本身而言：首先由于本文系个案研究，个案研究有可能形成一般通则式理论的基础，但该家庭为本的社会工作戒毒模式的研究结果，目前仍需通过进一步的重复研究而加以改进。其次，研究的评估方案目前仍处于以自我陈述为主要方式，有待进一步科学化。再者，认知或行为的改变需要长时间的变项，才能看出真正的改变，所以在小组结束后可以增加长期效果之追踪研究。就社会工作实务而言：一方面，家庭为本的社会工作戒毒模式的推广，仍需进一步将戒毒人员家庭支持小组本身加以操作化，以形成操作手册，便于一线社工开展利用。另一方面，社会工作服务的过程是案主与社工互动的过程，每一位社工的小组带领风格与人格特质各有不同，在推广中需要进一步加强对于一线社工的培训，如此方能保证小组的治疗效果。

【参考文献】

1. 程旭．戒毒人员复吸情况调查与分析．云南警官学院学报，2003（4）：47-50.

2. 何家武，彭晓兰，周文杰．338 名女性吸毒者复吸因素分析．中国热带医学，2004（2）：273-274.

3. 杨玲，崔诣晨．193 例戒毒人格类型及其与自尊、社会支持和应对策略的关系．心理科学，2003（6）：1034-1038.

4. 杨玲，赵国军，陈保平．男性吸毒者吸毒行为与人格、自尊和社会支持的关系研究．心理发展与教育，2004（3）：37-41.

5. 曾岳峰等．吸毒患者亲属心理——行为干预方法及效果研究．中国药物滥用防治杂志，11（6）：317-320.

6. 曾群．青年失业与社会排斥风险——一项关于社会融合的社会政策研究．上海：学林出版社，2006.

7. 朱德胜，杨杰．家庭康复是预防复吸的有效途径。中国司法，2002（6）：24-25.

8. Cloud，W. & Granfield，R.（2001）. Natural Recovery from Substance Dependency：Lessons for Treatment Providers. Journal of Social Work Practice in the Addictions，1（1）：83-104.

9. Denning，P.（2004）. Practicing Harm Reduction Psychotherapy：An Alternative Approach to Addictions. American：The Guilford Press.

10. Gruber K. J.，Fleetwood T. W.，Herring M. W.（2001）. In-Home Continuing Care Services for Substance-Affected Families：The Bridges Program. Social Work，46（3）：267-277.

11. Kumpfer，K. L.，Alvarado R. & Whiteside H. O.（2003）. Family-Based Interventions for Substance Use and Misuse Prevention. Substance Use & Misuse，38（11-13）：1759-1787.

12. Lavee，Y. & Altus，D.（2001）. Family Relationships as a Predictor of Post-

Treatment Drug Abuse Relapse: A Follow - Up Study of Drug Addicts and Their Spouses. Contemporary Family Therapy, 23 (4): 513-530.

13. Linddle, A. , Dakof, G. , Parker, K. , Diamond, G. S. , Barrett, K. & Tejeda, M. (2001) . Multidimensional Family Therapy for Adolescent Drug Abuse: Results of a Randomized Clinical Trial. The American Journal of Drug and Alcohol Abuse, 27 (4): 651-688.

（本文发表于《中国青年研究》，2009 年第 3 期）

提前介入：以在校偏差生认知行为互动小组为例

张宇莲等

一、提前介入的提出

自2004年阳光社区青少年事务中心成立以来，青少年事务社工在上海市社区中为离开学校、没有工作、在社区生活的、16~25岁本地户籍青少年提供了多种多样的服务。这些服务虽然以协助就学、就业为核心，但还涉及帮助办理劳动手册、申请各类救助、协调与学校及家长关系、小组辅导、拓展训练、各类社区文化活动、推动媒体及大众关注青少年问题、回应青少年需求。这些努力对预防违法犯罪产生了积极效果，在2007、2008年上海市公安局公布的本市违法犯罪情况年报中，本地户籍的青少年违法犯罪案件持续下降。

虽然接受服务的青少年行为有了积极改善，但是也应看到现存的问题：第一，由于社区青少年学历不高，过早离开学校，导致就业竞争力不足，就业困难，获得的工作岗位大多是低工资、低福利、低稳定性，上升空间有限，造成频繁离职，阶段性就业，从而不断重复成为服务对象；第二，因学校生活失败导致心理问题、精神健康问题、交友问题、行为问题频现，加大青少年社工协助就学与就业的难度，服务期长，问题反复大，显示对深层次介入的需求；第三，有偏差行为的社区青少年更是服务中的难点，这类青少年通常有不良的朋友圈、家庭问题也较大，游走在违法犯罪边缘，难以接触及赢得家庭的合作，寻找与这类青少年建立关系的方式，从而渐进提供服务是社工急需解决的问题。

针对上述难点可以有多种解决思路，但青少年社工将服务向前延伸应是重要策略，向前延伸也就是"提前介入"，及早帮助青少年在学业上有良好表现，提升学历，为职业生涯发展建立稳固基础；及早帮助青少年面对成长危机，学习了解自己、了解社会，发展自我掌控生活的能力；及早帮助弱势与边缘的学生掌握社区资源与政策信息，获得所需援助，建立对未来的希望。提前介入不止提升服务成效，还有助于促进家庭、学校、社会、政府认识青少年问题的成因，从而改变对待青少年的态度和行为，推动社会大众及国家政策关注并回应青少年的需求。

提前介入的具体实施会涉及介入的时机、介入的层次、介入的策略等问题。就个体角度来看，“介入时机”是指青少年社工应将服务对象的年龄提早到何种程度。理论上来说，越早越好，海外青少年问题的预防甚至从孕期开始介入，如通过家庭访视发现家庭关系的隐患，及时给予科学指导，从而增进家庭育儿能力。“介入的层次”是指如何更有效地协助青少年来应对人生中出现的各种各样问题；“介入的策略”是指如何实施才能更有效。

提前介入应是系统工程，需要服务探索与深入研究来积累广泛而深入的信息，最终建立多层次、多主体的工作系统。本研究从服务在校偏差生的角度为发展系统性的提前介入服务积累信息与经验。

二、提前介入探索

（一）服务对象的选取

在青少年社工 5 年的服务历程中，有轻微违法犯罪行为的青少年始终是服务的重点与难点，所以本研究决定选取在校偏差生为提前介入服务的对象，由于这类学生较集中存在于工读学校，课题组最终选择在上海某中学实施为期半年的探索服务。该中学创办于 1961 年底，是全国较早创办的几所工读学校之一。学校的招生对象是：12 周岁至 17 周岁有违法或轻微犯罪行为，不适宜留在原校学习，但又不够劳动教养、少年收容教养或刑事处罚条件的中学生（包括那些被学校开除或自动退学、流浪在社会上的 17 周岁以下的青少年），这类学生称为工读生。近年也开始招收家长主动送来入学的问题学生，这类学生被称为家教托管生。工读生与托管生各自编班，适用不同的管理模式。

根据教师的介绍，校内学生法制观念淡薄，道德水准低下，心理行为偏差，并沾有不良行为，有的已经达到了违法或轻微犯罪的程度。他们有的人带着许多愤怒，并将愤怒转嫁到攻击别人上；有些人因为在校及在街头的行为，濒临被送到少管所的边缘，有些人则是退缩，缺乏适当的社交技巧，经常受欺负。他们中大部分人与家人的关系不佳，很多人有离家出走的记录，有些人可能有药物滥用问题，有些人过早发生性关系。

杨永明和王礼斌于 2001 年 12 月至 2002 年元月对上海 13 所工读学校共计 1284 名学生（都是来自于各普通中学的有违法和不良行为倾向的学生，约占当时全市初中在校生 3%）进行调查，表明情绪困扰、交友偏差、对学习的态度消极、学习基础差、好胜心强是这些学生行为失控的主要原因，且有一定的内在关系。因此协助他们处理情绪、交友、学业应是本次服务探索的主题。

（二）小组方法的选取

课题组选择了以小组方法为主要服务方法，有两方面的考虑：第一，同辈群体对青少年发挥很大影响，在这个年龄段青少年寻求同伴的认可，重视同伴的意见，而对成人有抗拒，特别是偏差青少年更加重视同伴的评价，很多偏差行为的维持与其所处小群体有关；第二，学校分班授课的方式也适合运用小组工作方法，易于协调时间。

（三）小组理论框架

1. 概要

认知行为理论被选做小组理论框架，由于这个理论强调信念、思考内容、情绪体验对行为的影响，协助青少年运用这个概念框架来了解及控制自己的行为，将提升青少年避开高危情景及在高危情景中控制自己行为的能力，从而减少危害性后果。长远来说，青少年有了这种能力也有助于处理日常人际环境中的压力，最终增强克服就学就业过程中的困难，为学业提升，就业稳定奠定基础。这个理论框架帮助青少年社工从更深层次上、更有针对性地帮助青少年。

认知行为理论认为人在受到外部情境刺激时，会有一系列的想法产生，这些想法信念的产生使人有着各种不同的情绪体验，或难过或开心或愤怒，并随之会伴有相应的身体反应，可能会紧张得发抖可能会青筋暴起，接下来才会产生最终的行为以及行为带来的后果。对于青少年来说，他们很少会感知到自己面对一些愤怒或压力情境时的想法及情绪体验，并且不善于将自己的感受用语言表达出来，取而代之的可能就是暴力行为。

认知行为小组就是帮助青少年认识到在面对情境时自己的想法、情绪体验、身体感受，了解行为产生的原因，并且可以找出情境中的关键时刻，学会在关键时刻喊“停”，从而及时阻止自己之后的冲动行为。相对于行为本身而言，认知行为小组更强调行为产生的后果及行为产生前的信念、情绪、感受的体验，并且通过引导，让组员在小组中体会和反思、并在其他组员的共同参与中找出合理面对压力情境的应对方法。

认知行为互动小组模式（CBIGT）比较强调示范与操作性的策略；在CBIGT中，青少年逐渐地投入，并运用此架构来满足自己的需要。它特别会运用团体本身的好处，如互相支持、领导权、新的人际关系、有利于社会的角色、来自同伴的反馈以及帮助他人。

青少年天天面对引发愤怒、压力或其他强烈情绪的问题情境，因此在 CBIGT 里，几乎都是以有效处理问题情境时所必需的行为与想法为治疗目标。本取向中，不但注重行为、认知和情绪的连锁反应，同时还顾及其所发生的情境及其所造成的现实的后果。CBIGT 通常会分别按不同情境，教导成员四类应对技巧：人际、问题解决、认知与情绪反应及自我管理。所有的技巧或直接或间接都以处理具体的问题情境为目标。

2. 认知行为互动团体治疗特征

采用小团体取向，5～7 名组员。也就是说，利用小团体的特征，作为促进个人治疗目标达成的方法。团体不但提供治疗情境，并提供一些有效的方法来解决问题。对于工读学校的学生来说，他们身上可能有着一样的背景，或是父母离异或是得不到亲人的支持，他们可能有着一样的行为表现，那些共同点可以促进他们之间的交流和沟通，形成一个平等和谐的氛围，并且可以让他们从别人那里看到自己，从而可客观认识和反思自己行为的后果。

CBIGT 的目标在于教导青少年有效的应对策略，以处理他们所遭遇到的愤怒或压力情境。这些应对策略清楚地定义出来，并与当前问题的特性密切地联结。在这些青少年中，他们会遇到很多的愤怒及压力情境，比如说打架、离家出走等。在小组中，带领者使用案例情境，这些情境可能并不是发生在他们身上，但在一定程度上反映了他们的种种信念与行为，通过小组成员对案例情境的讨论和分析来寻找解决方法及应对策略。

CBIGT 的目标不只限于在团体结束时当事人对特定情境的应对行为与想法有所改变，同时也重视当事人能在治疗环境外与治疗结束后的情境都能保持这些效果。

3. 小组总目标与阶段目标

（1）总目标

通过“认知行为互动小组”（CBIGT），培养组员控制非理性情绪和行为的能力。

（2）阶段目标

- 通过拓展训练，逐步建立社工与组员、组员与组员之间的关系；同时通过观察记录活动时发生的问题情境，发现组员们的行为特点和存在问题。
- 通过一系列“情绪认知”的学习，使组员认识实际生活情境中自己的情绪，并能准确地表达出来。

• 运用 CBIGT 理论，协助组员学会分析问题情境，寻找应对方法，并掌握自我管理的技巧。

（四）小组计划及实施

活动对象：上海某工读学校，初二年级，工读和托管部男生。共同特点：存在行为偏差，不容易控制自己的情绪。

活动次数：托管部 14 次，工读部 13 次。

活动持续时间：2008 年 4 月初至 2008 年 6 月初。

每节活动时间：40 ~ 60 分钟。

地点：学校教学楼（地点因当天的活动安排而改变）。

小组总体计划

时间		主题	次数	目标
第一阶段	筹备与观察	（室外）拓展训练活动	1	初步建立信任关系，观察与记录组员的行为特征和存在问题
		（室内）拓展训练活动	3	
第二阶段	正式小组	第一部分：心情三部曲	3	学会描述生活情境和自己的情绪，并能准确地表达出来
		第二部分：认知六重奏	6	学会分析情境，了解自我管理的相关知识和应对问题情境的方法
第三阶段	结束与总结	大型活动："我们一起走过"暨小组活动报告会	1	认识到长大的意义，明确长大的责任

第一阶段计划——拓展训练

◇ 室外拓展

目标：建立社工与组员、组员与组员之间的关系，让彼此熟悉了解。

活动大纲：

内容	时间	目的	带领者	备注
社工开场白	5 分钟	介绍社工的身份及组织活动的目的	尤如意	通俗易懂 语句简单

（续表）

内容		时间	目的	带领者	备注
游戏	阿“水”的故事	10 分钟	集中注意力	尤如意	
	谁先回家	10 分钟	活跃气氛	尤如意	粘纸
	抱抱团	5 分钟	分组	郁英兰	分成两组
	Pick A Who	15 分钟	相互熟悉	郁英兰	① 准备幕布 ② 按照之前的分组游戏，每组两位社工分带，负责明细规则
	坦克履带	20 分钟	体会合作的意义	郭一娇	报纸、透明胶、剪刀
	A So Go	15 分钟	活跃气氛，强化反应	陆婉荔	维持好秩序
其他	（社工）史颖颖、周夏芸、夏惠萍，负责管理、协助工作				

◇ 室内拓展

目标：（1）进一步建立社工与组员，组员与组员之间的关系，相互之间更多的了解；

（2）让组员开始适应每周的小组活动，为之后的小组活动做好准备。

活动大纲：

活动时间	活动内容	目标
第一节 4 月 15 日	两个游戏	活跃气氛，增强团体归属感
第二节 4 月 16 日	1. 阳光青少年事务社工介绍社工的工作 2. 两个游戏	① 活跃气氛，增强团体归属感 ② 让组员了解社工
第三节 4 月 17 日	1. 两个游戏 2. 预告下阶段的小组活动	① 活跃气氛，增强团体归属感 ② 让组员了解下阶段的活动，做好心理准备 ③ 了解组员对下阶段活动的意见，以便社工对计划做修改

第二阶段计划 —— 正式小组

组员：家教托管部和工读部初一及初二的男生（托管部 5 人，工读部 4 人）

次数：第一部分 3 次，第二部分 6 次。

形式：封闭式（工读部与托管部分开）。

时间：2008 年 4 月 22 日至 5 月 22 日（每逢周二、周四）下午 3：00 至 3：40。

◇ 心情三部曲

• 活动设计背景：

青少年每天都会在各种情境中得到各种情绪体验，通过之前的拓展训练发现，他们并不能很好地描述自己所体验到的情绪，一般都是用一些比较笼统的词来表达自己的情绪，比如：爽、不爽、无聊等。而且常常用同一个词来表达自己在不同情境中体验到的其实不一样的情绪，比如：背知识时，背得感觉有些疲劳和厌烦了，想休息一下，去和其他同学玩；或者其他同学在看篮球赛，而自己不感兴趣，不想看；又或者有同学发表了和自己观点不同的想法，自己不赞同，等等情境，他们都会用“无聊”来描述当时的情绪。有些青少年在情绪不好时会以用烟头烫自己的方式来使自己好受点。

• 基本假设：当人们体验到消极情绪，但能够准确清晰描述自己的情绪时，会增进自我了解，减低负面行为出现的概率。

• 活动设计思路：

认识情绪字眼——学会描述情境——根据前两节内容，表述自己在所处情境中的情绪——把前几节内容联系到实际生活中，体会自己近阶段的心情起伏和变化

• 活动大纲：

总目标：让组员认识实际生活情境中自己的情绪，并能准确表达出来	
单元主题	单元目标
第一节 心情故事	1. 确定小组名称，讨论小组规范 2. 完成目标问题评量表前测 3. 帮助组员认识丰富的情绪词语 4. 让组员掌握描述情境所需的要素
第二节 心情枝丫	1. 签订小组契约 2. 训练组员清楚描述情境并体验情境中自己或他人的情绪 3. 完成《儿童与青少年想法和感受量表》前测
第三节 心情飞镖	1. 回顾前两节的内容 2. 让组员学会描述实际生活中自己的心情起伏

◇ 认知六重奏

• 活动设计背景：

经过“心情三部曲”阶段的小组活动，组员们学会了描述自己生活中令自己有强烈情绪反映的情境和表达自己当时的情绪。

组员们的情绪有冲动、不稳定、极端化等特点。他们有时会因为相互看了一眼，感觉对方的不顺眼而打架；有时他们本来在一起高兴地聊天，但是一句话不和就会暴怒……这些情绪特点有时让他们做出一些使自己后悔的事，造成严重后果。

针对组员们对于自己的情绪和行为缺乏认知和有效控制，设计本阶段小组活动。

• 理论基础：

本阶段小组主要以 CBIGT 为理论基础，强调信念与思考内容对行为的影响。

• 活动设计思路：

分辨情境中人物的想法和行为反应—判断行为的后果—澄清非理性想法和情绪—了解想法、情绪和行为的关系—寻找替代想法和行为—判断情境中的阻碍和资源—情境分析——应对问题情境。

• 活动大纲：

单元主题		单元目标
第一节	想法—行为—后果	1. 帮助组员学习分辨情境中人物的想法和行为 2. 帮助组员学习判断行为的后果
第二节	不合理想法	1. 帮助组员澄清非理性想法
第三节	“ABC”理论	1. 帮助组员了解想法、情绪、行为之间的关系 2. 帮助组员寻找替代想法和行为
第四节	资源与阻碍	1. 判断情境中的阻碍和资源 2. 学习如何进行全面情境分析
第五节	应对性想法	1. 实践情境分析 2. 练习应对问题情境
第六节	放松技巧	1. 学习放松技巧 2. 整理本阶段小组活动所学 3. 完成《儿童与青少年想法和感受量表》后测及《小组成员反馈表》

第三阶段计划——大型活动

“我们一起走过”小组活动报告会：

活动共分为两个部分。第一个部分，组织所有小组组员及老师在室内举行“‘我们一起走过’暨小组总结汇报会”。在会上，我们会将这三个月实习的内容以讲解、照片、视频等方式呈现出来，向学校汇报。另外，我们会发挥组员和社工的专长，让他们以个人或者团体的形式表演一些自己擅长的节目，表现自己。并且因儿童节将至，而这里的组员基本上都是最后一年过儿童节，因此，我们想以“十四岁生日”这个形式，让组员在这里告别“儿童节”，迎来“十四岁”这样一个标志着长大的时刻，认识到长大的意义，明确长大的责任。

第二个部分，室内活动结束后组织小组成员在室外开展一场20分钟的篮球赛，社工做拉拉队，老师做裁判。之后大家一起作20分钟的分享，分享内容包括篮球赛中的表现及感受，分享整个小组中的收获与感受，表达告别之情。

活动大纲：

时间	内容	具体步骤	备注
14：00～14：10	报告会开场致词	主持人开场白 感谢学校的配合支持 请学校领导人讲话	多功能厅
14：10～14：40	小组活动汇报	总结这次实习活动 观看视频 请社工和组员说说感受	① 多功能厅 ② 说感受时背景音乐为“卡农”
14：40～15：15	组员、社工表演	待定	多功能厅
15：15～15：35	“十四岁”生日仪式	许愿吹蜡烛 切蛋糕分蛋糕 吃蛋糕看照片 赠送礼物	① 多功能厅 ② 需蛋糕、卡片、信封 ③ 背景音乐：生日快乐；虫儿飞
15：35～15：40	结束语	主持人作结束语	① 室内活动室 ② 背景音乐：今天就长大

（五）小组结束与反思

这次小组活动是一次尝试，在小组实施过程中存在着许多不足之处需要改进和提高。

① 小组带领者由于事先缺乏对所服务人群的特性了解，所以在处理突发事件时的表现还不令人满意，一旦控制不好可能会造成比较严重的后果，需要加强随机应变的能力。

② 小组带领者在活动中有几节会把注意力过多地集中于一两名表现突出或问题特别多的组员身上，而忽视了其他组员，在这方面的技巧上以后还要多加注意。

③ 在对组员提问时，问题要尽量具体，这样组员们才能回答，否则他们会觉得无从说起，然后干脆来一句“不知道”或“无”完事。

④ 组员在小组中的“捣乱”行为要想办法处理，否则对小组的进行有阻碍。可以重申小组契约，在小组中发现有其他组员的反应对“捣乱”行为有正增强作用时要及时处理，尽量忽视有“捣乱”行为的组员所做出的企图引起大家注意的行为。

⑤ 带领组员做放松训练时，可以让大家背对背坐，不会全体发出笑声，即使有个别组员忍不住小声地笑笑，也不会影响其他组员。

三、提前介入的效果评估

（一）评估工具

☑ 目标问题评量表

☑ 儿童青少年想法与感受调查量表

☑ 父母问卷项目量表

☑ 教师问卷量表

☑ 小组组员反馈意见表

☑ 小组进度笔记

☑ 小组过程录音和录像

☑ 观察笔记

（二）评估方法

1. 在小组的初期以及最后一节，组员被安排完成同一份问卷，以比较他们在参加小组活动前后令其感到困扰的问题的程度及想法与感受有否改变。

2. 在小组的初期和后期，家长和教师配合完成同一份问卷，以比较组员在参加小组活动前后有关健康和行为问题有否改变。

3. 在小组最后一节，组员填写对于小组活动的感受及意见。

（三）工读部评估分析

1. “你最感到困扰的问题”统计

组员在小组初期填写“最感到困扰的问题及程度”，在最后一次活动中，对此再次评定，具体情况如下表：

目标	事前平均分	事后平均分
放假太少，没有自由的感觉（4 人）	5.5	4.33
与父母关系不够融洽（1 人）	7.0	4.0
没有事情做（1 人）	6.0	2.0
学业困扰（5 人）	4.8	3.67

2. 分析

放假太少，没有自由的感觉

工读学校的学生是寄宿制，管理严格。没有老师的允许，他们日常的活动范围仅限于自己所在的楼层之中，所以组员们对假期的期待是很强烈的。当然，我们开展的小组并不能改变学校的规章制度，但是在小组过程中，工作者为组员创造一个相对自由的环境，即他们可以在小组内谈论自己想要谈论的事情，工作者和组员在小组内的地位相对而言比较平等，从而不会产生压力感。在最后一次“我们一起走过”大型活动中，组员可以自由发挥自己的所长，尽情展现自己，这也是组员在平时的学校生活中很难得到的机会。

与父母关系不够融洽

在事前目标问题评量时，有两个组员涉及了与父母关系方面的困扰。但是在小组活动过程中，其中一名组员由于离校原因，也随之退出了小组，因此这里只有一名组员的前后测量结果。关于这方面的困扰，该组员的具体阐述是“父母话太多，很烦”。由于社工、学校和家长三方面的限制，社工没有能够针对父母和组员之间的关系开展相应的小组。但是，在小组“找出资源和阻碍”以及“问题解决训练”的活动中，也涉及了与父母交往的内容，让组员通过寻找身边的支持系统和思考问题解决的应对策略，从而明白如何跟父母更有效沟通。

没有事情做

如上表显示，该目标问题的前后评量分数相差较大，其主要原因在于，组员学校生活的大部分时间都是待在教室里，经常做的事情是上课、吃饭、睡觉以及少许的课外活动，因此组员总是觉得生活很无聊，无趣，没有什么事情可做。小组活动的开展在某种程度上丰富了组员的日常生活，小组中自由的谈话、趣味性的游戏等内容让组员感受到了充满乐趣的一面。此外，在小组过程中社工会运用一些组员日常生活事例，来教授解决问题技巧，从而使组员开阔眼界，学会新方法。在“我们一起走过”大型活动中，组员纷纷参与节目表演，而这些节目也是他们在日常生活中不断排练之后的成果。

总之，小组活动的开展一方面丰富了组员的日常生活，为他们带来了一定乐趣，另一方面也使他们接触到与课本不同的知识，相对而言缓解了学校生活的枯燥。

学业困扰

由于现实条件的客观限制，我们的小组没有涉及学业内容。

3. 青少年、父母、教师问卷说明

通过《儿童青少年想法与感受调查表》、《教师问卷》、《父母问卷》这三份问卷对组员、组员的老师、组员的父母分别做前后测，以此来评估组员的改变情况，分析小组成效。

（1）问卷回收情况

有一个组员在参加了5次小组之后，离开了工读学校，返回原校，也因此退出了小组。另一个组员在小组快结束时转到工读部，因此只参加了最后4次小组活动。

《儿童青少年想法与感受调查表》共回收10份，其中前后测有效为8份，无效2份；教师问卷共回收10份，有效8份，无效2份；父母问卷共回收6份，有效4份，无效2份。

（2）有效问卷分析

总体看，各问卷前后测得分变化都不大。工读部学生的行为问题较为严重，短期小组不一定有成效。另外，工读部学生注意力维持时间不长，填写问卷时较为困难。

（四）托管部评估分析

1. 目标问题评量

在小组活动正式开展前，建立并确定团体中组员的个人目标是十分重要的。建立目标的过程不但可以帮助组员明确困扰自己的近阶段问题，澄清他们的期待；而且在活动过程中，一旦发现自己能够达成某个目标时，他们就会有动力继续寻求更大的成就。

因此，个人目标的达成是组员参加小组的动力之一，也是评定小组成效的一个直接指标。

在小组的第二阶段即正式活动开始及小组结束时，安排组员分别填写了“目标问题评量”表，汇总结果如下：

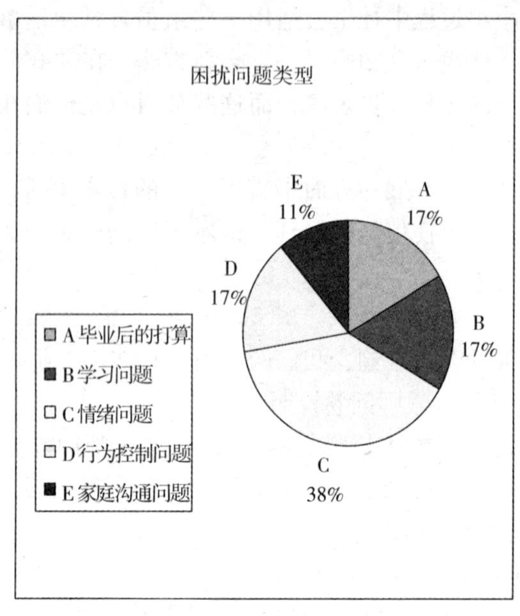

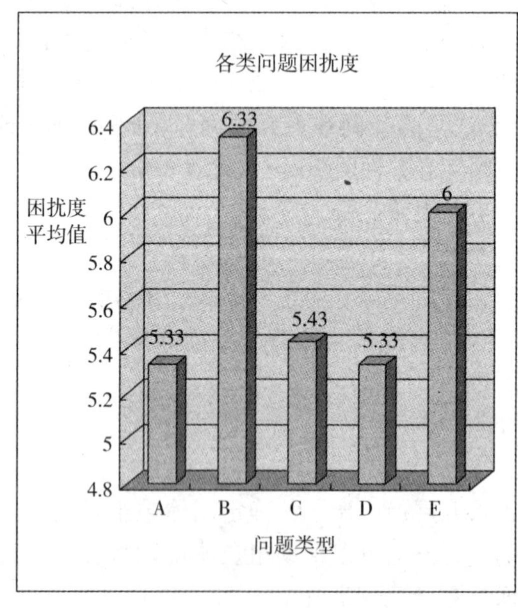

从“困扰问题类型”饼图，可以清晰地看到：最常见的是情绪类问题，占38%。这在一定程度上反映出该小组成员最迫切需要解决的是情绪

问题。但是，从“各类问题困扰度”直方图，我们发现：情绪问题虽然数量最多，但是困扰度并不是最高的；困扰度最高的是学习问题，主要是组员希望回到原校。另外，家庭沟通问题数量虽少，困扰度却最高。

在后测完成之后，我们分别从两个维度对评量结果进行了统计分析：

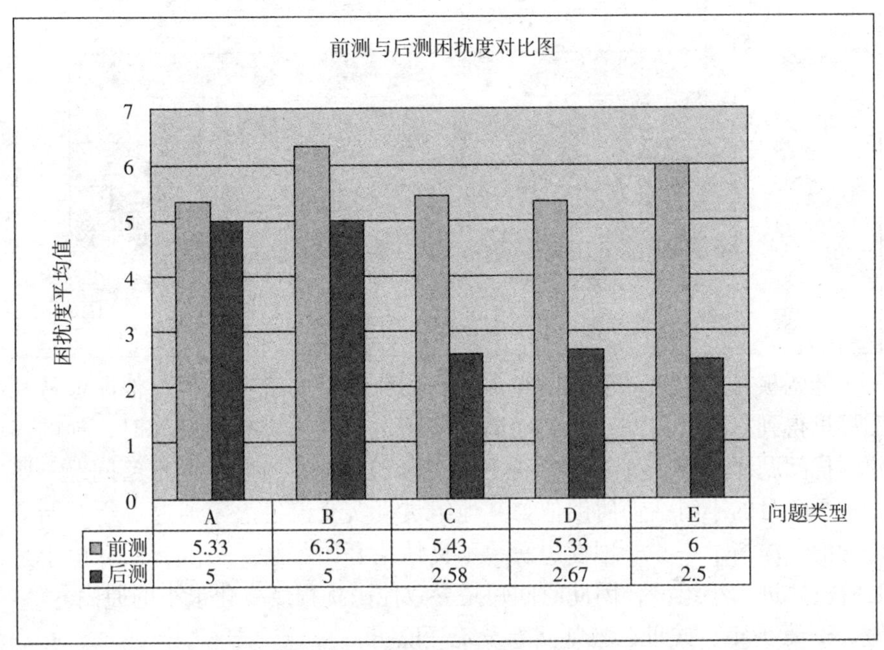

	A	B	C	D	E
前测	5.33	6.33	5.43	5.33	6
后测	5	5	2.58	2.67	2.5

2. 分析

通过对前后测困扰度的对比，可以看到：从总体上来看，5 种类型的困扰问题在小组结束时，困扰度都有不同程度的下降。这说明组员通过小组活动，部分达成了“预期目标”。这使我们感到欣慰！

但从局部上来看，我们注意到 E 类问题（家庭沟通问题）困扰度从 6 下降到了 2.5，涉及该问题的组员是火箭筒和老阔板，这说明两位组员与家长沟通方面有了很大的进步。我们认为，小组第二阶段中，使组员表达自己的真实情绪、帮助组员辨别和澄清非理性想法、寻找替代想法等活动，对组员控制自己情绪、减少非理性想法都有所帮助。而 A 类问题（毕业后的打算）困扰度变化不大。我们经过反思总结后认为，这主要是因为小组活动是以“认知行为与情绪”为中心展开的，并没有涉及职业生涯规划方面的内容。

据“变化图”可知：小组 6 位组员的问题困扰平均分基本上减少了近 2 分。其中，老阔板的困扰度下降了 3.33 分（最多），四多的困扰度下降了 1.34 分（最少）。

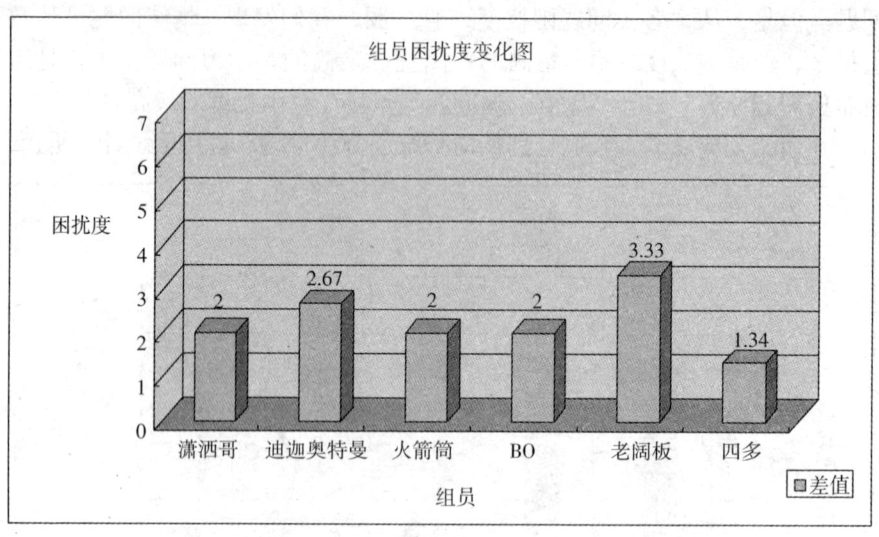

老阔板在小组活动前阶段经常受到其他组员的嘲笑，但是他能够从社工那里得到支持和鼓励，因此他愿意表达自己的真实想法；同时，他的三项困扰问题属 CCE 型，且大多是因为其他组员的影响导致的情绪问题，所以一个多月的小组活动协助他与其他组员真实交流，大家通过小组开始变得融洽，澄清了一些非理性想法，不良情绪开始缓解。另外，四多由于是后阶段才进入小组的，因此时间短是导致他困扰程度变化最小的原因。

3. 青少年、父母、教师问卷及统计说明

这次的成效评估，我们主要用了《儿童青少年想法与感受调查表》、《教师问卷》对组员、教师进行了前后测。回收《儿童青少年想法与感受调查表》有效问卷 8 份，回收有效教师问卷 8 份，有效率都为 80%。

4. 前测后测结果分析

根据“儿童青少年想法与感受调查表”显示，很多组员都有正向改变，例如：第十九题，有 3 位同学从原来的“我经常感到孤独”到“我不感到孤独”；第三题，组员从开始觉得错误不在他们身上到觉得自己会做错事。

“教师问卷”方面，也可以看出组员近 3 个月有了明显的好转。他们的情绪较以前更平稳了，基本能控制自己的冲动表现，也更为开朗。打架、破坏、欺负别的小孩等行为都有所改善。例如，第十七题“经常表现痛苦，不愉快流泪或忧伤”上，有 3 位组员症状有所减缓。第二十六题“欺负别的小孩”已杜绝。

总的来看，小组结束后，托管部小组的组员情绪与行为都有改善，教师的评价也更积极。

四、对“提前介入”的反思

（一）对本次提前介入服务的反思

无论是从此次介入的过程及成效来看，对在校偏差生的提前介入是必要及可行的。工读学校作为为偏差青少年提供集中教育的场所，在现有的教育体制下，缺乏针对这类青少年的教育策略，因此无论校方还是学生都欢迎建立在社会工作价值观基础上的社工提前介入服务。增进青少年自我认识及自我控制的深层次介入也产生了初步效果，接受过服务的学生的情绪、行为问题有所缓解，这改进了与教师的关系，也有助于提升学习效果。进一步推进在校偏差生提前介入服务时，应注意：

- 应重视学校的规章制度对提前介入服务的影响

学校的奖惩制度决定了小组组员的不稳定性。如托管部的学生如果做出严重违反校纪校规的行为，学校会将其转到工读部，而除了“面壁”和背法律知识外，学校严禁其参加其他一切活动，也不能继续参加小组活动。这类学校管理行为不仅打乱小组进程，有时甚至与小组的理念冲突，影响小组成效。

- 应强化与学校的合作

社工要不断澄清小组的目的与工作理念，协助教师理解并接受社会工作价值观。保持与班主任老师的交流和沟通，通过双方的相互协商和让步，小组活动才能够顺利开展。

- 注重建立社工和组员之间的信任感

在校偏差青少年往往对陌生人有一种很强戒心，不会轻易向别人透露自己真实想法。因此社工要花时间与他们建立信任关系。这种关系的建立是需要时间和耐心的，如果急于深入其中开展正式的小组活动，可能会造成适得其反的效果或是导致整个小组的失败。可以说小组开展的整个过程也是社工和组员建立关系的过程。

（二）对未来提前介入服务的建议

在工读学校服务期间，课题组发现所服务的学生很多生活在单亲家庭、父母涉法家庭、贫困家庭，家庭关系与亲子沟通往往存在很多问题；同时这些学生有很多负面情绪、注意力不易集中、多动；而学校制度和教师的训练对此都缺乏深入理解与应对措施，使这些学生无论从家庭还是学校都无法得到适当帮助，长期经受批评与训斥，形成偏差的认知与行为。青少年社工应将提前介入服务延伸到社区此类家庭中，协助有儿童的高危家庭提高应对困境的能力。

• 提前介入服务应延续一段时间

本次探索服务持续时间不足 3 个月，无论在建立专业关系方面，还是小组目标的细化，都显不足。尤其是针对偏差青少年的小组活动需要更多时间来发挥效果。建议小组应延续 16～18 节。

• 提前介入服务应向小学高年级延伸

即从青春期早期开始介入，对青少年进行心理社会教育，弥补家庭教育的不足，协助青少年应对成长中的困惑，防止学业下滑，尽力留在学校系统，并最终接受较长时间的学校教育，为未来提供更好的心理、行为、知识、技能的准备。

• 提前介入服务应及早接触危机家庭

与民政部门合作，为离婚家庭、低保家庭的青少年提供服务；与司法部门合作，为涉案人员子女提供服务；与妇联合作，为家庭有暴力问题的青少年提供服务。与这些单位合作能够及早接触到危机家庭中的青少年，协助青少年处理危机，学习在危机中成长。

• 提前介入服务应着重生理—心理—社会多层次介入

提供资源联结与心理社会教育是当前青少年社工服务的主要内容，在协助就学与就业过程青少年社工联结资源的能力大大增强，但为增强青少年自身寻找与获取资源的能力，青少年社工服务还要深入到服务对象个体内在心理与精神层面，发掘潜能，促进自我实现。

【参考文献】

1. Sheldon D. Rose 著．翟宗娣译．青少年团体治疗——认知行为互动取向．上海：华东理工大学出版社，2003.

2. Judith S. Beck 著．翟书涛等译．认知疗法：基础与运用．北京：中国轻工业出版社，2001.

3. Albert Ellis，Catharine Maclaren 著．刘小箐译．理情行为治疗．成都：四川大学出版社，2005.

4. Malcolm Payne 著．何雪松等译．现代社会工作理论．上海：华东理工大学出版社，2005.

5. 范克新，肖萍．团体社会工作．北京：社会科学文献出版社，2001.

6. 吴梦珍．小组工作．香港：香港社会工作人员协会，1994.

7. 林万亿．团体工作．台湾：三民书局，1995.

［本文为研究报告。课题组负责人：张宇莲。成员：秦天栋、朱浩俊、闵一鹏（青少年社工）；郁英兰、郭一娇、尤如意 史颖颖、周夏芸、陆婉荔、夏惠萍（社会工作系实习学生）］

下篇　成长小组实践报告

上海师范大学08级社会工作1班

实习社工：许骥　刘莹　王闻

2009.11.09—2009.12.14

【理论支持】

1. 背景资料

如今，大学生的就业问题已成为社会普遍关注的热点问题，尤其是伴随着全球金融危机的来临，大学生就业难的现象更是层出不穷，昔日那种“读了大学就注定能找到份好工作”的天真想法已逐渐被残酷的事实一一击破。

回顾文献，我们发现造成这种现象的原因除了高校本身的教育质量、企业用人的机制和国家就业环境与就业机制建设的不协调外，最主要的主观原因就是大学生自身就业能力的欠缺。而《财富》杂志统计资料表明：在世界500强企业中，80%以上的企业在自己的网站中公开宣称团队合作是自己的核心价值观。事实上，随着现代科学技术的迅速发展、日趋复杂，竞争日益全球化，企业也都纷纷建立团队工作模式，以加快对外部环境的应变能力。企业越来越需要其成员之间能够相互协调，以提高企业整体的效益和竞争力。一方面，对于企业中的管理人员来说，社会分工的专业化突显了他们所拥有知识及技能的局限性，毕竟领导者也并非全才。而另一方面，对于企业中的普通员工来说，也不再愿意只是被动地服从上级的指令和乏味的工作，没有自己的追求。的确，如今企业越来越重视团队存在的必要性了。对于我们大学生朋友而言，形势也是如此。因为无论我们选择去哪里就业，我们都将与他人合作，成为独来独往的“职业超人”是不现实的，同时也是不可取的。大家拧成一股劲，往一个目标奔才有可能带来双赢，创造最大效益。这些都充分证明了团队能力在就业中的重要性，也印证了我们“团队能力”小组的实施意义。

有感于此，我们提出了以“新生团队能力”为核心内容的小组主题。希望运用社会工作三大方法之一的“小组工作”，透过有目的的团体活动，为刚踏入大学校门的新生们提供一个锻炼团队能力的机会，使他们在参加小组的过程中，通过个人影响及群体影响，学习社交技能，提升个人在团队中的功能，增强自身的就业能力，为日后的就业储备砝码，让他们真正成为适应现代社会经济发展的高素质综合型人才。在活动中，达到个人与团队共成长的目的。

2. 理论框架

(1) 核心内容

现实告诉我们：团队能力已成为就业过程中一种必须具备的能力。

纵观就业各方面的影响因素和衡量指标，我们发现“可雇佣性能力”这一概念充分考虑到了个体和社会两方面未来的发展，能够以发展、动态的眼光更好地剖析当前的高校毕业生就业问题。因此，从可雇佣性能力的视角出发，有针对性地培养大学生的就业能力，对促进日后大学生的就业是很有意义的。由于可雇用性能力囊括了17项具体能力（即沟通协调能力、知识管理能力、质量与成本管理能力、思考与解决问题能力、研究和评估的能力、积极的态度与行为能力、职业道德、适应变迁能力、自我导向的持续学习能力、自我管理能力、语言能力、合作能力、领导能力、国际化认知能力、电脑运用能力、创新、创造力、职业生涯规划能力），但结合实际情况，我们觉得六节小组无法涉及其中的方方面面。所以，结合“新生团队能力”的小组主题，对于这17项能力，我们进行了筛选，最终确定了3项与团队关系比较密切能力，即沟通能力、合作能力、领导能力，并将其整合在团队能力的大概念下。

就这三个能力而言，我们觉得沟通和合作能力是每一位团队成员都应该具备的基本能力，并且，良好、有效的沟通是彼此协调、合作的前提。有别于前两者，领导能力则是成员在掌握了基本能力后的一种提升，因为在任何一个团队中，担任领导角色的往往只有少数人，因此，未必人人都有必要学习如何成为一个好领导。据此逻辑，我们初步确定了节次安排的先后顺序：团队沟通→团队合作→团队领导。

值得一提的是，在之后文献回顾的过程中，我们自己被一些团队的概念所困扰，如团队与群体两者的区别等概念问题。因此，我们觉得在小组开始之初，十分有必要让我们的组员首先了解清楚团队的相关知识，降低、避免概念不清的可能性。所以，在原先的节次安排上，我们稍作了修改，增加了一节团队概念。

最终我们确定了小组核心的四节内容和节次安排的先后顺序，即团队概念→团队沟通→团队合作→团队领导。需要强调的是这四节内容在能力的要求和培养上也是由浅入深，逐步提高的。

依据小组的核心内容，整合文献回顾和资料搜集的成果，我们对团队概念、团队沟通、团队合作、团队领导四部分的内容进行了系统的梳理，以此作为我们小组主题的理论支持。

(2) 团队概念

这一部分我们涉及的内容有:团队定义——团队特点——团队与群体的区别。

首先,我们希望组员能对团队的定义有基本的了解。管理学家罗宾斯认为:团队就是由两个或者两个以上的,相互作用、相互依赖的个体,为了特定目标而按照一定规则结合在一起的组织。而关于团队的概念,其他学者也给出了自己的解释。团队就是为了实现某一特定目标,由两个或者两个以上相互交流合作,共同承担责任的个体形成的集合。团队是由具有互补技能的少数人员组成的,他们共同承担责任、树立绩效目标、建立共同解决问题的途径,共同完成他们所承担的任务。团队就是拥有共同目标,具有不同能力、才干、经验和背景的一群人。尽管他们有很多不同,但共同的目标足以将他们凝聚成一个团队。

其次,就这四条团队定义,我们希望组员可以找出其中共有的部分或自己认为的关键字,依此尝试总结出团队的特点。在《加入团队打天下》一书中也对团队的特点进行了归纳,主要包括两部分:共同目标和共同协作。共同目标是大家走在一起的首要条件;共同协作是以整个团队各个成员之间的信任为基础的。同时,在文献回顾的过程中,我们发现目标管理学中提出了一个目标制定的原则——SMART 原则,即目标符合明确性(specific)、衡量性(measurable)、可接受性(accepted)、实际性(realistic)、时限性(timed)。所谓明确性是指要用具体的语言清楚地说明要达成的行为准则,不要模棱两可。衡量性是指应该有一组明确的数据作为衡量是否达成目标的依据。可接受性是指团队目标要和每个成员息息相关,是每一个成员所期待的和接受的,不要只是领导个人的意愿。实际性是指团队目标必须具备实现它的基本条件,包括内部的和外部的。具体而言就是团队是否有足够的人力、物力、财力、精力来完成团队目标。时限性是指团队目标必须要有一个明确、合理的完成期限。SMART 原则在团队目标以及个人目标的制定过程中都是有可参考性和操作性的。

除此之外,由于早前我们自己曾经在团队和群体这两个概念上有所混淆,所以我们也搜集了团队与群体区别的资料,帮助自己,同时也帮助组员扫除概念上的盲区。群体和团队主要在目标、协同配合、责任、技能四方面有所不同。群体的目标是信息共享的结果,而团队的目标则是集体效绩的体现。群体在协同配合上呈现中性甚至消极的态势,而团队在协同配合上呈现的比较积极。群体的责任往往比较个体化,而团队的责任既是个体的,又是共同的。群体的技能往往是随机的、不同的,而团队的技能则是相互补充的。由于这四方面的不同，因此，也致使了群体和团队在成员关系、组织关系中的不同，群体成员较为独立，关系相对疏远；而团队成员联系比较密切，关系也更亲密。(如下图)

(3) 团队沟通

这一部分我们涉及的内容有：语言沟通——非语言沟通——有效倾听。

沟通是指可理解的信息或思想在两个或两个以上人群中的传递或交换的过程。团队沟通是指按照一定的目的，由两个或两个以上的成员组成的团队中发生的所有形式的沟通。保持一个团队的高效率运作，涉及的一个重要问题就是团队沟通。有效沟通是一个团队高效率运作的保障和基础。当然，有效的沟通离不开一定的技巧和方法。在文献回顾的过程中，我们了解到沟通的方法其实有很多，语言沟通是最常见也是最重要的沟通手段；非语言沟通是团队沟通中不可或缺的手段；注意倾听是团队沟通中较重要的方法。我们觉得这三个沟通的点抓得非常的精准，结构上也比较清晰，将语言沟通、非语言沟通和倾听技巧作为沟通能力的切入点，有一定的参考和借鉴意义。我们决定将这三个要素整合在沟通能力这一节中。

具体而言，语言沟通要遵循“四个必须”原则。必须知道说什么，必须知道什么时候说，必须知道对谁说，必须知道怎样说。非语言沟通要适当地运用肢体语言，促使团队成员参与沟通；并表现出强烈的自信心，使同伴倾听你。有效的倾听能加强信息交流双方的信任感，是克服沟通障碍的重要条件。可以从使用目光接触、展现赞许性的点头和恰当的面目表情、避免分心的举动或手势、提出意见以显示自己在聆听和思考、复述对方的话、耐心听不插话、不妄加评论这几个方面来提高倾听的技能。

(4) 团队合作

这一部分我们涉及的内容有：合作的优势——合作的隐患——客观认识合作。

其实，有关“团队合作”的资料非常多，我们觉得本节的关键就是资料的筛选与整合，挑出我们最希望传达给组员的有关合作的知识和信息。在文献回顾之前，我们对于合作这一概念或方法都抱着一种肯定的态度，认为在团队中合作一定是积极的，1+1>2 一定是成立的。但通过文献回顾之后，我们意识到对于合作应该有一个客观的认识。林格尔曼设计的著名的“拉绳实验”中就出现了“1+1<2”状况。这说明合作中也是存在隐患的，成员如果心不齐，敷衍了事地合作，结果不会尽如人意的，更不要提事半功倍了。而这样一个实验也给我们一个很大的启示，就是我们需要让组员客观地认识合作。团队合作状态和效果主要可以分为五种情况，用五个数学关系来表达，即发挥优势，取长补短：1+1>2；双方斗气，躺倒不干：1+1=0；相安无事，彬彬有礼：1+1=2；矛盾激化，互相拆台：1+1<0；貌合神离，问题成堆：0<1+1<2。我们觉得这五个等式非常形象地表达出来不同的合作会带来不同的结果，因此也会在本节中介绍给我们的组员，让他们客观地认识合作的优势和隐患。

(5）团队领导

这一部分我们涉及的内容有：善用职权——知人善用——鼓励机制。

本节内容我们主要参考了个案工作课中，杜立婕老师给我们看的一部片子（CCTV10，心灵访谈：新官上任三把火），片中讲解了作为领导将要面临的一些问题，主要就是如何使用自己手中的职权、如何与属下相处、如何鼓励下属，并且，片中也就每一个问题给出了相应的情景。我们自己在看此片的时候，就觉得思路很清楚，内容很丰富，具有参考价值，可以运用到小组中与组员交流、分享。因此，在此片的基础上，我们确定了善用职权、知人善用、鼓励机制这三个具体内容，将其定义为领导所需具备的三把火。

由此，我们制定出了小组核心内容的框架。（如下图）

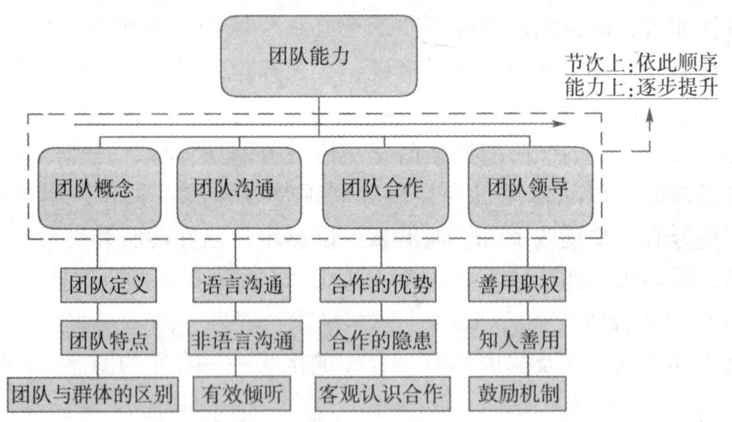

【需求评估】

在小组活动正式开展前，我们与 10 名潜在组员进行了一次非正式会面。在简单介绍了我们小组的活动安排和内容后，询问了潜在组员对活动的具体需求，主要可分为以下几类：①关于团队协作与分工的问题；②关于团队成员间合作与沟通的问题；③关于自我能力在团队中发挥的问题；④关于如何带领团队的问题。此外，潜在组员还指出不希望接受太过枯燥的理论知识，希望活动的内容具有实用性。

关于第二点和第四点，我们小组计划本来就有所涉及。而组员提出第一点中协作与分工的问题，我们的原计划着重的是协作，关于分工没有给予太多的关注，考虑了组员的需要和小组内容的丰富、具体性。我们觉得有必要在合作这一节中加入分工的知识。第三点的自我能力，我们对此做出的解释是，团队能力是自我能力的一部分，我们小组是希望通过提高组员们在团队中的各项具体能力，使自我得到一个提升。对此解释，组员们也表示可以理解和接受。

综合组员们的需求和我们自己进一步的考虑，故对原有的计划做了适当的改动。（详见【小组计划】）

【小组计划】

（备注：由于各节中有些部分是重复的，所以在表格的设计和内容的说明上做了相应的调整）

第一节　有缘千里来相会

本节目标	组员互相认识，签订保密原则协议，制定小组契约，了解组员的期许，引导技巧的试用	
时间	活动目标	活动内容
3分钟	尽量避免相熟的组员坐在邻座，让所有人都有机会互相交流	对号入座 (所需物资：号码牌10对，1张贴在椅背上，1张供组员抽取) 欢迎组员的到来 请组员根据进场时抽取的号码牌入座

（续表）

20分钟	组员相互熟悉，活跃气氛	破冰游戏：张三李四大变身 规则说明：组员围圈而坐，自己随即与左邻交换名字。当工作人员问及“张三先生，你今天早上几点起床?”时，真正的张三不可以回答，而必须由更换成张三的名字的人来回答：“恩，今天早上我7点钟起床!”当自己该回答时却不回答，不是自己该回答的人就要被淘汰。第二轮可以和右舍的组员换名字。看最后谁变身得最成功
10分钟	讲述小组新名称的来源和涵义	简介本小组的新名称：一道来客栈 在行前讲习时，我们已向组员解答了一些有关小组活动的问题，本节中，我们也觉得没有必要再逐一细说了。对于组员提出的“小组名称缺乏新意”这点，之后我们查阅了一些有关团队的书籍，并有一些发现和收获。最终确定了我们小组的新名字：一道来客栈 一道来：团队这个词最早在军队中就已出现了，其含义是“一起拉”（普通话）。到16世纪演变成“一群人一起来活动”的意思。那“一起拉”三个字如果用上海话来念的话，就是“一道来”了。有地域特色，朗朗上口，容易记。最重要的是切合主题 客栈：因为各种原因，我们小组活动开始的时间比较晚，不少同学都是上好课、上好晚自习赶来的，也都挺累的。那这个时候大家可能都想找个地方歇歇脚。而客栈就迎合大家歇一歇的这个需要。在这里大家可以轻松一下、认识新朋友，说出自己的心声
5分钟	休息时间	

（续表）

15 分钟	增进组员之间进一步的了解	广发英雄帖 （所需物资：名片卡 10 张） 组员在我们事先已经做好的道具名片卡上写下自己的一些情况，包括：我最喜欢的武侠人物等。（该题主要是配合我们一道来客栈的总体概念，同时也达到娱乐的效果） 可供参考的问题：（主要是为了避免冷场，给组员一些提示） 最喜欢吃什么食物？ 最喜欢听怎么类型的音乐？ 最喜欢的体育活动/竞赛是什么？为什么？…… 组员在写的过程中，小组工作人员借机自我介绍，也给组员们一些启发，自己可以从哪几点来介绍自己
10 分钟	了解组员的实际情况与真实需求	组员的期许 （所需物资：《目标问题评量表》7 份） 请组员在表中写下自己的期许：希望通过小组改善和提高自己在团队中的哪些能力？达成哪三个最主要的目标？目前的水平和状态又如何？
5 分钟	用保密原则来维护每位组员的隐私权	签署《小组保密原则协议》 （所需物资：《小组保密原则协议》10 份） 顺着之前自我介绍和组员期许环节中有可能已涉及组员个人隐私的这个点，引出小组中保密原则的重要性。使组员的隐私得到尊重和保护
10 分钟	避免有可能产生的问题，保障活动的顺利开展	制定小组契约 请组员在纸片上写下小组契约的相关条约。经协调和整理后，制成最终的小组契约
10 分钟	及时获取反馈信息	量表填写 （所需物资：《团体满意度自我评估表》7 份，《感受自评量表》7 份，《自我认识量表》7 份，《职业决策困难量表》7 份，《大学生职业成熟度量表》7 份）
2 分钟		下节主题预告：团队概念

第二节　轻轻松松侃团队

本节目标	帮助组员了解团队的概念、特点和目标制定的方法，并能区分团队和群体
时间	活动内容
2 分钟	对号入座
2 分钟	简单回顾上节内容
15 分钟	破冰游戏：小鸡变凤凰 规则说明：让所有人都蹲下，扮演鸡蛋。相互找同伴猜拳，获胜者进化为小鸡，可以站起来。然后小鸡和小鸡猜拳，获胜者进化为凤凰，输者退化为鸡蛋，鸡蛋和鸡蛋猜拳，获胜者才能再进化为小鸡。继续游戏，看看谁是最后一个变成的凤凰
10 分钟	团队定义： 请组员说说自己对团队的理解，你觉得什么是团队 给出不同学者对团队所下的定义： 1. 团队就是由两个或者两个以上的，相互作用，相互依赖的个体，为了特定目标而按照一定规则结合在一起的组织——罗宾斯 2. 团队就是为了实现某一特定目标，由两个或者两个以上相互交流合作，共同承担责任的个体形成的集合——付顺海 3. 团队是由具有互补技能的少数人员组成的，他们共同承担责任、树立绩效目标、建立共同解决问题的途径，共同完成他们所承担的任务——朱其权、蔡厚清 4. 团队就是拥有共同目标，具有不同能力、才干、经验和背景的一群人。尽管他们有很多不同，但共同的目标足以将他们凝聚成一个团队——迈克尔·麦金 就以上四则定义，请组员找出句中的高频词。根据自己的理解，说说团队的特点是什么？分享各自想法
25 分钟	团队特点之一：共同目标 1. 共同目标——是帮助成员了解“我们聚在这里做什么”这一疑问的，它是大家走在一起的首要条件，所以我们说同志者同行。对每个人而言，理解尊重并实行团队的目标，是融入团队的首要任务 2. 通过两则故事请组员判断目标的好与坏

（续表）

25 分钟	故事一：某村向领导汇报其五年规划，决心要办四件大事。给长城贴瓷砖，给太阳安开关，给太平洋安栏杆，给珠穆朗玛峰镶金边，上级看到当然感觉不合理，于是建议不要好大喜功，要干点小事，于是新的五年规划又报上来，给所有的苍蝇戴手套，给所有的蚊子戴口罩，给所有的老鼠戴手铐，给所有的蟑螂吃农药 ——这个目标不合实际 故事二：约翰肯尼迪总统给了美国一个最负盛名的目标描述。回溯到1962 年，他说："在这个 10 年结束之前，人类要登上月球并安全返回地球，我相信我们的国家一定能可以承诺并达到目标。" 这个目标清楚地表明了团队的目标和达到这个目标所需要的时间 分享环节：那如何建立共同目标？先请组员谈谈自己的想法 3. 目标制定原则——SMART 原则 目标符合明确性（specific）、衡量性（measurable）、可接受性（accepted）、实际性（realistic）、时限性（timed） 分享环节：就每个特性，都请组员举例阐述一下 为了帮助组员更好的理解，我们举出了相应的实例： ＊明确性：诸如"增强客服意识"这种对目标的描述就很不明确，因为增强客服意识有很多具体的做法，如：减少客户投诉、提升服务速度、使用礼貌用语、采用规范服务流程等。那么究竟指的是哪一方面呢？所以比较好的目标应该这么说，我们将在月底前把前台收银的速度提升至正常的标准，这个正常的标准可以是两分钟或一分钟 ＊衡量性：比如领导说："公司决定为所有老员工安排进一步的管理培训。"这个进一步就是一个不容易衡量的概念，到底什么才是进一步呢？只要去培训，也不管成效的好坏。所以比较好的目标应该这么说，在什么时候完成对所有老员工关于某个主题的培训，并且在课程结束后，学员的评分在 85 分以上，低于 85 分就认为效果不理想，高于 85 分就是所期待的结果。这样就有一个可衡量的标准了 ＊可接受性：领导不能利用权力一厢情愿地把自己所制定的目标强压给下属，下属典型的反应会是一种心理和行为上的抗拒，他们会说："我接受，但是否完成这个目标就不好说了。"这样一旦有一天这个目标真的完不成了，下属就会有一百个理由可以推卸责任，他们又会说："你看我早就说了，这个目标肯定完成不了，是你坚持要我做的。"所以比较好的目标应该这么说，经过大家共同的协商，多数人表示可以接受目前的这个目标，如在座的没有问题我们鼓掌通过。摆脱那种"控制式"的方式

（续表）

25 分钟	＊实际性：一个餐厅经理的目标是早餐时段的销售在上月同时段的销售额基础上提升 15%，算一下知道，这可能是一个几千元的概念，如果把它换成利润是一个相当低的数字。但为完成这个目标的投入却要比利润高出很多。这就不太实际了，因为它花了大量的钱，最后肯定会亏本。所以比较好的目标应该这么说，我们在保证投入成本的基础上，尝试提高营业额，先保本，再争取多赚一些 ＊时限性：上下级之间对目标轻重缓急的认识程度有时是不同的，上司着急，但下面却不知道。这种没有明确时间限定的目标也是不好的。所以比较好的目标应该这么说，我们将在 2009 年 12 月 30 前完成这个计划，因此大家抓紧完成手头上的活儿
5 分钟	休息时间
25 分钟	团队特点之二：共同协作 1. 共同协作——协作精神的培育需要以整个团队各个成员之间的信任为基础。对团队目标保持忠诚是解决协作问题的思想前提；明确各自工作的内在关系，紧密协作；制定一个稳定协作机制，包括决策、培训、奖励制度等 2. 通过一则寓言故事来体现协作的意义：有兄弟三人，经常为一些琐碎的小事反目，平日争吵连连。老父亲看他们逐渐成人，可是没有长进，十分忧虑。一天，他叫来三兄弟，让他们折断一根筷子。三兄弟轻易就折断了，然后他又让他们折断两根筷子。三兄弟也做到了。最后，他拿出一把筷子，让三兄弟折断。这一次，三兄弟费劲心力，也不能折断。老父亲说："一个人的力量是有限的，团结起来，力量才是最大。"于是三兄弟不再争吵，家族日益兴旺 3. 分享环节：请组员谈谈听完这则故事的感受。读到了什么 通过游戏魔方来实践协作的意义—— 规则和程序：建立一个魔方，将 1 ~ 9 这 9 个数排列成三行三列，要求使横向，纵向，斜向三个数相加之后等于 15。请组员先单独试一下，然后再按座位分组玩一玩 解决办法是：　　旋转的情况： 8　3　4　　2　7　6 1　5　9　　9　5　1 6　7　2　　4　3　8 分享环节：说说你在游戏中的感受。请分别从个人和团队的角度出发，谈一谈自己游戏过程中所碰到的困惑和体会

（续表）

2 分钟	填写过程评估量表 （所需物资：《团体满意度自我评估表》7 份）
1 分钟	布置小组作业 （所需物资：《小组作业表》7 份）
2 分钟	下节主题预告：团队沟通

第三节　心有灵犀一点通

本节目标	帮助组员了解沟通的重要性，掌握语言沟通、非语言沟通、倾听技巧
时间	活动内容
2 分钟	对号入座
2 分钟	简单回顾上节内容
8 分钟	沟通的重要性： 小明第二天就要参加小学毕业典礼了，为了把这一美好的时光留在记忆中，他高高兴兴地上街买了条裤子，可惜长了两寸。吃晚饭的时候，趁奶奶、妈妈、嫂子都在场，小明把新买的裤子长两寸的问题说了一下，饭桌上大家都当笑话听过，饭后各自忙各自的事情了。妈妈睡得比较晚，临睡前想起儿子明天要穿的裤子还长两寸，于是就悄悄地一个人把裤子剪好叠好放回原处。半夜里，嫂子被窗外的大风惊醒，醒来后，突然想到小叔子新买的裤子长两寸，自己辈分最小，不能让老人费心，于是披衣起床将裤子处理好才安然入睡。奶奶早上给小孙子做早饭时也想到了孙子的裤子长了两寸，于是也去帮小明的裤子改了一下。结果，第二天早上，小明只好穿着短四寸的裤子去参加毕业典礼了 虽然这是一则很简单并且有些可笑的故事，但却很直白的告诉我们沟通的重要性 分享环节：请组员谈谈听完这则故事的感受。读到了什么 团队中也是一样的，没有交流沟通，就不可能达成共识；没有共识，就不可能协调一致，就不可能有默契；没有默契，就不能发挥团队绩效，也就失去了建立团队的基础。所以，有效沟通是建立高效团队的前提

（续表）

8 分钟	沟通要素之一：语言沟通 四个必须原则： 1. 必须知道说什么。这就是明确沟通目的，如果目的不明白，就意味着你自己也不知道要说什么，那还怎么让别人明白呢 2. 必须知道什么时候说。这就是要掌握良好沟通的时间。如果沟通对象正忙于工作，你却要求与他会谈，那显然是不合时宜的 3. 必须知道对谁说。这就是明确沟通对象，别白说了 4. 必须知道怎么说。这就是掌握正确的沟通方法 分享环节：你平时在语言沟通这方面做得如何？得到些什么启发吗
8 分钟	沟通要素之二：非语言沟通 1. 运用肢体语言，促使团队成员参与沟通。包括眼光、表情、手势等均可传达信息。点头、微笑、赞许的目光、竖大拇指、及时肯定的回答等也都会在沟通中起到积极的作用 2. 表现出强烈的自信心，使同伴倾听于你。在向同伴解释某个想法时，假如你全力以赴、表露出积极的情绪，同伴就会受这种情绪的感染，就会听你的建议。如果你表现出一种焦虑，你的同伴就会对你的建议产生疑惑，达不到有效的沟通 分享环节：你平时在非语言沟通这方面做得如何？得到些什么启发吗
8 分钟	沟通要素之三：有效倾听 建议努力的方向：使用目光接触、展现赞许性的点头和恰当的面目表情、避免分心的举动或手势、提出意见以显示自己在聆听和思考、复述对方的话、耐心听不插话、不妄加评论 分享环节：你平时在有效倾听这方面做得如何？得到些什么启发吗
5 分钟	休息时间
20 分钟	听说游戏：商店打烊时 1. 店主将店堂内的灯关掉后，一男子到达 2. 抢劫者是一男子 3. 来的那个男子没有索要钱款 4. 打开收银机的那个男子是店主 5. 店主倒出收银机中的东西后逃离 6. 故事中提到了收银机，但没说里面具体有多少钱 7. 抢劫者向店主索要钱款 8. 索要钱款的男子倒出收银机中的东西后，急忙离开 9. 抢劫者打开了收银机

（续表）

20 分钟	10. 店堂灯关掉后，一个男子来了 11. 抢劫者没有把钱随身带走 12. 故事涉及三个人物：店主，一个索要钱款的男子，以及一个警察 根据以上这则故事来判断下面的问题，正确用 T 表示，错误用 F 表示，不确定用？表示 1. 店主将店堂内的灯关掉后，一男子到达（？）商人不等于店主 2. 抢劫者是一男子（？）不确定，索要钱款不一定是抢劫 3. 来的那个男子没有索要钱款（F） 4. 打开收银机的那个男子是店主（？）店主不一定是男的 5. 店主倒出收银机中的东西后逃离（？） 6. 故事中提到了收银机，但没说里面具体有多少钱（T） 7. 抢劫者向店主索要钱款（？） 8. 索要钱款的男子倒出收银机中的东西后，急忙离开（？） 9. 抢劫者打开了收银机（F） 10. 店堂灯关掉后，一个男子来了（T） 11. 抢劫者没有把钱随身带走（？） 12. 故事涉及三个人物：店主，一个索要钱款的男子，以及一个警察（？） 分享环节：你是否试图将题目或情景记录下来？你听着情景选择与看着情景选择的结果有什么不同？你有没有与身边的人交流？你有没有提出请主讲的再复述一次？你的倾听有效率吗
25 分钟	情景模拟：今天你会沟通了吗 请组员尽量多注意本节中所提到的沟通三要素，表演一下不同的场景应该怎么样沟通 场景 1：假设组员都是不同地区的主管。A 总是向 B 抱怨他们共同上司的各种缺点，并向 B 提出联合起来，一同炒掉上司的鱿鱼，跳槽到对手的公司中。B 应怎么回答 A，A 又会如何游说 B 呢 场景 2：假设组员都是合作伙伴。A 总是态度傲慢，倚老卖老，在与 B 的合作过程中没有诚意，并处处为难 B，B 觉得应该和 A 开诚布公的好好谈一谈。两人会如何说呢 场景 3：假设组员是很好的朋友。受金融危机的影响，必须进行裁员，公司内部决定在 A 和 B 中只留下一个，结果 A 被裁员了 B 留下。B 得知此消息后该如何面对自己的好朋友 A 呢 分享环节：你觉得大家演的怎么样？如果是你，你会怎样沟通
2 分钟	填写过程评估量表 （所需物资：《团体满意度自我评估表》7 份）
1 分钟	布置小组作业 （所需物资：《小组作业表》7 份）
2 分钟	下节主题预告：团队合作

第四节　心齐拾柴火焰高

本节目标	帮助组员了解合作的优势、可能存在的隐患，客观地认识团队合作
时间	活动内容
2 分钟	对号入座
2 分钟	简单回顾上节内容
10 分钟	破冰环节游戏：我的故事我做主 收集一些旧杂志，随意剪下一些图片。将组员分为三组，每组三人。请每组随意抽取图片，三分钟内，根据各组所拥有的图片，有序地讲述一个故事。过程中可以运用滑稽短剧的形式来演绎。打分评出优胜小组
15 分钟	合作的重要性： 故事的过程中会穿插一些问题，以活跃气氛，让每个组员都能参与到故事情节中 一天午后，森林里的老虎和猴子正在聊天。老虎对猴子说：“听说人类是你们猴子变的，但我劝你千万别变成人。”“为什么?”猴子诧异，“人的衣食住行都比我们强啊。”“真是笑话，他们哪一样比得上我们?”老虎大吼一声。“先说吃的吧。”1. 你觉得老虎关于吃这点会说些什么呢？人哪一点在吃上不如动物了？老虎说：“他们吃生的怕拉肚子，吃肉又嫌油腻，肉吃少了营养不良，吃多了怕发胖。”“对对对，人类的食真的不如你。”猴子服气地说。2. 你服气吗？有不服的理由吗？猴子接着问：“那么衣呢?”3. 你觉得老虎这回会找什么理由？老虎笑着说：“他们没有衣服一定会被冻死的。”猴子说：“太有道理了，可是人类有自己的房子呀，这总比我们强吧?”4. 你有什么想法呢？老虎回答到“他们的水泥洞，几十家用一个大门，有什么好的！举个例子吧，听说人类的大楼失火，一死就是数十个。你总没有见过森林失火，老虎被烧死在洞里吧。”猴子听后说“还是你们老虎高明，但是没有见过你们老虎开汽车呀?”5. 最后一项“行”，人类可能不再输给老虎了啊，如果是你，你会怎么办？老虎说：“人类开汽车是因为人类体质差，跑不快，才不得不开汽车。但是汽车出了故障不能开，油用完了不能开，路况不好也不能开呀。”猴子说：“对对对。”6. 关于老虎说的衣食住行这四点，你有什么别的意见需要补充或说明的吗？就在这时候，远处传来了几声枪声。7. 既然老虎觉得人类处处不如它们，那老虎会有什么反应呢？“糟了，有人来了，我得跑了。”说完，老虎一溜烟儿地跑了。猴子大叫道：“喂，你不是说人类不如你吗？那你跑什么呀?”8. 你猜猜看，或顺着老虎的思路，它怎么回答呢？不远处隐隐传来老虎的声音：“人类确实在衣食住行都不如我们，但是，他们懂得互相帮助，团结合作啊。”9. 通过这则故事，你读懂了什么—— 没有完美的个人，却有完美的团队。个人不完美并不可怕，因为协作可以弥补个人的不足

（续表）

20分钟	合作的优势： 游戏——纸衣赛跑 将组员分成两组。每组起名字。组员利用手头所拥有的报纸2张、剪刀、玻璃胶，制成衣服。这件衣服至少能装下两个人。从起点开始，每次回到终点时可以添加一样配饰，自己做的。各组穿着自己设计的衣服到达终点。如果途中衣服有撕破，必须立即返回起点，补好衣服，重新开始这段路程 分享1：在游戏的过程中，你主要做了些什么 分享2：对于游戏的结果，你是否满意，有什么体会吗 分享3：你是否有与其他组员或整个团队同舟共济的感觉？最大的收获是什么 团队协作得好，就会形成一股力量；团队协作的不好，只会是一盘散沙。在团队协作的过程中团队成员之间应该是团结互助的。团队成员之间要团结一心，取长补短，才能提高团队协作的效率。个人只有充分融入到团队中，好好协作扶持，才能达到“1+1>2”的这种效果。团队成员一起协作，整体就多了一份力量，个人发展的机会也就多了一些。所以，通过协作，个人能成就团队，团队也能造就个人
5分钟	休息时间
10分钟	合作的隐患： 分享：前面我们说了合作的重要性和优势，那么你有没有想过合作中同样也会存在隐患呢？合作所带来的成效是不是一定是乐观的？合作中每一位成员的能力是不是也一定会得到提高呢 林格尔曼设计的著名的“拉绳实验”中就出现了“1+1<2”状况。被测试者被分为一人组、二人组、三人组和八人组，要求各组尽全力拉绳，同时使用灵敏的测力器分别测量其拉力。分享环节：你觉得结果会是如何？哪一组拉力最大？为什么 结果，2人是1人的95%，3人是1人85%，8人是1人的49% 分享环节：实验结果说明了什么 说明拉绳时有人没有尽力，或是由于方向不同，拉力不能集中，因此人数越多，效率反而降低，这个实验就与“一个和尚挑水喝，两个和尚抬水喝，三个和尚没水喝”的道理是类似的。社会心理学家拉坦认为：人大多数与生俱来的惰性，在独立工作时，能竭尽全力，一旦进入一个集体，反而会把责任悄然分解、推卸到他人身上，这是集中工作中存在的一个普遍特征，可概括为“社会浪费。”因此，未必所有的合作都会事半功倍

（续表）

10 分钟	客观认识合作： 分享环节：你觉得在团队中的合作关系和结果可以分为哪几类 就合作而言，也并非 1+1>2 永远成立，以下对合作状态和效果进行了概括： 发挥优势，取长补短：1+1>2　　双方斗气，躺倒不干：1+1=0 相安无事，彬彬有礼：1+1=2　　矛盾激化，互相拆台：1+1<0 貌合神离，问题成堆：0<1+1<2 我们要客观认识“合作”，明白什么才是团队真正需要的合作
2 分钟	填写过程评估量表 （所需物资：《团体满意度自我评估表》7 份）
1 分钟	布置小组作业 （所需物资：《小组作业表》7 份）
2 分钟	下节主题预告：领导能力

第五节　放好手中三把火

本节目标	帮助组员提升领导力，在善用职权、知人善用、鼓励机制三方面有所进步
时间	活动内容
2 分钟	对号入座
2 分钟	简单回顾上节内容
	第一把火：善用职权 情景模拟 做了十年销售的小张被一家公司相中，担任销售部经理，作为从外面空降而来的新官，小张满怀信心参加自己就任以来的第一个例会，然而到了新公司，小张却意外发现，到了开会时间他的十个下属只来了七个，他怀疑那三个没来的人是想给自己一个下马威，遇到这种情况怎么办？是继续开会还是等他们来了再开？重要政策，提前打招呼，树立威信

（续表）

	A，公司新人，迟到是因为家里有事耽误了。B，老员工，工作态度一贯涣散，对待同事有时也很傲慢。C，部门里面的能人，业绩突出，曾经很有希望获得你的这个职位。此刻你会怎么想，怎么做 分享环节：说说自己在情景模拟中的感想，作为领导的你，用好手中的职权了吗？作为职员的你又是如何评价你的领导呢？如果是你，你会怎么做 TIPS：看迟到者本身态度和影响力怎么样。权力的大小不在于你位子的高低，而在于你擅不擅长去挖掘它的可用之处。没有充足把握不要轻易出牌，否则反而弄得自己很尴尬 同事会给你打分，加分和减分
	第二把火：知人善用 故事“西邻五子食无愁”：西邻老先生有五个儿子，大儿子很朴实，二儿子很聪明，三儿子眼睛不好，四儿子腰有毛病是个罗锅，五儿子一条腿。大儿子很朴实就叫他务农，二儿子很聪明就叫他经商，三儿子是瞎子就叫他搞按摩，四儿子罗锅就叫他搓草绳，五儿子一条腿就叫他纺线。就这样，他们一家不愁吃，不愁喝，生活富足 总之，对于领导而言，该放的时候还得放，要学会明智地分权，我们不可能每一件事情都亲力亲为。利用好属下的长处，给他们发挥自己的机会，这样团队才能创造高效率
5 分钟	休息时间
2 分钟	第三把火：鼓励机制 情景模拟： 经过半年多的努力，小张这个新官已经得到了下属们的接受和认可，最近小张领导他的三个下属漂亮地完成了一个大项目，给公司创造了丰厚的利润，总经理额外奖励了他们十万元。面对这笔意外的项目奖金，小张在兴奋之余又有些发愁，因为他还没有想好把这笔钱分配给他的三个下属 A 任劳任怨，在项目中承担了很多繁重、琐碎的事务性工作，在同事中人缘很好。B 能力很强，业绩突出，在项目执行中贡献很大。C 业务能力一般，但有特殊的人脉和背景，对力争到这个项目贡献很大。你会怎么分 分享环节：说说自己在情景模拟中的感想。作为领导的你，有没有鼓励你的职员，采用何种方法？作为职员的你又如何评价你的领导，如果是你，你会怎么做 TIPS：先不谈钱，三部曲。先谈原则，后谈方案，最后谈具体数字。原则方案大家可以公开谈，大家觉得公平是按什么来分或算，大家自己谈谈，列出所有点（牵头、拉业务），再把这些点分一下比重，签名认可 其实赞美也是一种很好的鼓励。0 成本

（续表）

	掌握关键才能达到不败之地。确立自己的目标，你究竟想在你自己的位置上得到什么？慢慢调整，放好三把火 分享环节：通过今天这节领导能力，你有什么收获吗
2 分钟	填写过程评估量表 （所需物资：《团体满意度自我评估表》7 份）
1 分钟	布置小组作业 （所需物资：《小组作业表》7 份）
2 分钟	下节主题预告：小组回顾

第六节　我的团队我做主

本节目标	回顾、总结小组历程，互相祝福，展望未来
时间	活动内容
3 分钟	星光大道： （对于我们而言，每一位组员都是一颗耀眼的星星，都是不可或缺的，在最后一节中，我们希望能与组员一同分享喜悦和快乐，一同回顾我们走过的路。同时，走红毯这一有趣的形式也可以起到吸引组员的效果，也让组员们感受到“在团队活动中每个人都是或都可能成为大明星”，我们是他们坚强的后盾）
2 分钟	对号入座
2 分钟	简单回顾上节内容
30 分钟	温故知新： 分享环节：请组员谈谈六节小组后的收获？印象最深刻的是哪一节或哪一个小细节。畅所欲言，说出最真实的想法

（续表）

20 分钟	颁奖盛典： 根据组员们六节来的表现，我们会进行一个有趣的颁奖大典 1. 奖项的设置是通过六节的观察和总结，根据每位组员的特质而设定的，因此“人人有奖”，这并不意味着该奖没有含金量，而是我们更看重奖项背后的鼓励肯定意义，让组员们更加清楚自己的特质和优点，学会自我肯定。这也与我们“支持性小组”的初衷相吻合 2. 请组员观看颁奖 PPT，过程中可以邀请几位组员进行预测，测试组员间的了解程度，活跃气氛 3. 宣布获奖名单，颁发礼品 4. 邀请组员们谈谈自己的获奖感言 5. 互送祝福
5 分钟	温馨时分 拍照留念，用相机记录美好的瞬间。并互相留下联系方式，让我们的友谊得到延续
2 分钟	填写过程评估量表 （所需物资：《团体满意度自我评估表》7 份，《感受自评量表》7 份，《自我认识量表》7 份）
2 分钟	宣布小组圆满结束

【小组过程】

1. 行前讲习过程

2. 小组名称：团队这点事儿（后改名为一道来客栈） 3. 活动节次：行前讲习 4. 活动日期：2009 年 11 月 2 日 19 时 00 分——20 时 30 分 5. 活动地点：上师大奉贤校区图书馆六楼 3 号讨论室 6. 出席成员：许骥、王闻（工作人员 2 人）；李×、吴×、詹×、李×、贺×、张×、顾×、骆×、徐×、宋×（潜在组员 10 人） 7. 缺席成员：刘×（骨折病假） 8. 阶段目标（行前讲习阶段）：简介活动安排和内容；解答潜在组员提问；潜在组员决定去留，并最终确定正式组员名单，互留联系方式 9. 记录时间：2009 年 11 月 5 日 10. 记录者：许骥

（续表）

活动过程评估：
本次行前讲习基本上都达到了阶段目标
活动发现：
1. 有 7 名组员决定留下参加我们的活动，这点还是比较让我们欣慰的。当然，对于另外 3 位退出的同学我们也表示了对她们的感谢，谢谢她对我们的小组有兴趣
2. 组员李某、詹某、吴某是同寝室的同学；贺某、李某是同班同学；彼此之前就认识，因此活动中与熟人的交流比较多。相对而言，其他几位组员有些落单的感觉，不太能够融入到她们的话题中
启发和对策：
1. 组员提出小组名称缺乏心意，我们会寻求一些突破口，争取能想出更有创意的名字,后改名为“一道来客栈”
2. 活动中尽量避免“熟人与熟人”单一性的交流，通过巧妙的座位安排扩大组员的交流面
在了解了不同的座位安排后，我们决定采用民主气氛浓厚、人与人能够密切交流的座位安排模式——马蹄形（如右图）。因为这种模式的目的就是让每一个人都能参与到讨论中，组员视线开阔，可以看到所有人，思想也会比较集中。并且工作者处在 U 字缺口的对面，与每位组员都能较好进行交流。U 字区域也是一块比较宽阔的互动场所。顺应小组名称改为“一道来客栈”，我们将座位分为东厢和西厢，工作人员充当掌柜的角色，每节中三人负责不同的部分。一是增强趣味性，二是避免游戏环节中分组的尴尬状况。并且采用抽签的方式对号入座，让相对陌生的组员也能有机会交流

马蹄形座位模式

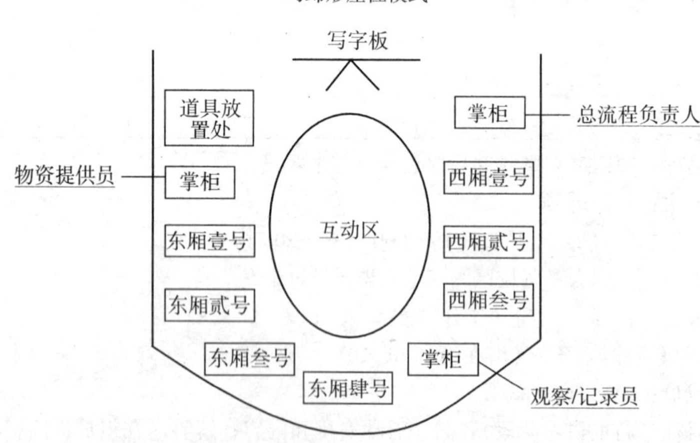

3. 活动中可以通过一些性格活泼、外向，有潜质的核心组员来带动其他组员的积极性，让更多人表达出自己的观点。当然也不能脱离整个小组节奏

（续表）

组员们之间还未完全建立信任感，气氛有些拘谨，几次出现冷场，略显尴尬，因此之后正式活动中，我们尽量为组员营造一个轻松的环境，让他们更加放得开，例如播放一些舒缓、轻松的背景音乐。并且我们觉得自己需要学习一些比较实用和具体的引导技巧，在参考了《团队引导技巧》一书后，主要了解了以下几个方面的内容： A. 提问的技巧：可以使用问题链、结合多种问题类型（如开放式、封闭式、重新定向型、反馈阐述型、深究问答型） B. 正确使用记录板的重要性：记录板能充当小组中的记忆媒体，给人进展的感觉，通过它将组员不同的想法进行汇集，增强了创造性，并能让组员关注正在讨论的话题。需要注意的是，在写记录板时，要确保所有组员都能看到板上的内容，重点符号、不同问题的分段、字迹的工整以及记录者的姿态等细节都非常重要 组员中男女比例不协调，只有 1 名男组员；个别组员性格内向，比较难融入团队；个别组员不是同年级等因素。我们都尽量要考虑在计划之中，在游戏、分享环节也要关注到这些组员的反应和表现

2. 六节实施过程

（备注：我们小组实际操作的过程基本上是按照小组计划执行的，因此过程记录不再重复原纪录中已有内容。我们选择将活动过程中比较出彩的画面记录下来，整理在实施过程中）

 这就是我们马蹄形的座位	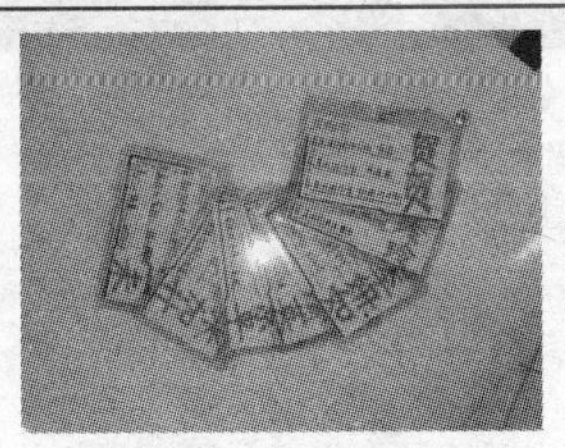 我们特色的名片卡	  对号入座牌，你的邻座是…
 小小工具台，用处大不同！	 我们认真地听讲	 我们愉悦地讨论

（续表）

 我们开心的游戏	 我们大胆地情景模拟	 我们负责地填表
 女生很 SWEET	 精美礼品，人人有份	 男生很 HAPPY
 瞧！我们这和睦的小组一家		

【过程评估】

1. 团体满意度总体情况

团体满意度自我评估表得分情况

节次	第一题	第二题	第三题	第四题	第五题	第六题	第七题	第八题	第九题
第一节	7.33	7.50	6.33	5.17	6.17	7.00	7.67	8.17	7.17
第二节	7.86	7.57	5.71	5.86	7.14	7.43	7.71	8.43	7.71
第三节	7.14	6.43	5.57	5.86	6.29	7.43	7.00	7.86	7.57

（续表）

节次	第一题	第二题	第三题	第四题	第五题	第六题	第七题	第八题	第九题
第四节	7.50	7.50	6.50	7.00	7.50	7.00	8.17	7.50	7.67
第五节	7.80	7.80	6.80	7.40	7.40	8.20	8.40	8.00	7.80
第六节	8.14	8.43	8.14	7.71	8.00	8.57	8.43	8.86	8.43

通过对六节、九题的比较分析，可将其分为以下两类：

第四题“我对自己越来越了解”评分情况呈逐步上升趋势，可见组员通过这几次活动，在对自我认识方面有较大帮助；第一、二、七、九题，即在“我能在这次团体中向别人表达我的想法”、“我喜欢这次团体活动”、“我觉得这次的团队经验很有意义”、“我喜欢工作者的带领方式”四方面，在第三节时分数有所回落，但总体仍呈上升趋势，由于我们小组的主题就是关于团队合作的，我们在活动中所涉及的一些理论可能与组员自身对团队合作的认识有所不同，在经过几次活动后组员逐渐对此产生认同，因而评分有如此变化趋势。

第三、五、六、八题，即在“我觉得在这次团体活动中学会了如何关注别人”，“参加团体使我越来越有信心”，“在这次团体中乐于和他人分享我的经验”，“我觉得这次聚会大家互相信任而且坦诚”这四方面，起伏较大，但在小组后期逐步呈上升趋势。

2. 组员对各节小组活动满意度情况

团体满意度自我评估表各组员各节总分统计表

组员	第一节	第二节	第三节	第四节	第五节	第六节
W	52	59	56	52	58	64
Z	61	56	53	62	69	75
L	63	71	68	69	缺	70
ZJ	65	70	55	78	87	76
H	64	66	60	64	62	81
LY	70	68	66	缺	缺	70
LJ	缺	68	70	73	72	87

可见，组员Z和ZJ的评分从第三节起明显呈上升状态，其余组员评分均处在反复波动状态，但波动幅度不大。

事后访谈发现，组员评分的波动现象，和各节平均分后期下降，主要是由于活动时间过长导致的倦怠感引起的。

【成效评估】

目标问题前后测结果

目标问题评量				
组员	目标问题	事前评估	事后评估	差值
W	1. 能认识更多的人，锻炼自己的沟通能力	3	1	+2
	2. 可以获得更多知识	4	2	+2
	3. 怎么样与其他人一起工作，注意哪些方面	3	1	+2
Z	1. 能充分展现自己的才能	4	2	+2
	2. 加强交流，表达自己的想法	6	3	+3
	3. 更进一步明确团队中各角色职能	6	2	+4
L	1. 增强与团队的组员沟通，深入了解领导者应具备素质	4	1	+3
	2. 团队里的关系融洽一点，团结合作	5	2	+3
	3. 加深对团队概念的理解，理论指导平时的合作	4	1	+3
ZJ	1. 了解团队合作的基本知识，获得基本技能	5	2	+3
	2. 学会表达自己的观点	6	3	+3
	3. 懂得理解他人，互相主动交流	6	4	+2
H	1. 能做一个合格的领导人，能合理调配下属	5	2	+3
	2. 能与合作者深度沟通交流，了解他人想法	6	3	+3
	3. 活跃思维，挖掘自己的潜能，培养自信心	6	4	+2
LY	1. 如何处理团队内部各角色扮演者的关系	5	2	+3
	2. 如何以正确的方式向你的上级提出建议或指出不足	5	3	+2
	3. 如何成为一个合格的领导者	6	2	+4
LJ	1. 有更多人际交往知识	6	5	+1
	2. 对团队合作的能力有清晰认识	7	4	+3
	3. 团队能力有所提升	6	5	+1

通过六节的小组活动，组员们对各目标的困惑程度都明显下降。

【参考文献】

1. 祝坤，安丽霞，赵欣．小组工作在提升大学生就业能力中的运用．社会工作下半月（理论），2007.

2. 付顺海．知识经济时代团队合作的理论、发展趋势及相应建议．中国集体经济期刊，2006.

3. 周璐璐．基于可雇佣性能力的上海高校毕业生就业状况与对策研究．华东师范大学论文，2008.

4. 朱其权，蔡厚清．高绩效团队目标的制定．现代企业期刊，2005.

5. 迈克尔·麦金著，王成译．团队合作24策略．中信出版社，2005.

6. 万泉河．加入团队打天下．科学出版社，2006.

7. 王波．团队建设能力培训游戏经典．人民邮电出版社，2009.

8. SMART原则．管理与财富期刊，2005（5）.

9. 张晋莉．团队的沟通技巧．人才资源开发期刊，2005.

10. 赵金肖．讨团队沟通．经济师期刊，2009.

11. 贺杰．浅谈团队沟通．工会论坛期刊，2008.

12. 李慧波．团队精神．中国城市出版社，2007.

13. 李念，李茵莱．论大学生团队合作精神的培养．西南民族大学学报，2007.

14. 姜忠刚．有拉绳实验说起．领导科学期刊，2007.

15. 心灵访谈．CCTV10，新官上任三把火．2009.

16. 唐纳德·霍克特，查尔斯·L·马丁著．陈帆译．团队引导技巧．云南人民出版社，2003.

【感想】

1. 组员的感想

ZQY：

经过六周的活动，我确实学到了一些团队的知识。如果一个团队要发挥极致，就必然要提高团队的凝聚力。作为一名成员则要想方设法的完成自己的任务，同时又要与他人分享，人能够工作效率变得更高，团队关系更融洽。让我印象最深的就是SMART原则，它告诉我们目标不要过大，过空，要实际可行，这一原则在生活中也很有可用性。这次小组活动很有人文关怀感，我也很开心可以拿到“最佳待人友善奖”。

WYW:

参加此次小组，不仅丰富了自己的课余生活，也学习到了不少知识，关于沟通、关于权力的使用、关于团队合作等等。这都让人更加明白了何为团队。真正的团队要有共同的志向，大家合作向前，发挥各自所能。而整个活动的气氛也很轻松，通过故事来引出话题，组员自己讨论得出结论，游戏和情景模拟也十分有趣。

HH:

小组活动开展了丰富多彩的活动，比如演舞台剧、编故事、玩游戏等。它们给活动增添了欢声笑语。围绕团队的主题，每一节小组活动也都很有意义，有内容。组织者也很用心、负责。这是一次很好的学习经历。

LYR:

在小组中学到的内容在学习、生活中的可操作性很强，对我自己而言，学生会的工作就是一个很好的实践平台。感谢团队能力小组。

2. 我们的感想

刘莹:

通过这次小组的活动，包括前期的准备、我所参与的三节小组活动、后期的过程、成效评估等一系列活动，使我对小组工作的整个操作流程有了直观的感受和认识。具体的操作过程使得对概念和一些细节的理解存在的问题都浮现出来，在小组的过程中，通过大家的反思、讨论，一起合作解决这些问题。而且，在几节活动的过程中，看到组员们渐渐的融入我们的小组并对我们的小组、也对我们的工作表示肯定；看到组员们在之后的几节活动中能尝试着运用之前几节活动中学到的内容；看到前后测的结果表明组员通过我们的小组达成了他们的目标、有了改变，使我感到很高兴，因为这表明我们的小组对我们的组员是有帮助、有意义的，而我们也在这次活动中得到了锻炼。

许骥:

在我们《小组工作》的教材中对小组工作有这样的定义：它既是一种互动过程，又是一种社会工作的方法和手段。对我自己而言，我所理解的小组工作也真的经历了从过程到方法的一个转变。大一时，我也参加了学姐为我们策划的小组，当时更多的是以组员的身份参与到活动中，因此，过程是否有乐趣似乎对我而言更为重要。转眼间，我自己开始做小组了。六周内，我实实在在的体验了一回实习社工的角色。时间短暂，却收获累累。我不想谈一些很笼统的空话，只想说说我自己最真实的体会。主要有这么几点：计划阶段——资料的搜集、整理、筛选，要好好利用有价值的资料，抓住重点放到自己的计划中，不要青菜萝卜一把抓，我很有感触的一点就是好的资料真的是可以给小组分享的方向一些启发；实施阶段——时间的掌握，由于我们小组开始的时间比较晚，所以如果遇到一些情况时间上很难调试，组员也向我们反映有几节小组时间过长了些，时间的控制也是一门学问；报告阶段——报告要写得好，前期工作一定要做好，即时做好记录、整理资料非常关键，不要到了最后小组做完了才开始梳理理论，那会非常吃力；评估阶段——我觉得掌握必备的评估方法、并且熟练的运用很关键，怎么算分、怎么由表及里的分析需要一个过程，不学不练就会让自己走很多弯路，往往会白做。之所以提及了以上四点，是因为我自己都有参与其中。我们小组有分工，但由于之后刘莹的腿伤和王闻的身体不适，所以在实际中进行了相应调整。而这也是让我自己最有感触的一点，就是团队成员之间互相的理解和体谅。虽然我们自己是给别人做团队能力，传授团队技巧的，但我们三个人其实也是一个团队，也有不成熟、需改进的地方，而这一切我觉得都是建立在体谅和理解的基础上的。坦白说，未必我们以后的工作就是社工，也未必我们的工作会利用到小组工作，但六周的小组让我自己的能力得到了锻炼和培养，让我感悟了一点，成长了一点。有收获，足矣！

满分道歉

——了解道歉
学会道歉

实习社工：郁艳璟 
 陈燕芬

时间：2009 年 10 月—12 月

『缘起』

【小组主题的缘起】

人是在社会中生活的人，不是一个孤立的自然人。人从出生到死亡的过程就是与他人不断交往的过程。人们通过社会交往，建立与他人的关系，构成了丰富多彩、千姿百态的人类生活。可以说，人际交往是人类生活的基础和起点。而经营良好人际关系需要注意六个方面，即理解别人、注意小节、信守承诺、阐明期望、诚恳正直和勇于道歉。

我们原本的设想，是既然人际对人类生活那么重要，就把小组定位在人际方面上，但是后来由于与其他小组主题重复了，而且我们认为人际是一个比较大、比较难驾驭的主题，所以我们想到选人际交往六个方面中的某一方面作为小组的主题。之后，我们想到了上一学期学习的《社会心理学》一书中说道："面子"是中国人社会生活中的日用品，许多学者将理解"面子"作为把握中国社会文化与人际交往的核心。于是，我们查阅了一些有关面子的文献，发现道歉是一种重视听话人面子需要的行为，也恰好是人际交往中的一个重要的方面。同时，我们觉得就我们自身来说，对于道歉也掌握得并不好，也想通过这次小组能对道歉有一个新的了解，并能学会一些道歉技巧。于是，我们就选定"道歉"作为小组主题。

【小节分设的缘起】

之后有关小组每一节的分设，完全是基于我们自己对于道歉的理解，没有理论的支持，可能略显欠缺。首先，我们设想的组员，是那些不愿意道歉的人，所以我们认为要他们道歉，一定要先找到不愿意道歉的原因，所以就把"了解不愿意道歉的原因"这一节作为正式内容的第一节。其次，当人们愿意主动道歉了，怎样道歉就成了一个大问题，于是第二节"学习道歉技巧"就诞生了。第三，我们把"原谅"也作为道歉的一个部分，因为我们认为缺少了"原谅"的道歉是不完整的。同时，它也是道歉的目的所在。所以我们把"让原谅变得很容易"作为第三节内容。就此，道歉的整个过程就算完整了。但是考虑到我们参考的文献或者书，许多都是来自国外的，也考虑到小组的深度，我们决定将小组的内容升华，由个人拓展到社会乃至全球，便将第四节内容定为“探索不同人的道歉差异”。以上就是小组的四节主要内容的分设缘起，以下是简明的图表：

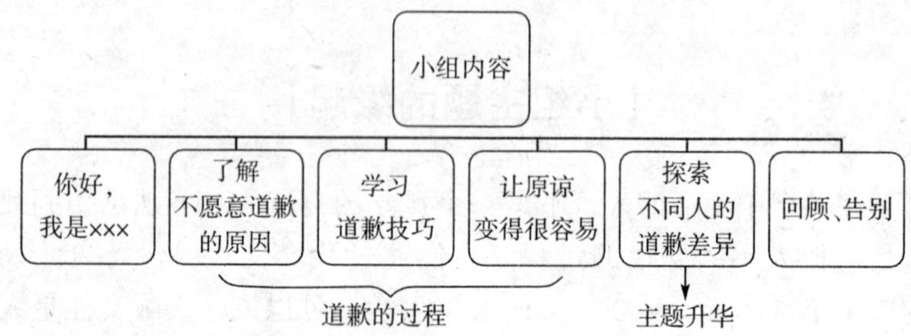

『理论框架』

【了解道歉——什么是道歉】

经营良好人际关系需要注意六个方面，即理解别人、注意小节、信守承诺、阐明期望、诚恳正直和勇于道歉。可见，道歉对于人际关系是非常重要的。

道歉在本质上是一种社会行为，旨在保持人们之间的良好关系，也是一种礼貌行为，这都是出于尊重听话人面子的需要。这样的定义也与道歉的功能相一致——道歉既能够表现自己有礼貌、有教养，又具有维护人际关系的功能。

根据定义，道歉衍生出了两个研究方向：一是 Brown & Levinson 的“礼貌/面子”理论。目的是为了能在社交圈里留下一个有教养、明事理、可以信任的好形象，对象是如邻居等不算很熟的人。另一个研究方向是 Meier 的“修复工作”理论，目的是为了修复与他人的关系，可以用以下过程概括——说话者形象=>说话者产生冒犯行为=>说话者形象受损=>道歉=>说话者形象得到“修复”。对象是如好朋友等熟人。而我们小组所做的有关内容都是在“修复工作”理论的基础之上的。

【改变意识——发现不愿意道歉的原因】

印度伟大哲学家奥修说过：“我不从改变你的行为开始，我从改变你的意识开始，因为实际上意识就是行为，它就是行为。外在的行为是毫无意义的。”我们也秉着这一点，决定从发现不愿意道歉的原因开始，改变组员不愿意道歉的行为。

《道歉的五种语言》一书中写到，人们不愿意道歉的原因有三：

第一，Brown & Levinson 认为有人碍于面子不愿意道歉，面子是指个体按照社会赞许的标准表现的自我形象。有许多人认为，道歉既是认错，是一件很没面子的事，是不愿意道歉的一个很重要的原因。但是这样的人不知道，人们会尊重那些勇于道歉的人，这样反而会更被人尊重更有面子。

第二，没意识到自己错了。许多人常常犯了错也觉得自己是正确的，并且极力去证明这一点，这样其实是自欺欺人的表现，不可取。

第三，不重视与对方的关系。与对方的关系是为自己破坏性行为进行道歉的动力，一旦不重视与对方的关系，动力便失去了。

我们所要做的，就是帮助组员清楚认识到以上三点，抓住每一次不愿意道歉的原因，改变其想法，从而主动道歉。

【学会道歉——道歉的技巧】

Olshtein & Cohen 在研究了 7 国语言并对 100 多位对象进行问卷调查的基础上，归纳出五种道歉策略：1）直接道歉，如“对不起”；2）承担责任，如“这是我的错”；3）对造成冒犯的原因进行解释，如“堵车了”；4）提出补偿，如“我来赔这个花瓶”；5）承诺将约束自己，如“我保证下次不会晚了”。而我们与组员交流的道歉技巧是来自《道歉的五种语言》一书，书中也将道歉分为这五种策略。

【学会原谅——原谅的方法】

原谅意味着我们选择取消惩罚，赦免冒犯者；忘掉冒犯行为并欢迎冒犯者回到我们的生活中来。原谅不是一种感觉，而是一个除掉障碍以使关系继续发展的决定。

在这一部分中，我们参考了《女生人际关系生存手册》中相关的原谅他人的一系列方法。

【反思——道歉的差异——地域、性别之差】

为了使组员灵活运用道歉技巧，并且能够接受与他人的道歉差异，接受多元化。所以我们觉得有必要与组员讨论一下道歉差异，着重点在地域、性别上。

一、中美差异

由于中美两种文化中的是非标准、民族心理均有不同，对应的"sorry"和"对不起"表示歉意的使用场合也不同。素有礼仪之邦之称的中国，做错事要道歉是社会舆论、道德约束等所要求的行为，同时，在做错事后的积极道歉也被认为是一种美德。而在美国，由于传承于英国的绅士风度，因而决定美国人常把"Excuse me"、"I am sorry"等表示道歉的话语挂在嘴边，不经意间就会常常用到这些话语，所以，美国人说道歉比中国人更"容易"些。

同时，中美两国在对道歉的理解上存在很多差异。美国人道歉是从其功能和目的出发，而中国人则倾向与把道歉看成是自己犯了错后的行动，这样一来，美国人自然比中国人更容易开口道歉。

二、性别差异

不同性别的道歉差异是不同的，主要表现在以下几点：

1. 男性如若造成别人时间的浪费会做出较多的直接道歉，而女性对由她们提出的话题造成的冒犯则更敏感。

2. Brown & Levinson 认为与社会地位低或社会权力小的人相比，道歉可能更多地出现于社会地位高或社会权力大的人。男性的道歉行为与之相符，而女性的则不尽然。

『需求评估及小组计划』

【需求评估】

我们使用面谈的方式对我们的潜在组员进行了访问。

潜在组员们对我们的主题表示了兴趣，有组员说到“大家都有不好，我为什么要道歉?”“男生要跟女生道歉!”等这些情况，我们在小组的第二节会和大家一起讨论类似这样“不愿意道歉的原因”并找出一些解决办法；组员还说到“要用什么方法去道歉?”我们在小组的第三节会和大家一起分享一些道歉技巧，这些技巧主要来自《道歉的五种语言》一书。

组员的需求基本能在我们预定的计划中被满足，但是，有些还是我们没有能考虑到的，就像有组员提到“有时候原谅不了别人”。所以，我们调整了我们的计划，在第四节处理“原谅”这一主题时，我们加入了“如何去原谅别人——管理自己的情绪”这一块。

访谈中组员希望能多说点案例来丰富理论知识，所以，我们会精心准备一些典型的案例来引出主题。

【第一节　你好，我是×××】

活动时间：11 月 3 日 20：30 至 22：00　　地点：5A222

个别活动时间	目标	内容	所需物资
1）5 分钟	随机安排工作人员和组员的座位，增加组员之间熟悉度	抽扑克牌，抽到几就坐几号座位	扑克牌 11 张
2）10 分钟	增加组员间相互昵称的熟悉度	游戏——“心脏病”玩法：成员分成两组，各组商量选出一名代表，在工作人员倒计时到 1 时，除代表外的其他组员蹲下，两组的两位代表在看到对方的第一时间内就喊出对方的昵称，快的那组胜利	
3）15 分钟	深化组员之间的认识，调动组员积极性	游戏——“友情串烧”玩法：将成员随机分为两人一组，组内两人向对方自我介绍（包括爱好、习惯等所有想说的内容）抽取工作人员事先准备好的纸条，两人合作完成纸条中的任务	写有游戏任务的纸条 5 张

（续表）

个别活动时间	目标	内容	所需物资
4）15 分钟	让组员更清楚小组工作的意义、小组的目的及内容，澄清他们的疑问 让组员熟悉小组规范（行前讲习中已定下的）	介绍小组工作的意义、小组的目的及内容 重申小组规范	
5）10 分钟	让组员表达对小组的期望、对这次聚会的感受等	组员在 N 次贴上写下对小组的期望、感受，然后贴在事先准备好的大画纸上	大画纸 1 张、N 次贴一本、彩笔 10 支
6）15 分钟	评估小组成效	让组员完成量表	

【第二节　了解不愿意道歉的原因】

活动时间：11 月 10 日 20：15 至 21：30　　　地点：5A412

个别活动时间	目标	内容	所需物资
1）5 分钟	随机安排工作人员和组员的座位，增加组员之间熟悉度	星座排排坐——根据星座的顺序安排座位	
2）8 分钟	引出道歉的重要性	案例分享——讲述两个案例	
3）20 分钟	进一步了解组员不愿意道歉的原因	分享——让组员写下自己不愿意道歉的原因，分享自己的案例	
4）20 分钟	活跃气氛	游戏——“避开地雷”玩法：随机组成两人一组，一人蒙上眼睛，听另一人指挥绕开地上的“地雷”（报纸）。踩到报纸最多的组接受惩罚	报纸两大张

（续表）

个别活动时间	目标	内容	所需物资
5）10 分钟	让组员学会换位思考，摆脱僵化思维，训练组员用同理心思考	游戏——“猜结局”玩法：给大家讲一个结局很出乎意料的故事，让大家猜结局	
6）15 分钟	针对第三步讨论出的原因，有针对性的讨论出解决方法	讨论——让组员自己针对刚刚得出的不愿意道歉的原因，想出一些解决方法	
7）5 分钟	评估小组成效	让组员完成量表	

过程 2）中的案例：

1. 河南一农民被无故关押 15 天，警方赔钱却不愿道歉。

2. 老师自述：班级中有一名叫刘增林的学生，平时总是大大咧咧，时常违反纪律，我找他谈了几次，收效均不大。一次在批作业时，我发现一份作业写着别人的名字，字迹却是他的，而他又没有交作业，这使我非常恼火，没有调查清楚事情的经过，我就决定“教训”他一下。于是当天课上，我便当着全班同学的面狠狠地批评了他一通，批评他自己都不交作业，还帮别人写作业。当时他极力申辩，可气头上的我根本就听不进去。课后，班里另一位同学主动来找我，承认是他没有交作业，并且在刘增林的作业上写下了自己的名字。此时，冷静下来的我认识到问题的严重性。于是，我把刘增林找到办公室，当面向他道歉。可他却哭着拒绝了我的道歉，并且说这件事使他在同学心目中的形象受到了极大的损害，希望我能公开道歉，为他挽回影响。我犹豫了，公开道歉吧，我的威信就会受到影响，今后的班级工作还怎么开展；不道歉吧，这个学生的心灵就会留下难以愈合的创伤。最后，理智使我战胜了自己，我决定公开道歉，尽管这有可能损害我在学生心目中的形象。后来我还是决定公开向他道歉，自此以后，刘增林再也没有违反过学校的纪律。期末考试的时候，刘增林的语文成绩也由原来的 67. 5 分提高到 86. 5 分。

【第三节　学习道歉技巧】

活动时间：11 月 17 日 20：15 至 21：30　　　地址：5A402

个别活动时间	目标	内容	所需物资
1）15 分钟	随机安排工作人员和组员的座位，增加组员之间熟悉度，活跃气氛	• 游戏——“排人龙”玩法：每个组员手臂上贴有其他一个组员的名字，根据名字找到那个组员并排在他身后，这样就能组成一个圈，大家安围成的圈入座 • 游戏——“大风吹”玩法：一名组员喊口令：“大风吹，吹 XXX 的人”，有 XXX 特征的人就要起身与其他人换位子，没坐到位子的人当下一个喊口令的人	写有人名的 N 次贴 11 张
2）25 分钟	分享道歉技巧	• 展示一个案例 • 让组员分享如果自己是当事人应该怎么道歉 • 分享我们的做法	
3）20 分钟	学会运用道歉技巧	“角色扮演”，将成员随机分为两人一组，每组抽取一个场景进行扮演	写有场景的纸条 4 张、分组用的纸条 8 张
4）5 分钟	评估小组成效	让组员完成量表	

过程 2）中的案例：

寝室同学 C 借给 A 一本不是自己的书，别人催还，C 跟 A 说了，但是 A 没有还，C 再三考虑决定去 A 书包里自己拿，这时正好被同寝室的 B 看到，很尴尬。第二天，A 的书包里少了 50 元……之后同学间传得沸沸扬扬说是 C 拿了钱……三天后，A 在自己的皮夹里找到了这 50 元……

过程3）中的角色扮演场景：

1. 朋友间约好去看电影，结果对方事先没说好就没来，害得那位同学迟到进场，一个人看完电影，作为那位没来的同学，应该怎样道歉？

2. 寝室里有同学打电话到很晚，而且声音比较响，其他同学向她/他提出意见，作为那位打电话的同学，应该怎样向室友道歉？

3. 寝室有个同学心情不好，室友中有位热心同学去安慰她，结果撞了枪口……作为那位心情不好的同学，事后应该如何道歉？

4. 恋人之间，有一方只顾玩游戏忽略了对方的感受，后来在玩游戏的那一方，意识到自己这样不好，充满愧疚，这样的情况下，应该如何道歉？

【第四节　让原谅变得很容易】

活动时间：11月24日20：15至21：30　　地点：5A222

个别活动时间	目标	内容	所需物资
1）10分钟	随机安排工作人员和组员的座位，活跃气氛	• 抽扑克牌，抽到几就坐几号座位 • 游戏——“集体按摩舞”玩法：全体起立，向右转，伸出双手为前面一位同学敲敲背；再向左转，也为前面一位同学敲敲背	扑克牌10张
2）25分钟	分享原谅他人的方法	• 让组员写下一件他人导致自己很愤怒的事，并写下是否原谅 • 让组员把写好的纸一一贴在大纸上，并且分享当时是怎么原谅别人的 • 分享我们的做法。	大纸1张 N次贴10张
3）8分钟	学会发现别人的好处来原谅别人	• 游戏——“优点轰炸”玩法：随机分为两两一组，写下对方的五个优点，把纸收集在一起，一个个念出来，猜猜他是谁	分组纸牌10张、空白纸条10张

（续表）

个别活动时间	目标	内容	所需物资
4）15 分钟	讨论“怎样别人才算原谅自己了”	• 让组员分享自己使别人生气时，怎样判断别人已经原谅自己了；或是自己原谅别人后是怎么表现的	
5）5 分钟	评估小组成效	让组员完成量表	

【第五节　探索不同人的道歉差异】

活动时间：12 月 1 日 20：15 至 21：30　　　地点：5A226

个别活动时间	目标	内容	所需物资
1）10 分钟	随机安排工作人员和组员的座位，活跃气氛	• 抽扑克牌，抽到几就坐几号座位 • 游戏——“心口不一”玩法：全体起立围成圈，挨个报数字 1-9 中的一个，同时手比划另一个数字，如果心口一致就淘汰，坚持到最后者有奖品	扑克牌 11 张 糖果 1 支
2）20 分钟	分享讨论个体（不同性别、不同地域的人对于）道歉的态度	• 通过电影片段引出两性对于道歉的不同态度，从而扩展到不同地域的人对于道歉的不同态度，开展讨论	
3）20 分钟	复习前三节的基本内容	• 看 PPT，进行回顾 • 角色扮演——将成员随机分为两人一组，每组抽取一个道歉场景进行扮演	写有场景的纸条 4 张、分组用的纸条 8 张
4）5 分钟	评估小组成效。	让组员完成量表	

过程 3）中的角色扮演场景：

1. 公交车；2. 寝室；3. 浴室；4. 图书馆。

【第六节　回顾、告别】

活动时间：12 月 8 日 20：15 至 21：30　　地点：5A222

个别活动时间	目标	内容	所需物资
1）5 分钟	随机安排工作人员和组员的座位	• 抽扑克牌，抽到几就坐几号座位	扑克牌 11 张
2）15 分钟	活跃气氛	• 游戏——“不说你、我、他”玩法：在对话中不能出现“你、我、他”三个字，将组员分成两两一组在场景下进行对话，每组组员在一分钟内说的少的一人获胜，若次数相同，先说出的人算输	写有场景的纸条 4 张、分组用的纸条 8 张
3）15 分钟	深化组员之间的友谊，活跃气氛	• 游戏——“友情串烧”，将成员随机分为两人一组，组内两人互相说说参加六节小组后对对方的印象，抽取工作人员事先准备好的纸条，两人合作完成纸条中的任务	写有游戏任务的纸条 5 张
5）15 分钟	让组员表达参加小组的感想，祝福等	• 组员在 N 次贴上写下参加小组的感想，祝福，然后贴在事先准备好的大画纸上	大画纸 1 张 N 次贴一本 彩笔 10 支
6）15 分钟	评估小组成效	让组员完成量表	

过程 2）中的游戏场景：

1. 菜场；2. 食堂；3. 警察局；4. 婚介所。

『招募』

【过程】

班级统一张贴大海报进行宣传招募，所以我们自己并没有做什么具体的招募工作。招募期间，共有3位09级的同学和1位08级的同学通过短信的方式向我们报了名，这样，我们就已经拥有4位潜在组员了。

这时，我们发现招募工作出现了一些问题——报名人数与我们预期的8~10人有一定的差距，所以，我们联系了4位潜在组员，让每位组员邀请一名对我们的小组主题有兴趣的同学一起来参加小组，这样，就已经招募了8位潜在组员了。

【总结】

在这次招募中主要发现的问题就是：一开始招募的组员只有4人，离预期相差甚远。对此，我们进行了原因总结及反思。

原因有以下几点：

1. 这次的招募是班级整体统一张贴大海报进行宣传的，我们自己并没有为招募做过什么努力，可能对于我们小组的宣传力度不够。

2. 小组的主题“道歉”可能不是很吸引人。

3. 为小组招募所写的宣传语可能不是很好，不够吸引人。

对于第一、第三个原因，我们以后可以作出改进，自己要加大宣传力度，对于小组的宣传语也一定不能马虎。对于第二点，相信对一、三的改进应该可以弥补。

『过程及过程评估』

【行前讲习工作过程记录表】

(1) 团体名称：满分道歉
(2) 团体会期：第1次
(3) 聚会日期：2009年10月27日20时00分
(4) 聚会地点：4A221
(5) 出席成员：范范　小鑫　杰拉德　西贝　super xu　小car　苹果老大
(6) 缺席成员：小盐
(7) 团体目标：让组员学会有效道歉
(8) 阶段目标：让组员简单了解什么是社会工作和小组工作；回答疑问，了解组员的需求；制定小组公约
(9) 记录时间：2009年10月28日
(10) 工作者：陈燕芬　郁艳璟

（续表）

团体过程： 1. 我们让组员先进自我介绍 2. 进行了一个游戏，目的是为了让组员与工作人员或组员间相互熟悉 3. 我们对社会工作、小组工作做了一个简单的介绍，与此同时也介绍了小组最基本的内容 4. 我们解答了组员向我们提出的一些疑问 5. 向组员说明我们制定的一些小组公约并让组员提意见 6. 让组员自己提出一些公约，大家一起讨论，最后形成一份正式的小组公约
团体过程评估 优点：这次的行前讲习进行得比较顺利，组员都很配合并且很好相处，整个流程下来也很自然 缺点：我们与组员由于是第一次见面，组员间也是，大家显得比较生疏，有时会有一些冷场，可能以后熟悉了就会有所改善；除此之外，组员有时会提出一些问题，比如：我们在介绍什么是小组工作时，内容往往比较抽象，组员要求我们讲的具体些或举一些具体的例子，我们就有些难以应对。不过总体情况还是很不错的 下次需改进：下次是正式小组的第一次活动，为了使大家更加熟悉，我们也会准备一些破冰游戏，以免再次出现冷场的情况；私底下我们会多做一些准备，以免组员提出的问题难道我们等

【第一节　你好，我是×××工作过程记录表】

（1）团体名称：满分道歉 （2）团体会期：第 2 次 （3）聚会日期：2009 年 11 月 3 日 20 时 00 分 （4）聚会地点：5A222 （5）出席成员：范范　小鑫　杰拉德　西贝　super xu　小 car　苹果老大　小盐 （6）缺席成员：无 （7）团体目标：让组员学会有效道歉 （8）阶段目标：增加组员熟悉度；重申小组规范；了解组员对小组的期望 （9）记录时间：2009 年 11 月 4 日 （10）工作者：陈燕芬　郁艳璟

（续表）

团体过程： 1. 进行了两个游戏，目的是为了让组员与工作人员或组员间相互熟悉 2. 由于组员提出对社会工作、小组工作还不是很了解，所以我们进行了进一步的解释 3. 重申小组规范 4. 让组员写下对小组的期望等 5. 完成量表
团体过程评估 优点：这一次在安排组员座位的时候，我们吸取了行前讲习的教训，采用的抽牌的方式安排座位，而且座位排的比较近，但是组员由于互相还不熟悉，所以还是想要跟认识的同学坐在一起，这一点可能以后会有所改善 在两个游戏环节中，由于我们准备的比较充分，组员也比较配合，所以进行得比较顺利，气氛也不错 在行前讲习中，组员都提到想要进一步了解社会工作以及小组工作，所以我们就做了些调整，增加了一些对这两方面的介绍。而在重申小组规范时，大家商讨后也把小组时间由原先的20：00改为了20：15 缺点：在写对小组期望的环节中，没有按我们的原意进行，我们设想的是组员写对与小组主题有关的期望，而组员写的是如“多交朋友”这类的期望，可能是我们没有表达清我们的要求 填量表的环节，我们原先打算最后一起发给组员填，考虑到第一节量表数量比较多，怕组员一下子接受不了而影响量表效果，所以我们在前几个环节中穿插了量表环节，但效果也不理想

【第二节　了解不愿意道歉的原因工作过程记录表】

（1）团体名称：满分道歉 （2）团体会期：第3次 （3）聚会日期：2009年11月10日20时15分 （4）聚会地点：5A412 （5）出席成员：范范　小鑫　杰拉德　西贝　super xu　小car　苹果老大　小盐 （6）缺席成员：无 （7）团体目标：让组员学会有效道歉 （8）阶段目标：让组员总结讨论一些常见情况下不肯道歉的原因，大家一起讨论解决办法，使组员下次遇到类似情况时，能自如的承认过错，主动道歉 （9）记录时间：2009年11月11日 （10）工作者：陈燕芬　郁艳璟

（续表）

<table>
<tr><td>团体过程：
1. 我们先自己分享了两个案例，引出道歉的重要性
2. 让组员分享自己不愿意道歉的事例及原因，进行总结
3. 进行一个游戏活跃气氛
4. 以游戏的形式让组员学会同理，学会考虑别人
5. 针对第二步中总结出的不愿意道歉的原因，讨论出一些解决方案
6. 完成量表</td></tr>
<tr><td>团体过程评估
优点：这一节也有比较成功的地方，具体表现在：通过我们分享自己的经历，组员也开始分享他们自己的经历，整个讨论部分气氛还不错
缺点：这一节最大的不足之处就是事先没有想仔细，具体表现在：游戏环节前的分组，我们采用了按照大家的星座随机分配的方式，事先不了解他们的星座，产生了重复、缺少星座的情况，使我们自己陷入了混乱，拖了太久，使气氛一下子冷了很多，组员都开始在聊自己的事情了，所以，以后我们要采用更直接，而且没有太多不确定性的方式来进行分组；事先没有考虑到游戏规则的介绍（包括谁来介绍和规则是什么）；在一组组员做游戏时，其他组员的座位该如何安排也没有考虑到，从而导致了一组组员做游戏时，其他组员在聊天这样一种情况；奖惩措施也没有事先考虑过</td></tr>
</table>

【第三节　学习道歉技巧工作过程记录表】

<table>
<tr><td>（1）团体名称：满分道歉
（2）团体会期：第 4 次
（3）聚会日期：2009 年 11 月 17 日 20 时 15 分
（4）聚会地点：5A402
（5）出席成员：范范　小鑫　杰拉德　super xu　小 car　苹果老大　小盐
（6）缺席成员：西贝
（7）团体目标：让组员学会有效道歉
（8）阶段目标：与组员分享一些道歉技巧，并学会如何在实际生活运用这些技巧向他人道歉
（9）记录时间：2009 年 11 月 18 日
（10）工作者：陈燕芬　郁艳璟</td></tr>
</table>

（续表）

<table>
<tr><td>团体过程：
1. 进行一个热身游戏，活跃气氛
2. 展示了一个案例，让组员分享如果是当事人应该怎么做，并与我们的做法相比较
3. 设定场景，在角色扮演中让组员学会运用道歉技巧
4. 完成量表</td></tr>
<tr><td>团体过程评估
优点：因为前几次的气氛始终有些压抑，所以这一次我们做了调整，在小组一开始就做了一个热身游戏，效果不错，气氛比前几次活跃了很多
在讨论部分中，考虑到组员不会主动表达，所以我们采用了分组讨论，并进行角色扮演，我们的本意是要他们说出道歉的话，而组员将情景完整的表演出来了，效果出乎意料的好
整节活动结束后，我们发现时间尚早，为了增加熟悉度，就临时增加了一个分享环节，分享的内容是与角色扮演场景类似的一些问题，由于上节中我们发现，我们先分享自己的案例可以带动组员来说出自己的经历，所以这节我们采用了同样方法，取得了不错的效果，组员基本都能主动交流
缺点：美中不足的是，我们准备的内容不充分，如果能再加个游戏，效果会更好</td></tr>
</table>

【第四节　让原谅变得很容易工作过程记录表】

<table>
<tr><td>（1）团体名称：满分道歉
（2）团体会期：第 5 次
（3）聚会日期：2009 年 11 月 24 日 20 时 15 分
（4）聚会地点：5A222
（5）出席成员：范范　小鑫　杰拉德　西贝　super xu　小 car　苹果老大　小盐
（6）缺席成员：无
（7）团体目标：让组员学会有效道歉
（8）阶段目标：学会原谅他人，以及解决关于“别人怎样才算原谅自己”的相关问题
（9）记录时间：2009 年 11 月 25 日
（10）工作者：陈燕芬　郁艳璟</td></tr>
</table>

（续表）

团体过程： 1. 进行了一个游戏，热身活跃气氛 2. 组员分享自己原谅或不原谅他人的事例，提出我们的意见 3. 通过游戏的方式让组员学会发现别人的好处，从而学会原谅别人 4. 让组员分享自己使别人生气时，怎样判断别人已经原谅自己了；或是自己原谅别人后是怎么表现的 5. 完成量表
团体过程评估 优点：这一节大家都很愿意把自己的事例拿出来与大家分享，整个过程气氛很好，其乐融融，可能也是由于一开始做了游戏的关系，大家都很愿意分享 缺点：这一节由于有一个让组员上来把N次贴贴到大卡纸上的环节，所以出现了一些问题：我们是等到组员都写完再一一上来贴的，所以一个组员在贴的时候其他组员有一些在开小差，这就影响了小组气氛。另外，这一节虽然气氛不错，但是缺少活力，感觉有些压抑

【第五节　探索不同人的道歉差异工作过程记录表】

（1）团体名称：满分道歉 （2）团体会期：第4次 （3）聚会日期：2009年12月1日20时15分 （4）聚会地点：5A226 （5）出席成员：范范　小鑫　杰拉德　西贝　super xu　小car　苹果老大　小盐 （6）缺席成员：无 （7）团体目标：让组员学会有效道歉 （8）阶段目标：讨论两性间以及不同地域间道歉的差别，回顾前几节的主要内容 （9）记录时间：2009年12月2日 （10）工作者：陈燕芬　郁艳璟
团体过程： 1. 进行了一个游戏，热身活跃气氛 2. 通过电影片段引出两性对于道歉的不同态度，从而扩展到不同地域的人对于道歉的不同态度，开展讨论 3. 回顾前几节的基本内容，组员进行角色扮演 4. 完成量表

（续表）

团体过程评估 优点：这次我们通过影片来引出主题，形式比较活泼，反响也很好，也可能是由于一开始做了热身游戏的原因。之后的分享环节大家也都很愿意说自己的例子或是见解，总体来说气氛不错 缺点：分享环节虽然每个组员都能够说到话，但是还是缺乏主动性，需要我们一个一个点名才愿意说，可能使我们的带领方式不够活跃。其次，这节我们所准备的理论知识部分不够充分，组员提出的有些问题我们回答不了，这是这一次很大的一个缺陷

【第六节　回顾、告别工作过程记录表】

(1) 团体名称：满分道歉 (2) 团体会期：第7次 (3) 聚会日期：2009年12月8日20时15分 (4) 聚会地点：5A222 (5) 出席成员：范范　小鑫　杰拉德　西贝　super xu　小car　苹果老大 (6) 缺席成员：小盐 (7) 团体目标：让组员学会有效道歉 (8) 阶段目标：回顾内容 (9) 记录时间：2009年12月9日 (10) 工作者：陈燕芬　郁艳璟
团体过程： 1. 进行了两个游戏，热身活跃气氛，深化友谊 2. 组员写下祝福，参加小组的感想等 4. 完成量表
团体过程评估 由于是最后一节，我们准备了不少活跃气氛的游戏，气氛很好也很热烈，在写下对小组的感想与对成员的祝福时，有些组员也表现出了对小组的不舍

【过程评估】

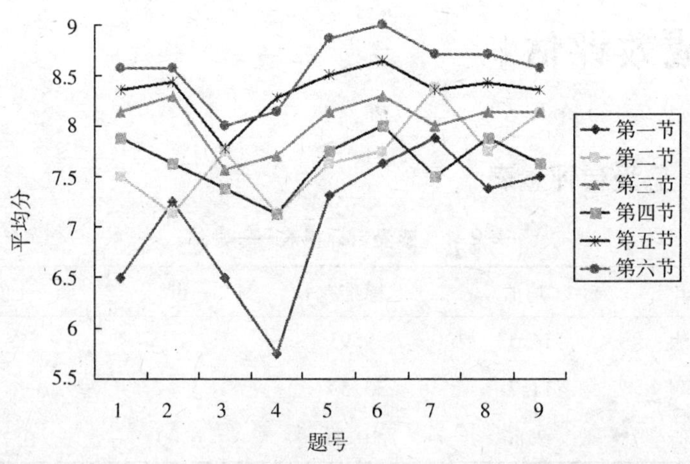

表 1　团体满意度自我评估表（六节）

从纵向比较可知，组员的满意度总体呈上升趋势。但是第三节、第四节出现了反常。通过对比，发现差异有三：第一，人数上，第三节比第四节少一人；第二，内容上，第三节是“道歉技巧的分享”，第四节是“学会原谅”；第三，形式上，第三节比起第四节多了一个“角色扮演”。由此我们得出的结论是，第一，2 位社工精力有限，无法同时照顾到 8 名组员，所以当人数较少时，对每位组员的关注度更高，效果更好，这个假设在同样是 7 名组员参与的第六节中得到了印证，第六节的平均分都超过了 8 分，是 6 次中最高的一次；第二，可能学习分享一些技巧比学习宽容他人和认识自己更轻松，更合组员的胃口；第三，组员的参与度与满意度成正比，在“角色扮演”环节中，组员有更多的机会去参与，所以效果更好；第四，人情分，在第四节填量表时，事先通知组员要去除人情分，所以分数显得比较难看但是更客观、更有意义。

从横向比较可知，组员的每节的满意度总体趋势相同，问题三“我觉得在这次团体活动中学会了如何关怀别人”和问题四“我对自己越来越了解”的得分总是偏低。关于问题三的原因是作为社工忽略了这个要让组员间互相关怀的意识，以后作为社工可以在一些细节的地方做出榜样并鼓励组员也尝试去改变，如，社工在传递麦克风给下一位发言的同学时，应礼貌地递过去而不是粗鲁的甩过去，在组员出现类似情况时及时指出并鼓励其改正等。关于问题四的原因是作为社工没有把所设计的一些环节与此主题相衔接，即使有时碰到也没有重点重申，比较欠考虑。以后会在设计每一节时适当考虑。

『成效评估』

一、感受自评量表

表 2.1　感受自评量表——总体

分组[a]	均值	标准差	df	t 值
前测	14.57	9.93		
后测	11.71	5.53		
差值	2.86	10.41	6.00	0.73[b]

注：a 为每组 7 人

b 为 $p=0.50$

表 2.1 给出了配对变量的描述性统计指标，样本总数为 7 人。前测的平均值为 14.57，后测的平均值为 11.71，均值有减少的趋势，说明通过参加小组，组员的抑郁程度在降低。因为样本数太少，所以 T 检验的结果显得不是很有意义。

表 2.2　感受自评量表——单独列举

	西贝	杰拉德	super xu	范范	小鑫	小 car	苹果老大
前测	26	13	6	2	20	27	8
后测	8	4	18	9	17	17	9
差值	-18	-9	12	7	-3	-10	1

由于最后一节有一位组员缺席，所以最后的成效评估的样本总数为 7 人，从总体上看来参加小组对于组员的感受没有起到多大的帮助，不过对于个别组员来说还是有较明显的差异的。（见表 2.2）平时积极参与的组员都有或多或少的进步，但是一些文静内敛的组员没有进步，有些反而有所倒退，所以以后需要给组员尤其是一些文静内向的组员更的关注来让他们参与进来，有必要时应该跟他们私下做更多的沟通来了解他们的需要，从而能取得更好的结果。

二、自我认识量表

表 3.1　自我认识量表——总体

分组[a]	均值	标准差	df	t 值
前测	31.43	2.99		
后测	30.43	2.23		
差值	1.00	3.92	6.00	0.68[b]

注：a 为每组 7 人

b 为 $p=0.52$

表 3.1 给出了配对变量的描述性统计指标，样本总数为 7 人。前测的平均值为 31.43，后测的平均值为 30.43，前后测的均值没有显著差异，说明通过参加小组，组员的对自己的认识没有得到提高。因为样本数太小，所以 T 检验的结果显得不是很有意义。

表 3.2　自我认识量表——单独列举

	西贝	杰拉德	super xu	范范	小鑫	小 car	苹果老大
前测	28	31	29	29	33	34	36
后测	29	33	28	34	29	30	30
差值	1	2	−1	25	−4	−4	−6

由于最后一节有一位组员缺席，所以最后的成效评估的样本总数为 7 人，从总体上看来参加小组对于组员的自我价值感没有起到多大的帮助，不过对于个别组员来说还是有较明显的差异的。（见表 3.2）其中范范的分数前后差值很大，看到她自我价值感的提升，作为社工的我们也感到十分高兴，范范没有迟到早退和请假的状况，有始有终的参加完了我们的小组；由于比较内向，社工对她会给以较多的关注度，在私下经常与她交流。所以，组员自身的积极参与对于他们的成长是很至关重要的，作为社工也要加强与组员的沟通能力，以及让组员之间互相沟通的技巧，并要给予每个组员相应的关注度，从而能取得更好的结果。

三、目标问题评量

分组[a]	均值	标准差	df	t 值
事前评估	15.14	3.24		
事后评估	7.71	5.74		
分差	7.43	5.41	8.00	3.63*

注：a 为每组 7 人

* $p<0.05$

表4给出了配对变量的描述性统计指标，样本总数为7人。事前评估的平均值为15.14，事后评估的平均值为7.71，均值有减少的趋势，说明组员想通过参加小组解决的问题都得到了较好的解决。t值为3.63，t值的双尾检验 sig=0.01<0.05，说明总体上看我们小组对解决组员的问题是有一定效果的。

组员小盐最后一节没有出席，所以无法对其进行目标问题评量。以下是其他7个组员的目标问题评量：

表4.1　组员小鑫的目标问题评量

目标问题	事前评估	事后评估	分差
1. 以什么样的形式或内容开始道歉	5	3	–2
2. 道歉的具体方法	6	1	–5
3. 白于脸面问题而不愿意道歉	7	2	–5

由表4.1可知，组员小鑫的三个目标问题都在小组中得到相应的处理。问题一和问题二都属于“道歉技巧”这类问题，所以在相应的这一节中社工和组员一起分享了一些道歉的开场白、如何成功道歉等方面的技巧，问题三是属于“不肯道歉的原因”这类问题，所以在相应的这一节中在讨论完不愿道歉的原因后大家也一起分享了一些解决办法，相信对小鑫的问题解决起到了一定的帮助。

表4.2　组员范范的目标问题评量

目标问题	事前评估	事后评估	分差
1. 我想知道在一些模棱两可的情况下，怎样确定该道歉，且必须道歉	5	3	–2
2. 我想知道怎样道歉才能让人觉得有诚意的具体方法	4	4	0
3. 我想知道歉后是否收到预期效果	3	3	0

由表4.2可知，组员范范的三个目标问题只有问题一在小组中得到相应的处理。问题二没有在我们的计划安排中确实是我们欠考虑的地方，但是对于问题三我们在“学会原谅”一节中曾有一些涉及但是没有重点重申，所以可能没有给组员留下深刻的印象。

表4.3　组员西贝的目标问题评量

目标问题	事前评估	事后评估	分差
1. 如何让他人知道错误并道歉	5	1	-4
2. 道歉后别人不愿意原谅该怎么办	6	1	-5

由表4.3可知，组员西贝的两个目标问题都在小组中得到了较好地处理。问题一和问题二都属于“学会原谅”这类问题，所以在相应的这一节中社工和组员一起讨论分享了一些关于如何去原谅别人、别人不接受你的道歉怎么办等方面的技巧，相信对西贝的问题解决起到了一定的帮助。

表4.4　组员杰拉德的目标问题评量

目标问题	事前评估	事后评估	分差
1. 如何感知或表达道歉的真诚程度	6	1	-5
2. 道歉=认错吗	7	1	-6

由表4.4可知，组员杰拉德的两个目标问题都在小组中得到了不错的处理。问题一是属于“道歉技巧”这类问题，所以在相应的这一节中社工和组员一起讨论分享了一些关于怎么样达到满分道歉等方面的技巧，问题二是大家普遍都存有的一种错误激进观念，在男生身上这种观念尤为突出，所以在第一节介绍我们小组的主题时，有对这一激进态度进行过澄清，相信这些对杰拉德的问题解决起到了帮助。

表4.5　组员小car的目标问题评量

目标问题	事前评估	事后评估	分差
1. 道歉时的眼神与肢体动作	7	7	0
2. 感觉自己并没有错，为了挽回友谊该道歉吗	5	5	0
3. 怎样道歉最能被接受？道歉被泼冷水怎么办	6	6	0

由表4.5可知，组员小car的三个目标问题没有一个在小组中得到处理。问题一是与“道歉的肢体语言”有关，而我们小组主要处理的是道歉的语言方面的问题，所以我们没有在计划中安排是我们思考不严密的地方，问题二是与“不肯道歉的原因”有关，在相应这一节中，我们通过一种游戏的方式试着让组员去换个角度思考，从而能主动去道歉而不是被动

的等待他人来和解，但是可能是我们设计的游戏没能很准确地向组员传达这样一个信息，所以没能使组员得到很明确的解决方法，以后我们会更谨慎的设计游戏环节的，但是对于问题三我们在“道歉技巧”一节中一直强调那种最能被接受的道歉技巧，所以我们认为是我们没能很好地理解组员真正得到的答案是什么方面的内容，所以不能帮助她得到最好的解决，相信以后通过我们的追问并确认会使组员更准确的表达他们的需求。

表 4.6　组员 super xu 的目标问题评量

目标问题	事前评估	事后评估	分差
1. 我在什么问题上应该向别人道歉	6	2	-4
2. 我在什么情况下应该接受他人的道歉	6	2	-4
3. 我应该用怎样的方式向他们道歉	7	1	-6

由表 4.6 可知，组员 super xu 的三个目标问题都在小组中得到相应的处理。三个问题都在“道歉技巧”这一节中一起分享讨论过，相信对 super xu 的问题解决起到了一定的帮助。而且由于 super xu 的问题提得都比较具体，所以我们能更好的进行处理，大家群策群力能得到更好的解决。

表 4.7　组员苹果老大的目标问题评量

目标问题	事前评估	事后评估	分差
1. 怕自己想要去道歉的事，对方觉得没什么，造成尴尬，或令对方感到我见外了	6	5	-1
2. 害羞，没表达清歉意	4	2	-2
3. 如果真的是自己犯了什么错，会很内疚，怕对方不原谅自己	5	4	-1

由表 4.7 可知，组员苹果老大的三个目标问题都在小组中得到一定的处理，但是没有得到很好的处理，问题一是关于“需要道歉的场合”这个问题的，而这个问题我们没有在小组中进行特别的处理，是我们计划不合理的地方，而第二个问题是有关个人性格的问题，与道歉似乎没有太多的联系，但通过参加我们的小组，让苹果老大组员的自信心有了一定的提高，相应的也就减轻了她与人沟通的恐惧，使她跟人道歉时能不再那么害羞了，第三个问题在“学会原谅”这一节中一起分享讨论过，但可能没有重点讨论过，所以对老大组员在这个问题上的帮助也不是很大，这是我们

需要改进的地方，相信我们的小组对苹果老大的问题解决起到了一定的帮助。

【参考文献】

1. 周晓红．社会心理学．南京：南京大学出版社，1997.

2. 史蒂芬·柯维．高效能人士的七个习惯．北京：中国青年出版社，2008.

3. 盖瑞·查普曼．道歉的五种语言．北京：中国电影出版社，2006.

4. J·亚历山大．女生人际关系生存手册．天津：天津教育出版社，2004.

5. 杜学增．中英（英语国家）文化习俗比较．北京：外语教学与研究出版社，1999.

6. 白解红．性别语言文化与用语研究．湖南：湖南教育出版社，2000.

7. 蒋景阳，胡蓉．“道歉”的语用研究及对 Meier“修复工作”的完善．浙江大学学报（人文社会科学版），2005（6），171-172.

8. 董召峰．道歉言语行为研究．考试周刊，2007（18），58.

9. 梁红艳．中美使用道歉语的差异与原因分析．中共山西省委党校学报，2008 年 8 月第 31 卷，第 4 期，127-128.

10. 李燕．汉语道歉语性别对比研究．科技资讯，2006（9），198.

『我们的感想』

刚进入大二我们就开始着手准备起小组的内容了，万事开头难，刚开始订立小组主题，我们完全找不着北，后来通过老师课堂上的启发和课后的商讨，我们解决了这个问题。可是在招募这个环节中我又遇上了不小的打击，没有很多组员来报名成了一个大问题，因此我产生了挫败感，要开展小组的决心和信心都产生了动摇。不过小组正式开始后，还是比较顺利的，在环节的设计上作为实习社工的我们能够通过协商讨论最后达成一致，在临场的发挥上也变得越来越有默契，能够互相提醒和补充。组员们的配合也让我们备受鼓舞，在小组接近尾声时，他们基本上还都能准时出席，也让我们不小的感动了一把，这让我们觉得要好好设计每一节，不能浪费他们的时间。更让我们欣慰的是，在小组结束以后，组员之间还会常常联系，组员和我们之间也会保持联系。

相信通过开展小组工作，我认识了很多朋友，自己也学到了很多关于道歉的知识和技巧，最重要的是，我了解了学会沟通的重要性，要敢于向他人表达自己的想法，虽然有时觉得自己的想法可笑到难以启齿，但是还是要鼓励自己说出来，因为你的想法在别人看来是很正常的没什么可笑的，而且这样你才有可能得到你想要的结果，不能盲目顺从或者逆来顺受。在与别人产生矛盾而要进行沟通时，也要学会让步，要控制住自己的愤怒不要用恶劣的态度怪罪对方，这不仅是对别人起码的尊重，同时也不会让矛盾激化。

——陈燕芬

记得去年大一的时候作为大二学姐的小组组员，感觉做小组似乎很简单——带领大家做做游戏，难得读一读一些专家学者的论文及研究成果，跟大家一起分享一些感受等等。这使我在今年大二一开学要做小组之际还信心满满。但是真正着手开始做了，第一件事就难倒我了——找到小组的理论框架。这对于从小到大几乎没怎么读过专业文献的我，确实是一个不小的挑战。随后，更是一件又一件对我来说“无比”困难的事不断袭来，才知道大一时看学姐做觉得简单的事，到了自己手里却怎么也掌控不好，尤其是前几节小组，由于没有经验，问题连连。就拿带领大家做游戏来说，首先，游戏不好找，要考虑可行性，考虑跟小组主题的关联性等等，一本游戏书看下来，合适的没有几个；其次，游戏规则，游戏怎样分组，游戏要准备的材料等都要在小组前全都设想好，经过了第一二次的小组之后，发现对于没有经验的我们来说，甚至连谁来想组员说明游戏规则，谁来分发游戏材料也要事前说好，不然就会乱了阵脚；最后，游戏过程中的控制也相当重要，一些组员在玩的时候其他组员是否认真在看还是再聊别的话题等都需要我们去掌控。一节小组做下来，唯一的感觉就是好累……

在小组的过程中，固然困难重重，但是一件一件认为不可能完成的任务也都一一完成了，困难过后，毕竟也收获了不少珍贵的经验：找文献时我学会了怎样用关键词，在哪能找到好的文献等等；也学会了很多做小组是的带领技巧，对于应该说什么不应该做什么也积累了一些。不仅在专业上有所进步，在我个人的成长方面也积累了不少：发现原来认为自己做不到的事其实也可以做得很好，同时小组的“道歉”这一主题也教了我不少等。

现在的我似乎能看到我的人生观、价值观正在建筑中，小组使我更清晰地感觉到这一点——我成长了。

——郁艳璟

魔镜

——给你一面镜子 全面认识自己

实习社工：赵胤兴

张　烨

林恺骋

时间：2009.10.—2009.12.

【小组缘起】

依据艾里克森的人格发展八大阶段理论，青年期（大学阶段）的自我同一性发展是一个人人格发展中最重要的阶段，自我同一性确立成功则意味着自我观念明确，追寻方向肯定；反之，自我同一性确立失败，就有可能引起同一性扩散或消极同一性发展。马西娅所提出的标志着自我同一性形成的同一性获得状态也出现在青春期的晚期或成人早期，大学生正好处于这一阶段，所以在这阶段十分有必要培养大学生的自我认识能力，以及培养良好积极的自我同一性。有调查表明当代大学生男生中只有7.1%，女生中只有3.4%，形成自我同一性，虽然这个调查对于现在来说已经过去了一段时间，但是还是可以看出当代大学生在“自我认识”，自我同一性的形成方面有所缺失。

大学阶段是人生的关键时期，是一个人形成相对固定的心理结构之前的不稳定时期。在这个过程中，个体将面临着学业、人际交往、就业等各方面的挑战与压力，易出现不能很好地适应的情况，这是大学生自我同一性形成过程中常见的“危机”状态。我们希望介入到自我同一性危机中，做一个共同成长的小组。我们查了很多关于自我同一性以及“自我认识”的文献，W·詹姆斯关于自我的理论最符合我们想要做的内容，他把自我划分成了“物质的我、精神的我和社会的我”，我们小组就以这三个方面为切入点做一个连续六节的小组，希望通过这六节的小组能够让我们组员和我们实习社工自己共同在“自我认识”方面有所成长，培养关注自我同一性发展的理念。

【理论架构】

这个小组的对象为09级大一新生，他们都处于18～22岁的青少年晚期阶段。皮亚杰认为，这个年龄段的青少年个体认知能力得到持续发展，许多青少年已经完全进入了形式运算阶段，他们的抽象推理能力日益增长，能够较为自主地考虑问题。所以，可以利用小组的形式来展开活动内容。

根据埃里克森描述的人类发展的八个阶段，青少年期的自我发展课题是自我同一性的形成，即自我同一性对自我同一性混乱。个体在进入青春期之后，开始异常关注自己的身体形象并重新认同；社会对青少年提出了新的要求，需要他们承担新的责任。这些使得青少年处于冲突之中，体验着种种困扰和混乱，开始思考“我是谁”，“我要到哪里去”等问题。若处理不当，将会引发青少年的反社会行为等问题。自我同一性的确立是青少年健康成长，较好地适应社会和实现自身价值的重要前提。因此，我们小组以认识自我为主题，希望通过小组的形式，帮助小组成员更好地发掘自我，协助其促进“主我”和“客我”的统一，理想自我和现实自我的统一、过去自我，现在自我和将来自我的统一、自我和环境的统一。

青少年晚期也是成人初显期，是个夹层，处于成人期和青春期之间。有着与成人期和青春期不同的特征，其中包括自我同一性的探索，不稳定，自我关注，转折，充满可能性。成人了还是没有，这就是在过渡期中的模糊感，这样的模糊并不代表这不好或是错误，但这种夹缝的感觉或许影响到他们的生活。还有危机感，有危险就会有机遇，同时这一时期还是充满机遇的时间段，如果能更好地明白自我，那么我们觉得组员就能更好的发现机遇，抓住机遇。所以我们把握这个节点。我们小组希望通过帮助组员进行自我的探究、自我的了解使得他们能较好地适应这一阶段带来的模糊感，至少要提高他们对于探究自我的意识。

此外，自我分为物质，精神，社会三个方面。我们小组以此理论设计每节小组的主题，将主体内容分别定位：物质的我——身体，精神的我——性格、理想，以及社会的我。层层递进，帮助小组成员更好地认识自我。

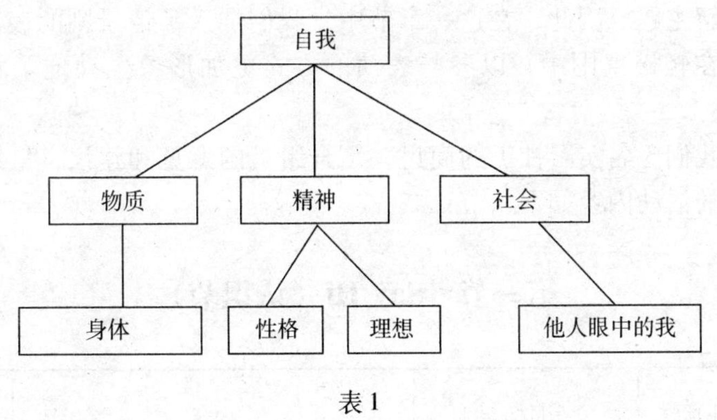

表1

在小组内容中，实习社工十分注重小组组员积极自我的塑造。缺乏积极预期的青少年会逐渐养成非生产性的、反社会性的行为。因此，实习社工引导小组成员共同讨论并发掘自己性格中的优势，以及弥补不足的方法及措施。鼓励小组成员自信地表达出自己的理想与实现理想的计划。

【需求评估】

在小组活动正式开始以前，我们对小组成员做了一次访谈，希望能了解组员对我们的小组活动内容的建议以及意见，等等。

在访谈中，组员表示对小组主题有较大兴趣。组员也给予一些很好的建议，表示希望能够通过分享借鉴他人经历，达到取长补短的效果。因此在每一节的活动内容中，我们都安排了分享环节。希望能够通过分享环节的设置，鼓励小组组员积极分享自己的经验与体会。

以下是组员针对我们每节活动的主题提出的想法和意见：

在“物质的我”一节中，组员提出，对于物质的自我概念不清。由于小组活动时间有限，“物质的我”这一章节，我们着重讨论身体的部分，希望通过填写“体检表”等环节的设置使小组组员更加关心了解自己的身体。在“精神的我-理想”一节中，组员表示，希望小组能给自己的理想带来更多的信心。因此，在“理想”这一节中，我们特别加入了建议与鼓励环节，即在小组成员描绘自己的理想，构建出自己实现理想的计划后，其他小组成员为其理想的计划出谋划策，使计划更完善，其他小组成员也每人送给其一句鼓励的话，激励其努力达成自己的理想。在“社会的我”一节中，组员希望能够加入角色扮演的环节，认为在增加趣味性的同时，更帮助了解主题。因此，在这一章节中，我们加入了情景剧的表演，希望组员能够在轻松氛围中，以参与表演的方式更加形象生动地了解本节的主题。

通过我们3名实习社工的商讨，结合组员的意见和建议，最终决定了我们小组的活动内容如下六节：

第一节　Say Hi（认识节）

个别活动时间	小标题	目标	内容	所需物资
10min	Say hi	帮助组员之间相互认识	每个组员做自我介绍（姓名、昵称等）	便笺

（续表）

个别活动时间	小标题	目标	内容	所需物资
15min	“大风吹&小风吹”	活跃气氛，互相熟悉	游戏，围成一个圈，中间一人随意报出一个某些组员的共同点，符合条件的组员参与“抢位子”，没抢到位子的组员接受“真心话”或者“大冒险”的挑战	纸牌
5min	Know us	让组员对我们的小组有一个初步的认识	介绍小组目的、三名实习社工对组员的希望。介绍每节小组的大致内容，并强调每节小组最后的“自画像”环节	
15min	我们的规范	形成有效的小组规范	集体制定小组规范、共同商讨、表决成文	海报，油性笔
15min	前测	在小组正式开始之前，对组员状况有个初步认识，并了解他们希望通过小组达成的目标	填写个人信息表、自尊、感受、评估、小组目标表	
5min		总结这一节的内容	让组员表达对这一节的感觉	

第二节　我的身体我知道（物质的我）

个别活动时间	小标题	目标	内容	所需物资
5min	“看谁反应快”	促进小组成员互相认识	游戏，分成两组，比赛谁先叫出对方小组规定的组员名字	
5min	“我的身体我知道”	帮助小组成员对自己的身体有大致了解	填写“体检表”	“体检表”（由实习社工事先从正规医院体检表上摘录下的一些问题），纸笔，自制卡片

(续表)

个别活动时间	小标题	目标	内容	所需物资
10min	“指手画脚、七嘴八舌”	通过游戏导入本节主题，帮助组员对自己身体器官的部位有一个大致了解	游戏，2人一组，在规定时间内组员循环发卡片猜器官	
15min	Give me power	让组员关注自己的身体状况并彼此分享问题和经验办法	通过小组组员讨论，共同解决组员在填写“体检表”时的困惑，以及对身体的各种疑问	
5min	“我的自画像”	让组员明确自己对于身体的概念	组员在纸上凭自己的想象画出自己身体的轮廓	
10min		总结这一节内容	组员表达对此节小组的感受，填写量表	

第三节　性格决定命运（精神的我——性格）

个别活动时间	小标题	目标	内容	所需物资
5min		回顾上节内容	分享作业	
10min	“拷贝不走样”	活跃气氛、暖场	游戏：分成2组，比赛通过身体的动作猜出指定的词语	PPT（心理测试），自制卡片（拷贝不走样）
7min	“心理小测试”	通过心理游戏的方式大致了解组员性格	由实习社工先给出各种精神机能的定义，让组员有大致的了解，然后做心理测试	
15min		整合心理测试的结果以及组员个人的想法，彼此分享，扬长补短	组员分享其是否认同心理测试的结果，自述自己认为自己的性格是怎么样的。组员共同探讨各种精神机能的优势与劣势	

（续表）

个别活动时间	小标题	目标	内容	所需物资
5min	“我的自画像”	让组员对于自己的性格有一个大致的总结	组员在自己所画的身体中填写测出的精神机能以及自己认为的性格。在双手的部分各自写出自己认为的优缺点	
10min		总结这一节的内容	组员表达对此节小组的感觉，填写量表	

第四节　I have a dream（精神的我——理想）

个别活动时间	小标题	目标	内容	所需物资
5min		回顾上节内容	回顾上节测出的精神机能，并导入本节主题	
10min	“讲故事”	活跃气氛，暖场，同时也打开组员的想象力，为后面小组内容的展开做准备	由实习社工给出故事的开头，组员逐一任意延续故事的发展，由两名实习社工以发展的创新性打分	
2min	I have a dream	让组员对自己的理想有个具体的概念	组员构建自己理想	纸笔
5min	“我的未来不是梦”	让组员对怎样达成理想有个初步计划	组员制订达成理想的计划	纸笔
15min	“1+1>2”	加强组员达成理想的信心，同时通过彼此鼓励加强组员之间的团结	个人阐述自己的理想，展示自己的计划，小组成员给予建议，并每人送给他一句鼓励的话	
10min	“大声说”	表现组员达成理想的决心	组员在窗户边喊出自己的理想	
5min		放飞理想，给理想以一种寄托	放飞孔明灯	孔明灯

（续表）

个别活动时间	小标题	目标	内容	所需物资
5min	“我的自画像”	让组员清晰自己的理想，并再一次明确制定计划	填充自画像 （脑：理想；双腿：计划）	
10min		总结这一节的内容	组员表达对此节小组的感觉，填写量表	纸笔

第五节　他人眼中的我（社会的我）

个别活动时间	小标题	目标	内容	所需物资
5min		回顾上节内容	回顾上节小组成员的理想，并导入本节社会的我的主题	
10min	“猜猜我是谁”	通过游戏，加深小组成员间的印象，导入本节主题内容	经过上述几节的接触，每人描述一个小组成员的特征，他人进行猜测	
20min	情景剧	通过让组员扮演不同的社会角色，形象生动地体验不同的社会角色的经历，加深他们对主题的认识	3人一组，抽签决定组员表演的情景。情景通过社工选择当下社会热点限定	
15min		帮助小组成员了解因扮演的社会角色等的不同而导致的差异，发现彼此的不同的一面	小组成员共同讨论情景剧中的小组成员的表演与其平时在小组中给其他组员所留下的印象是否有所不同，是否有所新发现	
5min	“我的自画像”	让组员对自己所处的，或者是想要的社会环境有一个明确的认识。	填充自画像 （自身周围的环境）	纸笔
10min		总结这一节的内容	组员表达对此节小组的感受，填写量表	

第六节　Happy Ending（结束节）

个别活动时间	小标题	目标	内容	所需物资
5min	“我们的精彩”	回顾小组整体内容	回顾每节小组的活动内容，同时播放社工制作的照片剪辑	FLASH（回顾）
20min	“我们的自画像”	小组成员回顾在小组中的收获	小组成员总结每节小组自己所画的自画像内容，将自画像集体张贴于海报之上，并留下祝福	海报（张贴自画像）
15min	“颁奖仪式”	集体回顾小组成员在小组中的表现	实习社工颁奖，小组成员探讨其获奖理由，获奖组员发表获奖感言	PPT、奖品（颁奖仪式）
15min	“我们的纪念册”	分享小组精彩点滴	播放小组中精彩点滴的视频	
10min	后测	在小组结束之前后，表现小组活动的展开是否对组员产生影响	填写自尊、感受、评估、小组目标量表	

【招募】

组员招募从10月初展开，10月底落下帷幕。招募对象包括社会工作专业09级新生与其他专业学生。招募方式为海报与传单宣传。

在小组的招募过程中，我们遇到了一些问题。魔镜小组成员最后达到的招募数量大大超过了我们3名实习社工的预定招募计划，潜在成员在参与我们小组的时间上也无法达到协调一致。

为了保证小组开展的质量，我们需减少一定数量的成员。由于小组对于自我认识这一主题的开展是分节讨论，节节递进的，各节内容存在紧密的联系，因此，我们将小组定义为封闭性小组。实习社工通过短信的方式联系潜在成员，表达对他们连续参与6节小组活动的期望。有些组员无法坚持6节活动，退出了本小组。对于潜在成员在时间上无法达成一致，由实习社工选择一个大多数小组成员能够参与的时间开展活动。对于在招募中希望参与魔镜小组，却由于种种原因无法真正参与的成员，实习社工通过短信的方式表示感谢，并期待有机会能够再次合作。

【小组过程】

第一节　SAY HI（认识节）

团体名称：魔镜小组 团体会期：第 1 次 聚会日期：2009 年 11 月 4 日　8 时 20 分 聚会地点：第五教学大楼 214 室 出席成员：10 缺席成员：无 团体目标：与小组成员一同更好地了解自我，认识自我 阶段目标：组员相互熟悉，明确小组任务，制定规则等事宜 记录时间：11.04 晚 工作者：林恺骋　张烨　赵胤兴
团体过程评估： 总体来说第一节的活动还是成功的，组员信息采集成功，组员相互认识熟悉，关系良好没有出现冲突，小组规范等事宜也通过民主表决的方式制定了出来。组员通过见面会时的相互介绍，消除了“生人感”，气氛热烈。事先准备充分：提早了时间到达会场，开始准备，避免了见面会时的一些场地安排的问题 最大问题的就是时间计划不到位。最后的游戏环节没有安排足够的时间去进行，在规范讨论的环节花去时间太多。其次，活动中我们观察到某些组员可能对他人有“言语的冒犯”，对于此种情况需要成文规范。组员的兴奋程度不一，我们要予以关注

第二节　我的身体我知道（物质的我）

团体名称：魔镜小组 团体会期：第 2 次 聚会日期：2009 年 11 月 11 日　20 时 10 分 聚会地点：第五教学大楼 410 室 出席成员：10

<table>
<tr><td>缺席成员：无
团体目标：与小组成员一同更好地了解自我，认识自我
阶段目标：认识物质的我（即身体的部分）
记录时间：11.11 晚
工作者：张烨　林恺骋　赵胤兴</td></tr>
<tr><td>团体过程评估：
本节小组着重讨论了自我中的物质层面，即身体的部分。通过游戏活跃气氛，小组成员都参与了讨论。但由于有小组成员特别熟悉本节所讨论内容，造成讨论时参与不均，下次需注意</td></tr>
</table>

第三节　性格决定命运（精神的我——性格）

<table>
<tr><td>团体名称：魔镜小组
团体会期：第 3 次
聚会日期：2009 年 11 月 18 日 20 时 10 分
聚会地点：第五教学大楼 214 室
出席成员：10
缺席成员：0
团体目标：与小组成员一同更好地了解自我，认识自我并认识自己
阶段目标：让组员更全面地了解自己的性格，并且了解性格的优缺点
记录时间：11.18 晚
工作者：张烨　林恺骋　赵胤兴</td></tr>
<tr><td>团体过程评估：
本节小组着重讨论了自我中的精神层面，性格的部分。到目前为止，组员有迟到，但从没有谁缺席，迟到也会事先与实习社工请假和说明原因，这也是我们小组活动每次能成功举行的原因之一，我们也十分感谢组员们的配合
本节只有一个游戏，分享的时间和内容较多，分享时间有一些冷场，气氛没有达到我们预期的效果，这是值得反思的。心理小游戏只有一个，测试结果比较片面，但是通过讨论和分享，组员还是能够逐层剖析自己的性格（精神）特质。只做一个心理测试小游戏也与我们的时间不够有关，我们下次应该更好地协调时间。但是在分享环节，有的组员还是会在其他组员发言时进行不适时地反驳，我们以后会强调让组员在其他组员发言时注意倾听，事后再发表自己的观点</td></tr>
</table>

第四节　I have a dream（精神的我——理想）

团体名称：魔镜小组 团体会期：第 4 次 聚会日期：2009 年 11 月 25 日　8 时 10 分 聚会地点：第五教学大楼 226 室 出席成员：见名单表 缺席成员：无 团体目标：与小组成员一同更好地了解自我，认识自我 阶段目标：构建理想、制订计划 记录时间：11. 27 晚 工作者：林凯骋　张烨　赵胤兴
团体过程评估： 　　本节小组着重讨论了自我中的精神层面，理想的部分。本节活动可以说是最成功的，在此次活动中，氛围充满了温情和感动。每个组员的理想都得到了大家的肯定和祝福，这是社工对于此次环节的着重之处。我们发现对于分享和讨论的重视以及真情的抒发能够在一定程度上提高组员对于活动的满意度。本节注重分享，分享中的“共同关注”和“每人祝福”是组员相互关心的体现，本节中社工对于这种操作的设计和完成较好，超出了预期效果 　　本节的问题是时间控制还有欠缺，衔接还需注意，较为生硬

第五节　他人眼中的我（社会的我）

团体名称：魔镜小组 团体会期：第 5 次会期 聚会日期：2009 年 12 月 2 日　20 时 10 分 聚会地点：第五教学大楼 406 室 出席成员：8 人 缺席成员：2 人 团体目标：认识自我，提高自我同一性 阶段目标：帮助小组成员了解因扮演的社会角色等的不同而导致的差异，发现彼此不同的一面 记录时间：12. 02 晚 工作者：张烨　林恺骋　赵胤兴

（续表）

团体过程评估： 本次小组着重讨论了自我中的社会层面。通过游戏与情景剧的安排，让小组成员形象生动地发现并了解了其他小组成员不同的一面，基本达到了本节的目标 本次活动有两名组员缺席，但因为事先请过假，因此，三名社工也有所准备，没有对本节活动内容的展开造成太大的困扰。在情景剧的表演中，时间虽然有所限定，但出现有的小组因为没有很好的准备而表演时间较短，也有小组因为演的出色而拖延时间，社工需掌控好时间的安排

第六节　Happy ending

团体名称：魔镜小组 团体会期：第 6 次 聚会日期：2009 年 12 月 9 日　20 时 10 分 聚会地点：第五教学大楼 406 室 出席成员：10 人 缺席成员：0 人 团体目标：认识自我，提高自我同一性 阶段目标：回顾小组的整个历程，处理好社工及组员的离别情绪 记录时间：12. 09 晚 工作者：张烨　林恺骋　赵胤兴
团体过程评估： 这是我们小组的最后一次活动，组员与社工都有一些离别的惆怅，但是还能做到比较专业地处理自己和组员的情绪 在“分享自画像”环节，每位组员分享之后我们都会给予一个“爱的鼓励”，充分肯定组员们的理想和感受，让组员能够获得一个好的认同感。组员总体都很配合，几乎每次活动都人数到齐，每次分享说出来的某些观点有时候让我们实习社工也为之叹服——很有思想也很有深度，有的时候也很温暖 但是这一节由于我们 3 名实习社工中的主力因事晚到小组，让我们另外 2 名社工主导，感觉气氛没有想象中的那么活跃，在这方面，我们还需要积累更多的经验，多多锻炼。但是这节整体的氛围还是很温暖的，大家彼此祝福，互相支持

【过程评估】

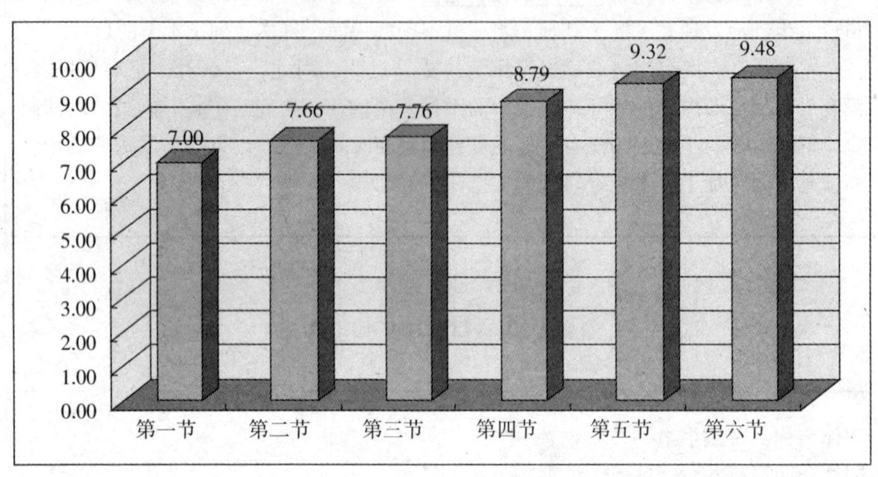

图 1

由图 1 可见，总体上每一次的评估分数在上升，我们猜测是组员在每一次的活动中加深了交流，彼此认识。对于活动的认同和参与度都在加强，特别是第四节组员对于活动的总体满意度有大幅度提高。

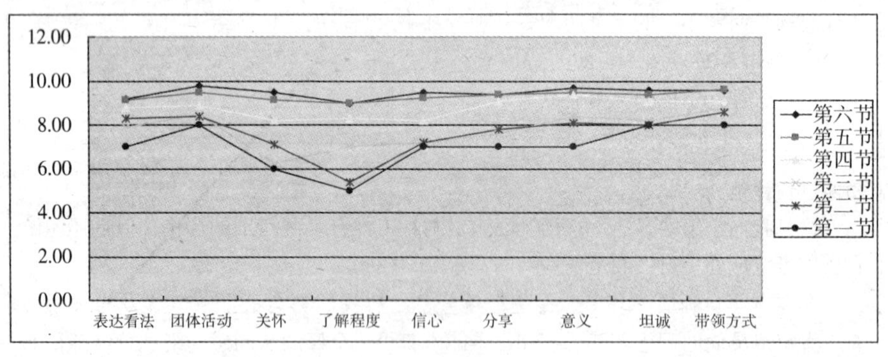

图 2

上图我们可以看到，前三节的坡度较大，主要集中在关怀和了解程度这两项上。的确前三节可以说大家还未能很好地相互认识和理解，尤其是第一二节，组员之间还未能很熟练的叫出名字（昵称）。

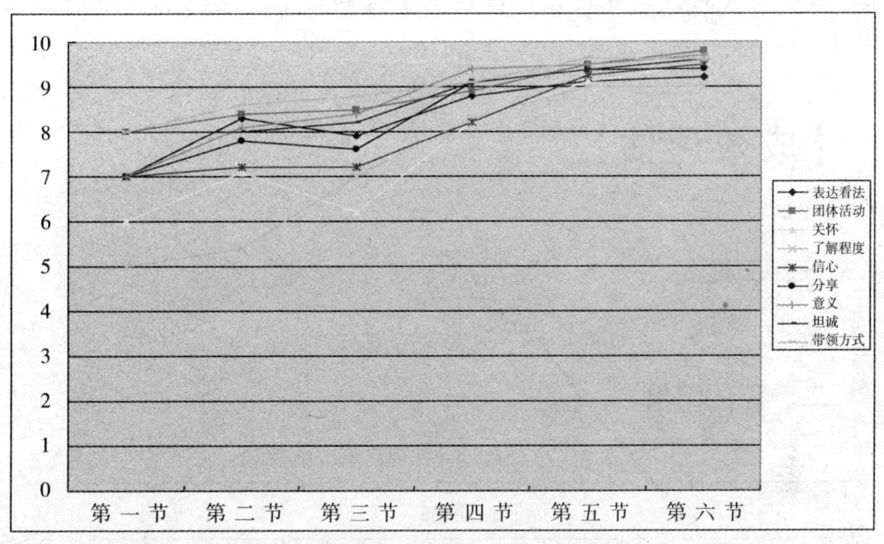

图3

上图我们可以看到，组员对于带领方式的评分很平稳保持在8-9之间，有较大坡度的是关怀一项，我们在活动中也发现在第三节中大家对于自己所计算出来的结果不是很满意，对自我的认识产生了矛盾。

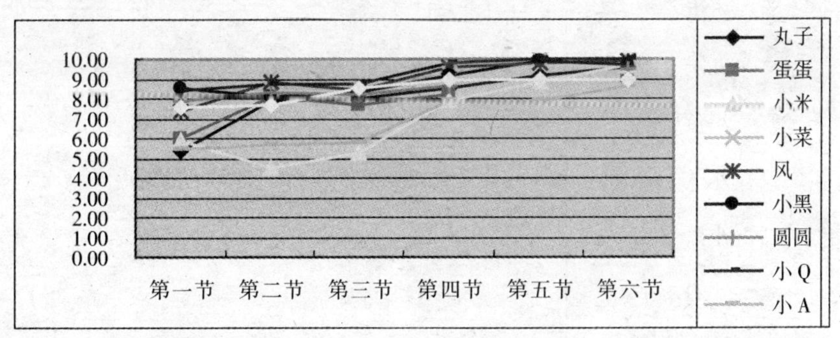

图4

上图是成员的情况表，我们可以看出虽然上升的幅度各有不同，但整个小组还是能保持上升。个别组员有过下降，事后社工了解原因：一是因迟到，未能了解内容；二是对我们的安排不太理解，产生了矛盾或误解，且意见没能在小组里清楚表达。社工在之后的活动中加以关注，从第四节起情况有所好转。从第四节开始，我们重视和改进了分享环节，效果显著。我们发现对分享和讨论的改进对于提高整个活动的满意度有较大作用。

【成效评估】

一、工具

感受自评量表、目标达成评级量表1张。

二、评估结果

表1 感受自评(抑郁)量表结果

组员	前测	后测
小米	31	20
园园	19	6
风	11	16
小菜	10	2
蛋蛋	17	16
丸子	34	18
小鱼	20	20
小A	25	19
小黑	12	4
小Q	3	3
均值	18.20	12.4
T检验	-5.8	Sig = 0.022 < 0.05

表1显示成员的后测平均分比前测低了将近6分，差异显著。可见，通过我们6节的小组活动，组员从中收获了快乐，抑郁感受明显减轻，这也是让我们欣喜的结果（由于样本数少，运用SPSS软件进行T检验，结果有局限。不过前后测均分差异仍有一定启示）。

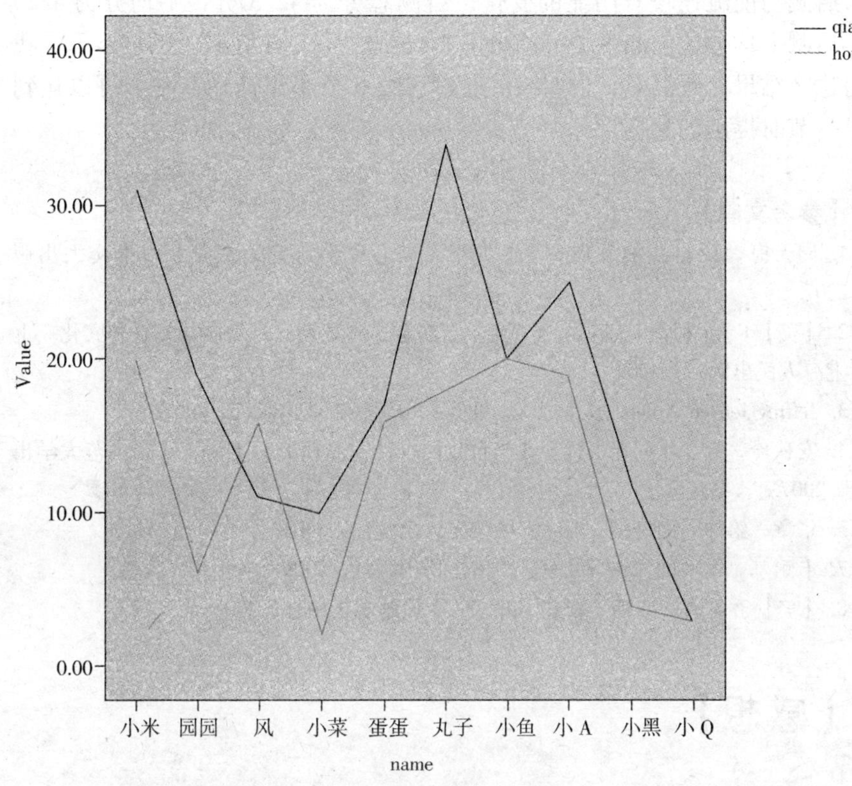

图5

表2　目标达成评级测量结果

总分：58	前测	后测
	总分16.00	总分：42.50
均分：	1.60	4.25

在目标达成评级中，组员共写出了29个目标，前测总分为16分，平均分为1.6分。我们统计了一下，组员们的目标可以分为以下几个大类：

• 希望通过我们的小组了解自己性格特点以及优缺点，能够进行自我完善。

• 能对自己有一个更明朗地认识，特别是在他人眼中的自己是什么样的，希望能够使他人印象与自我认识相统一。

• 丰富大学课余生活，在小组分享过程中锻炼自己的表达能力，并且希望能够交到更多的朋友，获得快乐和自信。

后测与前测比较有明显的变化，后测总分为42.5分，平均分为4.25分。后测平均分比前测平均分高出了2.65分，是一个比较大的进步了，我们对这个结果比较满意，说明组员通过连续6节小组活动基本上可以达到在第一节时提出的目标。

【参考文献】

1. 周天梅．论自我的发展——青少年发展心理学研究．成都：西南交大出版社，2007.

2. 【美】F. 菲利普．赖斯，金．盖尔．多金．青春期——发展、关系和文化．上海：上海人民出版社，2009.

3. Jeffrey Jensen Arnett. 长大成人．北京：中国轻工业出版社，2007.

4. 安秋玲．青少年同伴群体交往与自我同一性发展研究．上海：华东师范大学出版社，2007.

5. 华章．给你一面魔镜．北京：中国工人出版社，2004.

7. 卡耐基．人性的优点．北京：中国华侨出版社，2009.

8. 【美】乔纳森·布朗．自我．北京：人民邮电出版社，2004.

【感想】

历时两个月的小组就此落下了帷幕，作为魔镜小组中三名实习社工之一的我，也有着诸多的感慨。

虽然大一的时候也参加过07级社工组织的小组，但是当时仅仅是作为一个参与者的身份。而当自己真正操刀搞起一个小组的时候，才发现其中的不易。两个月的时间，很多很多问题，我们试着一步一步，靠着自己的力量去应对以及解决。实际操作让我们更深刻地体悟到课本上的理论知识。

在每一节的小组中，我们都注重组员之间的分享。一开始，由于组员之间还没有特别熟识，存在生疏感，在分享之中不会讲太多。于是，我们调整了讨论的主题，使其更贴近平时生活，更容易探讨，并采用鼓励以及社工做示范的方式，随着小组的开展，我们欣喜地看到，组员在讨论中越来越大胆的讲出自己的想法，也乐于与他人分享。

从主题到每节内容的构思，再到具体的每一个步骤，都是通过我们参考文献以及共同讨论而得出的。我喜欢我们三名实习社工的讨论模式，在讨论中，我们每个人都有着独立的想法与观点，每次都是通过反复比较，讨论每个人想法的可行性与操作性之后，最后才得出我们认为较为妥善的方法。

虽然这个学期的小组做得有些辛苦，但是在我们自己动手的过程中，我们也学到了很多并成长了很多，而这些能力并不是仅仅体现在考试的成绩中，也会对以后有所帮助。

——张　烨

小组结束了，伴随着一丝不舍和解脱交加的感受。第一次做小组，确实觉得辛苦和没有头绪，从最开始确立小组的主题到策划每节小组的内容着实费了我们不少脑筋。但是，自从决定用组员们的“自画像”来贯穿整个小组，似乎整个过程就开始变得有逻辑起来了，从第二节开始画“自画像”，到第五节的时候就可以完成了一副完整的自画像了，这样，第六节时也可以让我们实习社工和组员们都很形象地回顾我们整个连贯的小组活动的内容。

六节活动让我留下最深感动的是第四节——“精神的我”（理想），这一节在计划的时候其实是让我们三个实习社工感觉到最头疼和内容最空的一节。但是在做这一节的时候气氛出奇的好，社工带领的方式也突然变得得心应手起来，组员们都很乐于分享自己的理想和实现理想的计划。组员们的理想有的很浪漫、有的很实际很贴近生活，让我们社工感受到了每个小组成员的真情流露——有想去欧洲看凡·高的画的、有想在一片竹林中开茶馆的、有想做个贤妻良母的……都是很有趣、很温馨的理想。每个组员阐述完自己的理想和计划之后，社工带领其余的每一位组员都对这个组员说一句鼓励的话，也增强了组员间的互相支持。活动结束后，我们还去放了孔明灯，许下了心愿，喊出了心声。看到组员们脸上快乐和自信的表情，我有种很幸福的感觉。

最后，我很想谢谢我们的组员，几乎每节都是到齐的，甚至不是本专业的同学也是很配合，每节都来，而且我们的组员都乐于分享并且很有思想，让我们还不成熟的实习社工获得了很多经验，也减少了很多预想的尴尬。感谢小组这门课程，虽然辛苦，但确实锻炼了我，让我成长。

——林恺骋

第一次自己组织小组活动，对我来说还是很激动的。还记得大一的时候，在学姐的带领下，我们一次次的相聚，一起游戏，一起成长一起预防不及格。当时对小组没有什么特定的映像，以为就是一起玩玩闹闹，谈谈心什么的。直到自己经历了这一次的魔镜小组，从开始的构思、计划到之后的组员招募和活动安排，再到最后的评估总结，我才发现小组不是那么简单的。

我们三位实习社工，在一开始的构思时期就经历了一波三折，主题的不断更改、修改一直到有了些具体的眉目，这就已经几乎要把我们的新鲜劲都耗光了。督导老师的建议和意见几乎好多次把我们刚刚出现的希望“扼杀”，但是我们还是坚持了下来，自己感觉还是很坚强的。相对来说开心的部分就是具体操办了，从第一次认识组员的害羞和紧张到最后总结会大家依依不舍和那种团体的感觉，是那么的奇妙。助人自助，我觉得小组真的让我成长了许多，自己从内向的一个人变得开朗起来，在活动中总是会调动大家的积极性，使大家在前几次的活动中不那么尴尬。组织应变能力也得到了提高，一次次联系组员们，协调时间，安排地点，我们三人可谓是“忙三忙四”，面对突发状况我们总能第一时间展开三人会议，当机立断把问题解决。还有就是学会了主动倾听，在小组的活动中，我们三位社工除了安排和引导，最主要的就是去倾听组员的谈话，无论是为了小组的需求还是其他什么原因，我们总是积极地去听，希望了解他们，体会他们的感觉，可能这就是社工的“潜质”的一种体现。不太看书的我这次也不得不多次查阅文献和书籍，一次次的找寻与我们主题有关的论文，这也算是一种再教育吧。总之，我认为我们的小组办得不错，自己也和组员一样共同成长共同了解了自我，喜欢那时候的忙碌和“纠结”，最后还是来一句结束语：魔镜小组，助人自助。

——赵胤兴

恋爱进行曲

——帮助大学生建立良好恋爱观

实习社工：陈婷　瞿玲　顾呈晨

时间：2009. 11.

【缘起】

在小组工作主题确定之前，我们翻查了一些文献资料。恋爱在大学渐渐成为一道特有风景。恋爱是我们成长的一个重要部分，健康的恋爱使大学生学会了关心和责任，学会了不以自我为中心，经过恋爱的人将更容易成熟，理智的爱情成为大学生生活的精彩的一笔，亦是宝贵的财富。在大学期间谈过一次恋爱的占41%；谈过二次以上的15.1%，总计为56.1%；大一谈恋爱的达30%多，大二、大三、大四谈的达50%多，研究生达70%多。

以上数据充分说明大学生恋爱比例相当高。我们实习社工也在校园里观察了一下，发现我们学校的校园里学生情侣比比皆是，学校的恋爱现象非常普遍。

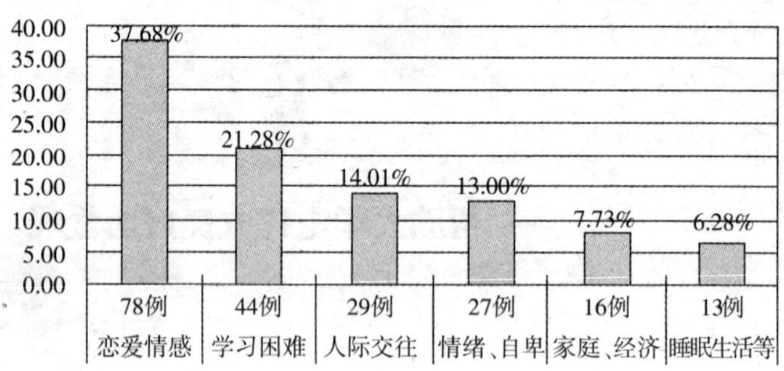

上表是大学生心理咨询的问题归类，从表中我们可以看到，恋爱情感问题是大学生心理咨询的首要问题。大学生的恋爱现象很普遍，但也会因此遇到许多恋爱问题，所以我们小组决定把主题定为恋爱。

根据文献资料显示，以“弥补内心空虚，寻找精神寄托”作为恋爱动机的约为50%，居于首位；其次是“出于真心、准备将来结婚”，所占比例约为35%；其他恋爱动机所占比例很小。分年级看，大一选择“弥补内心空虚，寻找精神寄托”的比例近90%，二、三和四年级的这一比例分别为70%、43%和27%，表明随着年龄的增大，学生的恋爱动机趋于成熟。由此可见，相较于高年级，大一的恋爱动机不太成熟，所以我们决定把小组人员定为刚入学的大一新生。

上海某高校的心理学研究机构曾对该校和外校的部分大学生分年级作了抽样调查，结果显示，越来越多大学生都有恋爱经历，遇到情感挫折的大学生，80%以上认为自己能表现为“理性思考”，但认为“会沮丧哀怨，不能自拔”的也有近10%。此外，遇到挫折后的大学生绝大部分表示将选择“放在心里，自己解决”或“找朋友诉说”，想到寻求父母家庭、学校老师和心理咨询帮助的非常少。如果不能及时排除或转移由于失恋造成的一系列消极心理，如羞辱、愤恨、悲伤、失落、孤独、虚无、绝望等，那么容易导致大学生出现自杀、报复和抑郁等行为，这将给学校和社会带来巨大危害。

【理论框架】

马斯洛是美国著名哲学家，人本主义心理学的主要创始人，被誉为“人本主义心理学之父”。1943年7月，他在《心理学评论》上发表了著名的论文《人类动机理论》，并立刻引起了强烈的反响。马斯洛认为：动机是驱使人从事各种活动的内部原因，有外部动机和内部动机。外部动机指的是个体在外界的要求或压力的作用下产生的动机，内部动机指由个体的内在需要所引起的动机。他的动机研究主要集中在内部动机即由基本需要引起的动机上。在《人类动机理论》中，马斯洛首次提出了具有金字塔形结构的人类需求层次理论：生理需求、安全需求、归属和爱的需求、尊重需求、自我实现的需求。他认为：人是一种不断有需求的动物，除短暂的时间外，极少达到完全满足的状况，一个欲望满足后往往又会迅速地被另一个欲望所占领。人几乎总是在希望着什么，这是贯穿人整个一生的特点；这五种需求是由低到高逐级上升的，低层次需求得到满足后，就会上升到较高层次的需求；人的需求不是单一的，而是有多种需求；人与人之间的需求也存在差异性。马斯洛的需求层次理论虽然存在一定的局限性，但仍具有重要的理论价值，而且在很多领域如教育、医疗、企业管理等方面的重要的实用功能也是显而易见的。

【生理需求】

即生存需求，表现在吃、喝、衣、住、行等方面，如食物、饮料、住所、性交、睡眠和氧气等。这是人类维持自身生存的最基本、最强烈、最明显的需求。若这一需求得不到满足，人就会无视或掩盖其他需求。

大学生正处于青春发育期，生理已趋于成熟，对异性有好感以及亲近的要求。生理上的成熟，特别是性器官的成熟和第二性征的发育，必然导致性意识的萌发和觉醒，导致对异性的向往、追求和爱慕。这是人类的自然属性，也是爱情萌生的原始契机，是大学生恋爱的内驱动力。20 世纪 90 年代的几次大学生性文明调查数据都显示，“身心成熟的需要”是大学生恋爱的首要原因，最新的大学生性文明调查数据也显示：50.6% 的男生和 54% 的女生认为“大学生谈恋爱是特定年龄特定环境的产物”。因此，大学生对爱情的向往和追求是正常的，校园“恋爱率”的上升也是在所难免的。同时，由于一部分大学生性知识贫乏，或是受西方性解放、性自由等的影响，或是责任感、道德和法律意识比较淡漠，把性看作是一种私人化的体验，是个人的事，认为只要不妨碍和伤害他人，都应该是正当的，而忽视了性行为的社会性以及由此而带来的道德问题、法律责任问题等。有的女生因此而怀孕、流产，甚至患上性病。

因此，我们设了一节关于自重与责任的活动，讨论了关于大学生对于性的一些问题和做法。每个人对于性的接受程度都是不同的，所以，我们只是帮助组员了解一些关于性，关于婚前性行为之后应该承受面对的问题和责任。这应该是每个大学生都需要了解的。

【归属和爱的需求】

即社交需求，表现为对友爱和归属感的需求。马斯洛认为，“有这种需求的人会开始追求与他人建立友情，即在自己的团体里求得一席之地。他会为达到这个目标不遗余力。他会把这个看得高于一切，他甚至会忘了当初他饥肠辘辘时曾把爱当作不切实际或不重要的东西而嗤之以鼻”。

大学生受到各种言情小说和影视以及童话故事、家庭环境的影响，对恋爱的甜蜜、未来婚姻和家庭充满憧憬，希望通过浪漫的大学恋爱为未来生活奠定基础；同时还有一些大学生虽然已到了谈恋爱的年龄，也渴望获得理想的爱情，但心理年龄尚未成熟，心理上还未做好充分的准备，还不知“相爱容易，相处难”，真正的爱情要能经受得住时间、空间、挫折的考验。他们把谈恋爱看成是一个一帆风顺、没有矛盾和冲突的、美好的理想过程，但现实是由于双方性格、兴趣、观念以及地域和家庭背景等的差异，在谈情说爱的过程中矛盾频发、冲突不断，因此，一些大学生一气之下就感情用事与恋人绝交，当然事后有挽回感情的，也有后悔莫及的，甚而有从此“退避三舍”，抱定终身不谈恋爱的；有的学生情感脆弱，一旦恋爱遇挫，就表现出垂头丧气、萎靡不振，缺乏持之以恒的韧劲，或是在恋爱失败后非常痛苦，对自己失去信心，没有勇气正视现实，导致自卑、孤僻、远离集体、精神抑郁和心理障碍，个别的甚至导致极端行为，走上轻生或是自残、伤害恋人之路，这于己、于家、于人、于校都是有害的。

大学生恋爱与其归属和爱的需求紧密相连。我们由此需要延伸出了关于大学生失恋问题的内容。一部分学生在失恋以后采取了消极方式去面对生活，我们希望通过我们的小组，帮助组员学习或者预防这类因为失恋而产生的消极情绪，因此，我们将此节的内容定位“失恋不失德”。

【尊重需求】

指个人的能力和成就能够得到社会的认可，表现为自尊、自重和来自他人的敬重。自尊包括对获得信心、能力、本领、成就、独立和自由等的愿望，来自他人的敬重包括威望、承认、接受、关心、地位、名誉和赏识。尊重需要的满足将产生自信、有价值、有能力等感受。

一些大学生为了向他人证明自己的魅力和能力，积极主动去追求自己心仪的异性，获得成就感和满足感。看到本班或是本宿舍同学特别是在各方面都不如自己的同学有了恋人或是正被异性追求时，自己的心理就发生了微妙的变化，虚荣、自尊、攀比就占了上风，因此，这些本不打算谈恋爱的大学生包括大一学生就效仿别人谈起了恋爱，或是有自己喜欢的异性追求时就欣然接受，或是有差不多的异性献殷勤时就不假思索地满口答应，或是遇到自己心仪的异性时就主动出击，甚至去“横刀夺爱”……从而表现出较强的攀比、从众心理。由以上看出，炫耀、攀比、从众的恋爱动机和行为离不开其尊重需求。

因此，根据这项尊重需求，我们开展了 2 节小组，分别关于“劈腿”和“拒绝与被拒绝”，来探讨尊重与爱情的相关性。

『小组计划』

【需求评估】

在小组正式开始之前，我们和 4 位大一女同学做了面谈。告诉了她们小组的大致内容、小组目的和活动的形式，她们也给我们提了一些意见和问题，大致可以概括为以下几类：（1）纯理论的东西太多；（2）小组的内容可以多样化；（3）希望参加完小组后就能找到男朋友。

在听了他们的意见之后，经过我们的讨论，对小组进行了一些修改。首先，在引入理论知识的时候，我们会把理论和事例结合在一起，而不是只讲一些枯燥的纯理论；其次，我们丰富了小组的内容，增加了一些情景剧的表演和小型的辩论赛，同时也改变了一些游戏，把游戏和主题结合起来；对于最后一个问题，我们觉得组员可能会有一个误区——参加了这个小组就能成为恋爱达人了，所以我们决定在见面会的时候，就要和组员说清楚，参加小组不一定就会有一个惊人的效果，我们注重过程，在于大家的分享和讨论，从中学习到一些对自己有帮助的恋爱知识。

【计划书】

第一次　小组活动　我是谁

活动时间	目的	内容	所需物资
5M	让组员更了解小组的主要内容	介绍小组主要内容	
5M	让组员之间有初步认识	组员自我介绍（包括姓名或称呼以及对小组的期望）	9支笔 9张纸
15M	增加组员间的了解	小游戏“串名字”：小组成员围成一圈，任意提名一位学员自我介绍单位、姓名，第二名学员轮流介绍，但是要说：我是＊＊＊后面的＊＊＊，第三名学员说：我是＊＊＊后面的＊＊＊的后面的＊＊＊，依次下去……，最后介绍的一名学员要将前面所有学员的名字、单位复述一遍	
10M	制订小组公约	与组员一起订立小组规范。说明小组内应有的秩序	

（续表）

活动时间	目的	内容	所需物资
5M	深化组员之间的认识	小游戏“说得快”：小组成员分成两组，面对面站立，两个小组每一轮各派一个队员，其余的人则全部蹲下，两队站立的人要互相说出各自的名字，看谁说得快	
5M	让组员表达对聚会的看法和意见，以及他们的感受	邀请组员简单地说出对这次聚会的感受和意见	
20M	量表	让组员填写各种量表，说出最困惑的问题	

第二次　小组活动　三角恋或者多角恋

活动时间	目的	内容	所需物资
3M	活跃气氛	小游戏“大风吹”：有一个人说出某种特点，有此特点人都站起来互相交换位子。最后一个坐下的人要受到惩罚	椅子
5M	引入“三角恋”的主题	播放陶喆音乐MV《爱我还是他》：故事讲述的是一个男人周旋于2个女人之间，最后导致3方都受到伤害	多媒体
10M	与别人讨论所闻所想	组员之间自愿讲述关于三角恋或多角恋的经历或者所闻的故事	笔 纸
10M	让成员体会到不同角色的感受	游戏“瞎子走路”。在房中乱放八张椅子，而每张椅子均为一个转折点，让同伴带领蒙眼的另一人，分别通过八张椅子。最后返回起点	椅子 眼罩
10M	分享讨论应对方式	组员一起讨论如果自己面临这种状况，自己会选择的应对方式 试图站在劈腿者的立场上想象一下他的心态	笔 纸

（续表）

活动时间	目的	内容	所需物资
15M	社工总结并根据理论介绍一些建议	1. 尽快摆脱震惊 2. 给彼此一个思考的空间 3. 坦诚相对 4. 求助于专业人士 5. 报复心理不可取 6. 重建信任感 7. 向前看	
10M	让组员表达对聚会的看法和意见，以及他们的感受	对本次小组活动的感受和体会，填写关于团体满意度的量表	

第三次　小组活动　拒绝与被拒绝

活动时间	目的	内容	所需物资
3M	活跃气氛	“抓毛毛”：所有人围成一个圈。左手摊开，右手食指向下，点在右边同学摊开的手心上。由一个人说一则故事，当故事中出现读音与“四”相似的字时，每个人一边要努力抓住左边同学的手指。被抓住的人要受到惩罚	
5M	引入这节活动的主题，关于拒绝	由社工来扮演角色，进行情景剧演示 人物：A（男），B（女） A：自从上次大家一起聚会吃饭后，我就开始慢慢注意你了。我觉得你人很好 B：我也觉得你很幽默啊 A：真的吗？那你喜不喜欢我？我对你很有感觉 B：额。这个怎么可能。我对你完全没有感觉。只是当你是自己的朋友 A：我们可以在一起试试的。我会对你很好的 B：你难道不知道我有男朋友吗？你不要在想乱七八糟的事情了。他比你优秀的多。我不可能抛弃他跟你在一起的	

（续表）

活动时间	目的	内容	所需物资
10M	分享	讲述自己或他人拒绝别人或者被别人拒绝的经历	笔 纸
10M	换位思考对方的心态	游戏："恋爱小剧场"。随机抽取两个人出来并扮演表白的人和拒绝的人，表演情景剧	
10M	讨论	讨论如何更恰当的拒绝别人，不会造成心理伤害。以及被人拒绝了应该如何摆正心态	
15M	社工总结并根据理论介绍一些建议	拒绝的方式 1. 态度要坚决 2. 尽力维护对方的自尊 3. 选择恰当的方式 4. 选择合适的时机 被拒绝怎么办 1. 不要因被拒而灰心丧气不要沉湎于自怜 2. 不要沉湎于自怜 3. 重整旗鼓、再次汇聚能量 4. 多花点精力在其他方面	
10M	表达看法和意见，感受	让组员表达对本次小组活动的感受和体会，填写关于团体满意度的量表	

第四次　小组活动　负责与自重

活动时间	目的	内容	所需物资
3M	活跃气氛	小游戏"萝卜蹲"：每个组员用一样蔬菜来命名，第一位同学开始说"萝卜蹲，萝卜蹲，萝卜蹲完，蘑菇蹲"，接着代号为蘑菇的同学以相同的句式连接，以此类推。来不及反应的同学要受到惩罚	纸 笔
8M	引入本节活动的主题"负责与自重"	让组员观看MV《不知不觉》。其中的内容讲述了2名未成年人，虽然父母双方都反对，但是依然坚持在一起，甚至私奔，秘密同居，导致意外怀孕。后被父母找到，男方因此被警方逮捕	多媒体

（续表）

活动时间	目的	内容	所需物资
15M	组员阐述自己的想法	分2组进行一场辩论赛，关于是否赞同婚前性行为。正方“赞同婚前性行为”。反方“反对婚前性行为”	
10M	组员讨论发生婚前性行为后可能会遇到的一些问题，后果	讨论发生婚前性行为后可能会遇到的一些问题，后果 1. 剧烈的心理冲突（事后容易处于惶恐、不安、自责悔恨的心理状态中） 2. 感情变味（零距离容易因为小事而起摩擦，频繁的冲突，会使彼此不珍惜感情） 3. 女生有可能造成巨大的身心伤害（意外怀孕） 4. 带来性疾病的传播（女大学生一定要慎重对待婚前性行为）	
10M	社工给予关于意外怀孕的参考建议	对于意外怀孕的应对方式 1. 自己先做好充足的思想准备，调整好心理状态 2. 男女双方沟通清楚 3. 告知双方父母，全面考虑各方面因素，讨论孩子是否留下的问题 4. 如果选择流产，去正规的医院，选择对于女性身体尽量减少伤害的方式进行流产；如果选择生下孩子，就要做好当父母的准备	
10M	表达看法和意见，感受	让组员表达对本次小组活动的感受和体会，填写关于团体满意度的量表	

第五次　小组活动　失恋不失德

活动时间	目的	内容	所需物资
5M	活跃气氛，增加欢乐	组长说：“如果你心中有气，顶在胸口会好辛苦，我们为别人赶走这气好吗？” 1. 每人一个不同颜色的气球 2. 每人抛高自己的气球，并尽力让气球停留在空中，同时尝试打下别人的气球 3. 气球跌在地上的人即被淘汰 4. 气球保持在空中最久的人便算赢 5. 组长总结：“好啦！大家都出了气！”	气球

（续表）

活动时间	目的	内容	所需物资
5M	引入本次活动的主题	观看王啸坤《双湾城》MV：故事讲述的是一对恋人原本很相爱，可是中途一人选择离开，另一方最后割腕自杀	多媒体
5M	分享经历	让组员讲述1个或2个关于此次主题的故事或新闻	
15M	分组进行情景剧表演，总结失恋心理	组员一起来进行情景剧的表演，共分为3组。从中总结出失恋可能产生的心理问题 案例一：自卑心理： A女被之前的男友甩了以后就一直觉得自己各方面都不如别的女生，甚至变的不敢与异性面对面接触。可是后来出现B男来追求她，A女却依然觉得自己很失败，配不上B男，只能一味的逃避与其交流 案例二：报复心理： B男把原先的女朋友A女甩了，可是她不甘心，采取一系列报复行为 案例三：渺茫心理： A女被其深爱的男朋友甩了以后，一蹶不振，对什么事情都提不起劲。她的室友B怎么努力劝说都无济于事	
5M	放松心情	小游戏“同心协力”：抽签分2组人进行对抗。2个或多个人背对背坐在地上，相邻的2个人互挽手臂，尝试站起来。比比哪一组的速度更快。输的一组接受惩罚	
10M	讨论	让组员自由发表对于治疗失恋的一些好方法	
10M	社工给予关于如何平复失恋痛苦的参考建议	由社工从网上、书上等各方面搜集来的信息，帮助组员真正认识失恋挫折。传达给组员一些可以平复失恋伤痛的方法 1. 刺激疗法—— 降低敏感度 2. 罪状加强法—— 想对方的坏处 3. 比较疗法——比比谁惨 4. 分散注意力法——积极参与其他娱乐活动	

（续表）

活动时间	目的	内容	所需物资
5M	感受组员对小组的满意程度	组员说："天气报告都能大致准确地报告当天气温，今天请大家用你的 Feel 测量现阶段小组的温度。" 请每位组员给小组一个度数。可以是零下或沸点的。并分享原因	
5M	填量表	填写关于团体满意度的量表	

第六次 小组活动 告别

活动时间	目的	内容	所需物资
5M	活跃气氛	小游戏"DNA 解体"：所有组员围成一个圈，大家闭上眼睛伸出双手随便抓住别人的两只手，由大家齐心协力，最后恢复到原来的形状	
10M	让组员重温小组内容	一起回顾前 5 次的小组内容：主要回顾小组活动的四节核心内容，对于几个恋爱时会碰到的问题的认识与其解决的办法（三角恋或多角恋 拒绝与被拒绝 负责与自重 失恋不失德）	
15M	让实习社工了解组员对小组的感受	1. 请组员分享参与小组的感受，以及参与小组前后自己的变化。以及对小组之后成长的意见与建议 2. 每个组员谈谈自己以后的规划与目标，可以写在纸上与大家一起分享	纸 笔若干
15M	评估小组成效	填写量表和满意度调查表	
10M	留念	组员之间互相留联系方式，一起拍照留念 让组员在卡片上写上最想对小组内某一人说的一句话，可以匿名。由社工交给对方	照相机 卡片
15M	实习社工与组员同欢	大食会：社工在小组之前准备好各种零食、饮料	纸杯 零食

【招募】

1. 招募计划

（1）成员的来源：来自上海师范大学奉贤校区大一新生。

（2）宣传、招募方法：由班级统一制作海报张贴并发放。

（3）招募的时间：10 月 18 号—10 月 25 号。

2. 招募所遇到的问题

（1）人数不够。

（2）积极性不够，不愿配合参加。

（3）对小组工作毫无概念。

3. 解决办法

（1）通过积极的宣传，亲自落实到每一个人，向他们询问参加意向。

（2）向大家详细描述小组工作的概念，增强大家对小组工作的认识，使他们知道参加这样一个小组是能帮他们解决问题的，是有意义的。

【过程】

1. 突发问题和应对方式

第一节

1）问题：活动一开始有 2 名组员陆续出去打电话，导致小组几次停顿。

应对：我们把小组制定规范一环节提前进行，让他们知道该遵守的守则，其中包括小组过程中，尽量不要出去打电话的一条。

2）问题：临时有一名组员请假无法来参加小组。

应对：在得到她下次一定会来参加的保证之下，我们决定让她继续当我们的组员。

第二节

1）问题：因为我们这节小组的主题关于“劈腿”，女生对于这类事件，话显得比较多，有 2 名组员开始讲他们的经历以后，就有些收不住尾，所以分享经验这一环节比预计的用了更多的时间。

应对：本次小组我们勉强用“故事就讲到这里，下面……”等语句来暂停组员的长篇大论。在以后的活动中，我们会试图找出更加完善的方式，来解决这一情况。

2）问题：小组过程中的游戏，因为缺少道具的缘故，使得游戏无法正常进行。

应对：临时更改了游戏内容，小组能够顺利地进行下去。

第三节

1）问题：离开寝室太过匆忙，把重要的满意度量表忘在寝室，没有带过去。

应对：我们把10道问题抄写在黑板上，让他们把评分记录在纸片上。下次小组活动时我们会提前将小组所需材料放在包里，而不是离开前匆匆忙忙收拾要带哪些东西。

第四节

1）问题：有2名组员无故不来参加小组。

应对：我们在小组结束后，发短信询问了原因。

2）问题：准备的内容不够充分，小组实质内容很少。把计划书上的环节做完以后发现小组进行时间太短。

应对：因为这节小组的主题关于“自重”，我们临时想到了“‘90后’的各种门事件”，由此展开一系列讨论。

第五节

1）问题：教室地板太滑，游戏无法做成功。

应对：我们对组员表示抱歉。但是，在这过程中，大家还是很快乐的。

第六节

1）问题：在最后一环节点蜡烛时，忘记备用打火机。

应对：组员出去向陌生男子借用，并快速归还。

【过程评估】

小组满意度评分

题目	平均分					
	一	二	三	四	五	六
1. 我能在这次小组中向别人表达我的看法	7.3	7.2	8.3	7.6	7.8	8.3

（续表）

题目	平均分					
	一	二	三	四	五	六
2. 我喜欢这次小组活动	6.7	8	8	6.7	8	9.3
3. 我觉得在这次小组活动中学会了如何关怀别人	6.5	7.6	7	7	7.5	8.3
4. 我对自己越来越了解	7.8	7.4	8.4	6.7	7.8	8
5. 参加小组使我对自己越来越有信心	8	8.2	8.4	6.7	7.8	8.8
6. 在这次小组中我乐于和其他人分享我的经验	8.2	8.4	7.3	7.8	8.1	9
7. 我觉得这次的小组经验很有意义	7.2	8.2	7.5	7	8	9.5
8. 我觉得这次聚会大家互相信任而且坦诚	7	8.4	8.3	7.5	8	9.5
9. 我喜欢工作者的带领方式	8.5	8.6	8.3	7.9	8.5	9.8
10. 我认为下一次可以改进的是						

第一节

最低的平均分有第2，3，8题。可见我们小组的吸引力还不够，在大家交流方面也显得不够热烈。

最高分是第9题。可见他们对于我们小组的带领方式还是比较认同的。

第二节

最低的是第1题。关于表达看法这方面，有2名组员表现得很积极，而有2名组员在一边几乎不主动讲什么话，我想这是分数低的原因之一。在以后的活动里，我们会努力引导所有的组员都有表达的机会。

最高分依然是第9题。在带领风格这方面，我们会再接再厉。

第三节

最低分是第6题。我们认为还是和有几名组员不太诉说自己所闻的故事有关。我们在下节小组开始给他们布置作业，让他们想好关于小组主题的一些事例，让他们有机会可以发表一下。

最高分是第4，5题。在这节小组中，我们一起分析自己对于感情的看法，也许这让组员更加清楚地认识了自我，可以有更好的准备面对以后有可能发生的感情问题。

第四节

从总体上看，第四节的整体分数都比以往要低，可见，第四节我们所做的有很多不足。首先，有2名组员在没有事先说明的情况下，不来参加小组，导致我们原先准备好的环节无法正常进行。其次，组员对于这节小组的主题没有很大的兴趣，不能引起他们热烈的讨论，气氛与前几次有很大的差异。我们社工准备的内容过少，导致小组的实质内容太空，时常停顿下来。吸取这次教训，以后我们做好充足的准备。

第五节

第五节的成绩都比较接近。

分数较低的是第3题。也许是因为我们小组过程中没有特别强调对于其他人的照顾，与主题的关系不是很紧密，因此这一项组员之间没有太多的关注。

分数较高的是第6和第9题。说明随着气氛的调动，小组成员慢慢习惯于说出自己心里的想法，愿意与其他人一起分享，这是一个很好的进步。

第六节

这节小组活动的整体平均分都较高。原因有很多方面。最后一节的小组内容都比较轻松，所以组员之间的气氛比起以前来显得更活跃。在离别前夕，他们都有更多的话题要说，大家畅所欲言。

以下图表是组员个人满意度的得分：

洋洋

题目/节	1	2	3	4	5	6	7	8	9	平均
1	无									
2	9	7	8	9	9	9	10	9	10	8.9
3	9	8	9	8	9	9	9	9	10	8.9
4	无									
5	9	9	8	8	8	9	9	9	9	8.7
6	9	10	9	9	9	10	10	10	10	9.5

小黑

题目/节	1	2	3	4	5	6	7	8	9	平均
1	6	7	5	6	6	7	7	7	7	6.4

（续表）

题目/节	1	2	3	4	5	6	7	8	9	平均
2	无									
3	无									
4	5	6	6	6	6	6	7	6	6	4.6
5	8	8	7	9	9	8	7	9	8	9
6	8	9	9	9	9	9	9	9	9	9

Q

题目/节	1	2	3	4	5	6	7	8	9	平均
1	9	5	6	7	8	7	6	5	6	6.6
2	无									
3	7	6	5	4	6	7	8	8	7	6.4
4	8	8	8	8	7	8	8	9	8	7.1
5	7	8	8	6	9	9	7	6	6	7.3
6	9	10	8	7	9	10	10	9	10	9.1

宇菲

题目/节	1	2	3	4	5	6	7	8	9	平均
1	6	5	5	5	5	7	7	7	8	6.1
2	无									
3	无									
4	10	6	7	8	6	7	7	8	8	7.4
5	7	7	7	6	6	7	8	8	8	7.1
6	7	8	7	7	8	7	9	10	10	8.1

张夏

题目/节	1	2	3	4	5	6	7	8	9	平均
1	8	8	8	10	10	10	8	8	10	8.9
2	无									
3	10	9	8	5	6	7	6	8	9	7.6

（续表）

题目/节	1	2	3	4	5	6	7	8	9	平均
4	7	7	8	7	7	7	7	6	7	7
5	8	8	8	9	8	8	8	9	9	8.3
6	9	7	8	8	8	9	9	8	9	8.3

二

题目/节	1	2	3	4	5	6	7	8	9	平均
1	8	8	9	9	10	9	9	8	10	8.9
2	无									
3	7	8	6	7	8	7	8	8	8	7.4
4	无									
5	8	8	7	6	7	7	9	7	8	7.4
6	9	9	7	8	8	9	8	8	8	8.2

注：“无”表示组员在填写时忘记写名字，所以作废处理

根据表格，我们个别分析了几位组员。

洋洋：从开始到最后，她给的分数都普遍较高，这可能跟她与我们实习社工中一个人的个人关系有关。对于这种组员和社工之间的双重关系，我们没有很好地处理。在以后的工作中会警惕双重关系的发生。还有，在最后的结束语中她说“我们的小组很亲切，可以让更多的人融入进来”这是对我们的一种肯定。

Q：Q 的平均分基本是一路上升的。可以看出她对于我们小组的评价越来越高，从一开始的陌生，到后来慢慢认识并接受我们小组。Q 在我们小组的表现是大家都认可的。从一开始她就是发言最积极的，这和她个人有过多恋爱的经历有关，因此在与他人分享经历的时候，Q 通常都是最活跃的组员，这对于带动小组的气氛很有帮助。她最后对我们说的是“在小组中我说了很多以前没有说过的话，因为整个气氛让我可以诉说自己的故事，我很开心”。这就是我们小组想要达到的目的之一，让组员可以诉说自己闷在心里无法说出的，并且大家一起去帮助她。

到最后一节小组，分数同时到达了最高，可见我们大家最后都接受并且喜欢这个小组。

【成效评估】

组员	目标	事后评估
小黑	1. 个人性格，行为态度，对恋爱中的沟通造成障碍该如何调解平衡	+2
	2. 知晓不同人对于爱情的态度和想法	+2
	3. 在分享过程中完善自己的恋爱观	+1
宇菲	1. 希望能够解决恋爱中出现的各种问题	+1
	2. 希望建立正确的恋爱观	+1
	3. 希望可以与小组成员相处愉快	+2
Q	1. 恋爱可以和婚姻分开，不希望二者联系	0
	2. 希望可以明白我的感情	+1
	3. 这个“光棍节”之后能顺利恋爱	0
洋洋	1. 有正确的恋爱观	+1
	2. 如何处理恋爱后的伤害	+2
张夏	1. 在以后的恋爱方面有一定的心理基础	+1
	2. 培养以后恋爱中受挫的承受能力	+2
二	1. 男女之间是否有纯友情	+1
	2. 男女分手后能否做真心朋友	+1
	3. 怎样提出分手才能更顾及对方感受	+2

注：+2 比预期中好得多 +1 较预期中好 0 预期之内 −1 较预期中差 −2 比预期中差得多

组员的问题大致可以归结为以下几点：（1）希望建立良好的恋爱观；（2）如何处理好失恋后的情绪问题；（3）希望能够处理恋爱中出现的各种问题；（4）男女之间有没有纯友情，分手后能不能做真心朋友。在以上四点问题中，前三个问题在我们小组的内容中都有涉及，我们可以看到这三个问题的效果都要比预期中好很多，而第四个问题我们就在第六节小组中提出，让组员自由的讨论和分享，也达到了比预期中好的效果。

感受自评量表

组员	前测分	后测分	总分（后测—前侧）
小黑	8	5	–3
宇菲	15	10	–5
Q	15	12	–3
洋洋	15	14	–1
张夏	31	16	–15
二	18	20	+2

由上表显示，各组员的总分总体呈现下降趋势，除了二之外，所有组员的后测分均小于前测分。显示组员的抑郁情绪有所缓解，小组有正向效果。

张夏同学的前测分比后测分多了15分，是小组中的特例，为此我们私下里访谈了他。我们了解到，在他填前测的时候，正处于失恋的低潮期，他的情绪十分的低落与沮丧，因此他的抑郁情绪比较严重。经过我们的交流以及小组的分享，在后测时的分数就有明显的提高。

二同学的后测分较前测分高。我们也与她进行了私下的交流。我们发现她从来没有交过男朋友，很希望找到男朋友，而小组在讨论与分享时，她有点难过，因为除了她之外大家都有过谈恋爱的经历。

【参考文献】

1. 霍廷菊．沿海地区大学生恋爱群体特点的调查分析．
2. 潘听，赵凯，吴薇薇，管颖智，韩云．大学生恋爱情况调查．
3. 张海音．大学生失恋心理透析及疏导策略．教育与职业，36.
4. 陈克娥．当代大学生恋爱道德问题．
5. 舒湘珍．大学生恋爱观的调查分析．
6. 戴正清，孔瑞婷．大学生恋爱心理归因分析．
7. 孙晨宇，刘从云，朱华庆．大学生恋爱现状及其心理因素．
8. 范小西，马斯洛的需求层次理论与大学生的恋爱动机和行为．
9. 舒湘珍．恋爱观的调查分析建议．陕海教育，2009.
10. 王颖．大学生恋爱观现状分析及对策．思想政治教育研究，2007（3）．
11. 孙晨宇，刘从云，朱华庆．大学生恋爱现状及其心理因素．中国校医，2009（3）

12. 苏明祥．大学生应如何对待失恋．

13. 白光斌，李建英．当代大学生恋爱的心理分析及调适措施的研究．教育与职业，5.

14. 张秋陵，肖光宏．当代大学生恋爱调查与分析．重庆交通大学学报（社科版），2.

15. 扣祥云．当代大学生恋爱现状的调查．

16. 王东莉．恋爱大学生人格发展的契机．

17. 王艳．偶像障碍——多次恋爱失败的原因．

【感想】

两个月的小组工作终于结束了，每个礼拜一次的见面似乎成了习惯，结束的时候，无论是组员还是我们实习社工，都有些不舍。

以前在大一自己当组员的时候，学姐就告诉我们，小组工作非常痛苦，你们要好好学着，以后自己也要做的。当时听他们说的时候，有些不以为意，总觉得小组工作应该不是很难组织，但当自己亲自组织工作的时候，发现一切都不是我们想象的那么简单，选题、招募、实施，都比想象中的困难许多。

在小组进行的过程中，让我感受到了沟通能力、领导能力、协调组织能力的重要性，以及我在这方面能力的缺失。其次，我们在工作的时候，会任务分工不明确，会把任务交给两个人一起做，虽然 1+1>2，但是，有时候会你推给我、我推给你，使得工作效率降低，如果分工明确的话，我们会在小组策划等方面做得更好。最后，在带领组员的过程中，不能给组员觉得过于严肃，高高在上的感觉，虽然在小组过程中是个领导者，但是要有平易近人，亲切的感觉。

——顾呈晨

一转眼，六节的小组活动已经结束了，现在想想，以前三个人讨论小组计划的情形还是十分清晰。第一次的经历毕竟是难忘的。这次的小组，主要都是我来主讲。难免会有些紧张，回头看着小组的录像，觉得自己还是业余了一点。只有实际操作过了，才知道自己究竟有哪些不足之处。比如准备的内容不充分，活动过程中的突然冷场，组员离题时不知道如何拉回，等等情况都有碰到，我们从这些突发情况中慢慢找到解决方法。

虽然一开始的招募不是很顺利，但是在这过程中，我们实习社工和组员之间慢慢形成的融洽的气氛，很值得我们欣慰，这对于我们来说无疑是一次很宝贵的体验，我相信如果以后再有这样的机会，我们会做得更好。正如一名组员说的，“我希望整个小组可以像一个家一样温暖团结。”虽然小组结束了，但是我们依然通过QQ，手机等形式进行联系，大家有空的话，还会出去吃饭。因为这次特别的经历，我们有了特别的感情，因为我们在一起成长。

——陈　婷

处世之道
——学生工作人际篇

上海师范大学社会工作专业
钱佳　汪晓颖　吴洁

2008.11-2008.12

『缘起』

良好的人际关系有助于人的身心健康和全面发展，每一个大学生都需要维持一种稳定的、良好的人际关系。学生干部既是学生中的领导者，比普通同学负担更多，同时，他们又是学生中的普通一员，其身份、地位同所有的同学都一样，作为学生中特殊而又普通的群体，他们的工作能否得心应手，能否塑造良好的自身形象，很大程度上取决于其人际关系的好坏。因而我们选择了学生干部的人际关系作为小组主题。

经与几个学生干部的访谈，我们发现学生干部存在着人际方面的困扰。我们也发现工作中学生干部所扮演的角色主要有执行者、合作者，以及组织者，而在扮演这三种角色时，最困扰的便是扮演不同角色时的人际关系问题。例如，当作为执行者时，与之交往的便是权威方，即老师与学生上司；而作为合作者时，他们的对象则是工作上的搭档、合作伙伴；最后，作为组织者的他们，面对着的是更多的普通同学（如下图）。

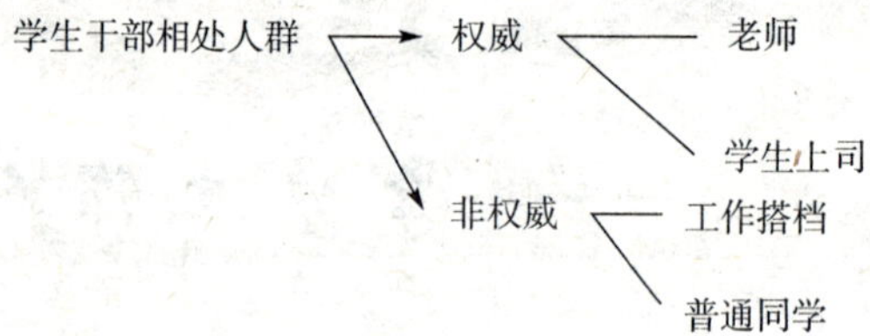

根据学生干部们在面对不同人群所遇到的问题，分出以下主题：（1）与老师相处（沟通篇）；（2）与学生上司相处（公私篇）；（3）与工作搭档相处（合作篇）；（4）与普通同学相处（引导篇）。

『理论框架』

【沟通篇（与老师相处）】

大学老师分为两类，一类是任课老师，负责教学、科研，以及专业实习。第二类则负责日常行政，其中又可分为普通辅导员与行政老师。辅导员制度是现在大学普遍采取的一种学生管理制度，辅导员老师主要关注学生日常生活、道德品行等事务，可以说是学生生活中直接接触最多的老师。而行政老师，顾名思义指的就是从事行政部门工作的教工，如团委、教务处等。

与老师相处，重要的是我们要分清老师的类别，了解他们的工作内容。如何与校园中形形色色的老师相处，并在需要时获得帮助，很大程度上取决于老师的工作内容。只有找对老师，并按照老师工作的规章制度走，在面对一个并不熟悉的老师时，我们才有可能获得帮助。

然而，仅是遵守老师的工作规章，并不能够确保学生能够获得老师的帮助，在面对某些严厉的老师，我们又应当如何与之沟通？在此，我们选择角色扮演的方法表达感受，宣泄情绪，达成领悟，赋予事件新的意义，以解决问题。这种方式不仅能够使参演的组员体会情境，更能让旁观的组员以第三者的角度观察，并通过分享环节，增进对情境的了解，获得收益。

【公私篇（学生上司）】

学生上司，既是学生中的一员，也是某一学生组织的负责人，在某方面，亦是属于权威方中的一员。与老师不同的是，由于他们的身份本身也是学生，常常能够与学生下属打成一片。然而，与之过于亲近真的好吗？若是过于亲近，在平时的生活中，学生上司们有时会要求学生干事帮忙私事，然而学生干事们本身并不愿意，但有碍于其上司的身份，陷入两难。那么如果公私分明又会如何？学生上司的身份并不是老师，他们也是学生中的一员，他们并非难以接触的一类，公私分明于己于他都不十分有利。那究竟怎样做才能够使得两者之间保持一个最为恰当的距离，这是我们本节的主题。

【合作篇（共事同事）】

团队合作指的是一群有能力，有信念的人在特定的团队中，为了一个共同的目标相互支持、合作、奋斗的过程。学生组织是一个团队，大家需要为一个项目、一个目标付诸努力，而在这个过程中，团队合作即成为不可忽视的主题。

在本节中，我们将小组成员分成两组，运用团队合作的理论进行活动、完成任务，使组员在参与活动关注他人的同时，也获知其他组员对自己的看法和评价，从而获得更全面的自我认识，并以此为基础重新调整自己与他人相处的方法和态度，从而更为有效地处世、待人。

【引导篇（普通同学）】

如何能够使普通同学在学生干部们组织活动时积极参与？这与组织者的管理能力密切相关。组织者需要具备三种基本技能，即技术技能、人际技能和概念技能。

技术技能，是指熟悉和精通某种特定专业领域的知识。对于组织者而言，这些技能是重要的，因为对于活动所需知识的了解直接关系到工作能否顺利进行。

人际技能，亦十分关键，只有具有良好人际技能的组织者才能够使组员有热情和信心。这些技能对于各个层次的组织者都是必备的，也是我们本节的重点。

概念技能，概念技能是组织者对复杂情况进行抽象和概念化的技能。这种技能要求组织者必须将组织看作一个整体，理解各部分之间的关系，想象组织如何适应它所处的广泛环境。

『需求评估』

通过访谈校园内某学生组织的干事们，我们得到了以下一些信息。在去年一年的学生工作中，作为干事，他们遇到了如下问题：

（1）在与上司的关系处理上存在问题。

（2）在引导他人参与活动时，很难使其充分参与到活动中。

（3）在工作中，存在与搭档合作不默契的问题。

在访谈本届新召入学生会工作的学生干事时，我们发现男性学生干事还具有不知如何与异性沟通的问题。针对上述情况，我们对小组内容细化，制订出小组计划。

『小组计划』

【第一节　介绍】

个别活动时间	目的	内容	所需物资
12分钟	组员之间、组员和工作人员间初步认识	工作人员与小组成员自我介绍（姓名、昵称、班级、兴趣爱好）	
15分钟	破冰游戏，促进组员间互动，鼓励组员更加积极主动地参与活动	游戏：仙人指路 玩法：选出一个组员，由工作人员报出与小组其他成员有关的信息，该组员用道具指出对方。每人五局，若指错同学则接受惩罚 惩罚：对着被认错的组员，用不同的音调唱三次“同学你好”并互相拥抱	指路棒
3分钟	让组员清楚小组的目的及内容，并澄清疑问	小组内容目的概要介绍	
10分钟	与组员一同订立小组规范，提高对小组的归属感和责任感。 在小组活动时，成员能够更有秩序地参加活动	与组员一起制定小组契约，契约内容经过工作人员，以及所有小组成员通过后，记录在小组海报纸上。澄清小组内应有的秩序，一致认同后在小组契约上签字	海报，纸条玻璃胶，笔
13分钟	调解小组气氛，进一步增进小组成员间的相互熟悉感，增加小组凝聚力	游戏：傻瓜一号 玩法：游戏开始后，大家一起举起双手在头顶，抢叫傻瓜＊号。如若多人同时叫到同一个号码，或是最后一个叫出号的人则失败。将要受到小组惩罚 惩罚：a. 随音乐跳舞 b. 反串歌曲 c. 用身体摆出英语字母造型 d. 十连拍	纸条（上写惩罚措施）
8分钟	澄清组员对小组的期望，积极参与小组活动，同时也有利于评估	许愿树：在准备好的苹果纸片上，写下各自在小组中想要达成的心愿，并贴在事先准备好的许愿树上	海报，纸片，双面胶

【第二节　与老师相处（沟通篇）】

个别活动时间	目的	内容	所需物资
10分钟	破冰游戏，使组员回忆彼此的姓名	游戏：心脏病 玩法：在场组员分成两组，每一轮中，每一组同学有一人站立，其余人蹲下。两组中站立的同学先叫出对方名字的则获胜，本游戏为五局三胜 惩罚：失败方的组员接受获胜方的惩罚	
45分钟	通过情景剧的方式，使组员切身体会到与老师沟通中可能产生的矛盾，以及遇到的困难	情景剧，并讨论其内容 要求：组员按照情景剧内容，出演其中角色。每人皆有一次机会参与游戏。每人一轮计时三分钟，即在三分钟之内达成目标设计的任务。则获胜，并获得奖励 情景剧a：同学小A有一份策划书急需B老师签名。而B老师恰巧有事外出，此时已是下午四点，办公室中只有一位老师 情景剧b：由于要将改动后的计划书，及时交到行政楼盖章。同学小B前往学院办公室，寻找老师过目签字 情景剧c：因为班级联谊活动，同学小C向任课老师发出邀请，参与当日联谊活动	糖果
8分钟	回顾整节小组内容，并概述主题	总结本节小组内容，并分发相关资料	打印好的内容的材料

【第三节　与学生上司相处（公私篇）】

个别活动时间	目的	内容	所需物资
15 分钟	破冰游戏	破冰游戏：猜猜她是谁 玩法：组员中选出一名同学离开教室，其余人再选出一名同学并指定他为被猜者。待离开教室的同学回到组内，提出五个问题，每个问题大家只能回答是与否。五个问题后猜测被指定的同学是哪一位 惩罚：猜错的同学须表演节目 奖励：猜对了则获得一颗糖	水果糖
25 分钟	倾听嘉宾的故事，组员充分讨论，给嘉宾提出一些小建议，让组员以第三方的角度，了解与上司相处中可能遇到的问题，从而获得一些与上司相处的小经验	主题：大家帮帮她 内容：请来一位嘉宾参与小组活动，并将她在工作中与学生上司相处的故事告诉大家，并期望得到大家的帮助 事件： 1. 学业很繁重，部长却布置许多工作 2. 搞人气之星制度淘汰干事，备受压力 3. 部长似乎针对她，活动从来让其他人通知她 4. 开会时部长突然大哭，说大家都不理解她	
10 分钟	协助组员投入到新活动中，恢复小组活动的轻松气氛	游戏：抢位子	
10 分钟	总结本节内容	通过小结将大家之前所讨论的内容加以整理和分析。突出本节主题	

【第四节　与工作搭档相处（合作篇）】

个别活动时间	目的	内容	所需物资
10 分钟	破冰游戏，使组员尽快融入小组的氛围中	破冰游戏：我是 007 玩法：选出一名组员任 007，站到中间，其余组员则坐在位上，游戏开始后，007 同学任指一名组员并说我是 007。该组员及其左右相邻组员则做出相应的动作。动作失误，则算作游戏失败 惩罚：猜错的同学须表演节目	
45 分钟	在有限时间内，大家共同制作飞机及海报，让组员体会到团队合作的重要性。并体会与搭档沟通合作的过程	主题：放飞梦想 规则：组员分两组，按要求在规定时间内制作完成一架纸飞机及一张海报，并为飞机起名 每组发放 10 元游戏币，用来到小卖部购买游戏所用的彩笔等物资	物资： 剪刀， 刀片， 铅画纸， 报纸， 双面胶， 玻璃胶， 彩笔， 蜡笔 奖品： 棒棒糖 水果糖
10 分钟	总结团队合作的重要性	组员在纸上写下上一环节中搭档的闪光点。并宣读 了解不同工作类型人群的特点 分发关于团队合作小技巧的资料	小技巧的 A4 纸

【第五节　与普通同学相处（引导篇）】

个别活动时间	目的	内容	所需物资
12 分钟	破冰游戏，为之后的讨论作铺垫	破冰游戏：桃花开 玩法：选出一名组员任组织者。按照所给出的歌曲歌词，组织者分配歌词给其他组员，并且组织协调大家唱出表演该句歌词内容 共三组，每组准备三分钟	
10 分钟	通过之前的游戏，使大家对于组织或者参与活动有体会，经过深入探讨，加深理解	讨论时间 内容： 1. 在之前的游戏中，组织者的表现如何？有什么值得大家学习的地方，又有什么需要改进的方面 2. 在组织同学参加时，一般该注意哪些方面，或有些什么技巧从而能够引导大家积极参与	
15 分钟	归纳讨论结果，加深理解	简单总结与情景模拟 内容： 1. 简单总结在引导同学参与一项活动时，所需要的技巧 2. 由未参加桃花开游戏的三位组员，自由选择情景来体现之前所总结的内容。每人三分钟	
5 分钟	活跃小组气氛，并且促使组员遵守小组契约	Happy time 内容：由在小组中违反小组契约，迟到或接电话的组员表演节目	
8 分钟	总结主题，分发阅读资料，使大家了解成为一位优秀组织者所需的内涵，了解不同类型的领导方式的优缺点。深化本节主题	总结本节主题，分发关于提升领导者素质的资料（5C 原则）。每人阅读一段	5C 原则资料，每人一份

【第六节　尾声】

个别活动时间	目的	内容	所需物资
5 分钟	通过回顾小组历程，加深大家对小组的体会	回顾小组历程，以及各节主题	
15 分钟	看看小组视频，看看大家的成长。帮助回忆小组主题	播放小组过程中照片以及视频	视频
8 分钟	通过颁奖的形式，鼓励组员，结束小组	颁奖典礼，发奖品，组员感言	小本子＊6
20 分钟	希望建立一个组员间的交流平台，使大家保持联系	小组成员及工作人员互相留言	
5 分钟	工作人员了解小组成果	苹果树 苹果树果实上写有小组第一节，组员设定的目标，组员看看是否达到当时的目标。如有，则摘下，并且阅读，没有，则说说将来要如何实现这一目标，再摘下	苹果树
5 分钟	有利于工作人员对小组的成果及过程有更深的了解，以助于今后的小组工作	组员书写小组评价	纸若干

『招募』

首先，制作宣传单派发；其次，寻找合作方；第三，在网上及校内贴出海报。最后与旅游学院社团瑜伽社达成合作，为对方进行干部培训。当初次招募结束时，发现人数已经远远超过我们的预算。通过小组见面会的方式，我们对报名的组员进行筛选，又因时间等方面的原因，流失了 4 名同学，最终确定组员人数为 6 人。

『小组过程』

【行前讲习工作过程记录表】

(1) 团体名称：处事之道——学生工作人际篇
(2) 团体会期：第 1 次
(3) 聚会日期：2008 年 10 月 29 日
(4) 聚会地点：4A207
(5) 出席成员：小熊猫　小黄瓜　碰碰　花轮　外婆　小薯条
(6) 缺席成员：无
(7) 团体目标：让组员在学生工作中提高人际交往能力
(8) 阶段目标：让大家对小组有个基本的认识，决定自己是否参与
(9) 工作者：钱佳　汪晓颖　吴洁

团体过程评估

得意之处：

来的同学还是比较认真，并且也提出了不少问题。也通过提交表格的方法确定了我们活动的时间，整个进程比较顺利

需要改进之处：

向组员强调不能迟到

【第一节　介绍过程记录表】

(1) 团体名称：处事之道——学生工作人际篇
(2) 团体会期：第 2 次
(3) 聚会日期：2008 年 10 月 29 日
(4) 聚会地点：4A319
(5) 出席成员：小熊猫　小黄瓜　碰碰　花轮　外婆　小薯条
(6) 缺席成员：无
(7) 团体目标：让组员在学生工作中提高人际交往能力
(8) 阶段目标：熟悉小组的目标以及成员
(9) 工作者：钱佳　汪晓颖　吴洁

（续表）

团体过程评估 得意之处： 我们设置的游戏是整个活动中最出彩的一部分，在游戏中我们适当改动了游戏规则，增加了趣味性和难度，使游戏更能调动气氛。比如：我们设置了惩罚环节，如十连拍，跟着音乐跳舞等惩罚，调动了气氛 需要改进之处： 1. 在涉及理论时，我们将用讨论的方式进行，以加强小组成员互动 2. 在拟定契约时，注意多引导小组成员思考问题，使活动不偏离主题

【第二节　与老师相处（沟通篇）过程记录表】

(1) 团体名称：处事之道——学生工作人际篇 (2) 团体会期：第 3 次 (3) 聚会日期：2008 年 11 月 6 日 (4) 聚会地点：4A319 (5) 出席成员：小熊猫　小黄瓜　碰碰　外婆　小薯条 (6) 缺席成员：花轮 (7) 团体目标：让组员在学生工作中提高人际交往能力 (8) 阶段目标：了解与老师的相处模式，并增加相关能力 (8) 工作者：钱佳　汪晓颖　吴洁
团体过程评估 得意之处： 1. 组员们在参与游戏时，都十分活跃 2. 运用奖励的方式来代替惩罚，效果良好，提升了组员对于活动的参与 3. 准备好分发给组员的一些关于借教室，开请假单等等的资料也受到了组员的欢迎 改进的地方： 针对第一节活动中组员认为惩罚措施太严重的反馈意见，在这一节里，我们开始对表现良好的组员给以糖果的奖励。并且对表现格外出色的组员发出“赦免令”，以刺激大家更广泛参与到活动中来。而事实也如所料想的一样，在活动中，我们发现奖励的效果远胜于惩罚，由于不用担心会有太难的惩罚，大家更加积极地参加了整个活动

【第三节　与学生上司相处（公私篇）过程记录表】

<table>
<tr><td>（1）团体名称：处事之道——学生工作人际篇
（2）团体会期：第 4 次
（3）聚会日期：2008 年 11 月 15 日
（4）聚会地点：4A319
（5）出席成员：小熊猫　小黄瓜　碰碰　花轮　外婆　小薯条
（6）缺席成员：无
（7）团体目标：让组员在学生工作中提高人际交往能力
（8）阶段目标：学会与同辈共同合作，增强团体合作能力
（9）工作者：钱佳　汪晓颖　吴洁</td></tr>
<tr><td>团体过程评估
得意之处：
1. 点名让组员发言，听到了比较深刻的见解，每个人都有不同的想法，使总结进行得比较顺利
2. 最后实习社工讲述自己在学生会工作中与自己学生上司相处的种种情景，反而引起了组员的关注，产生了本次小组活动的高潮
遗憾的地方：
我们的安排是请嘉宾讲述经历，当然这经历不是嘉宾本人的，是我们实习社工的一些经历。请嘉宾代为讲述，但是在嘉宾讲述的时候组员们的兴趣不大，反而当实习社工亲身讲述自己的经历时，由于讲述生动反而引起了组员们关注，气氛顿时高涨，不过那时已接近本节小组的结尾，有点遗憾，不能与组员深入互动</td></tr>
</table>

【第四节　与工作搭档相处（合作篇）过程记录表】

<table>
<tr><td>（1）团体名称：处事之道——学生工作人际篇
（2）团体会期：第 5 次
（3）聚会日期：2008 年 11 月 22 日
（4）聚会地点：4A221
（5）出席成员：小熊猫　小黄瓜　碰碰　外婆　小薯条
（6）缺席成员：花轮
（7）团体目标：让组员在学生工作中提高人际交往能力
（8）阶段目标：让组员感受到团体合作的重要性
（9）工作者：钱佳　汪晓颖　吴洁</td></tr>
</table>

（续表）

团体过程评估 得意之处： 我们让组员分组制作飞机。使队员在实际操作中体会团队合作的重要性。在活动中，组员们都表现出了不同以往的积极性。平时比较内向不太表现自己的小熊猫，在此次活动中也展现出了画画的才能。并且开始勇于发言。 组员们在之后的活动中反映出对此次活动的深刻印象与喜爱，让我们觉得很有成就感。也使我们觉得此次活动是我们六节中最精彩的一节活动 需要改进之处： 这次在评比的时候出现了问题，经过总结我们决定，在今后的活动中，我们将不设这些很依赖主观判断的评价，以免造成分歧

【第五节　与普通同学相处（引导篇）过程记录表】

(1) 团体名称：处事之道——学生工作人际篇 (2) 团体会期：第 6 次 (3) 聚会日期：2008 年 11 月 28 日 (4) 聚会地点：4B105 (5) 出席成员：小熊猫　小黄瓜　碰碰　花轮　外婆　小薯条 (6) 缺席成员：无 (7) 团体目标：让组员在学生工作中提高人际交往能力 (8) 阶段目标：让组员担当领导者的角色，体会与普通学生相处时的感受 (9) 工作者：钱佳　汪晓颖　吴洁
团体过程评估 得意之处： 1. 分组讨论和组长介入引导讨论的方式，使这次讨论的情况良好。事前准备好的附加资料，十分畅销，受到组员的欢迎 2. 第一次没有超出小组计划时间 3. 组员有所改变，一些比较羞涩的组员，开始变得敢于表达自己的意见

【第六节　尾声过程记录表】

(1) 团体名称：处事之道——学生工作人际篇 (2) 团体会期：第 7 次

（续表）

（3）聚会日期：2008 年 12 月 3 日 （4）聚会地点：4A207 （5）出席成员：小熊猫　小黄瓜　碰碰　花轮　外婆　小薯条 （6）缺席成员：无 （7）团体目标：让组员在学生工作中提高人际交往能力 （8）阶段目标：结束小组，处理离别情绪 （9）工作者：钱佳　汪晓颖　吴洁
团体过程评估 得意之处： 1. 进入最后一节，大家已经比较熟悉了，整节的互动都很轻松，氛围很活跃 2. 组员们都很认真为对方留言，留下了很令人感动的话语 需要改进之处： 留言用了比较长的时间

『成效评估』

一、工具

感受自评量表和团体满意度自我评估表。在最后一节，小组成员额填写了目标达成评级表。

二、结果

1. 团体满意度自我评估表得分情况

小组成员 6 人，实做 5 人。下表是 5 位成员对第一节小组和最后一节小组的满意度评分。

	第一节	第六节	差值
1. 我能在这次团体中向别人表达我的看法	8	8.2	0.2
2. 我喜欢这次团体活动	8.8	9.2	0.4
3. 我觉得在这次团体活动中学会了如何关怀别人	7.8	9.2	1.4

（续表）

	第一节	第六节	差值
4. 我对自己越来越了解	7.2	8.8	1.6
5. 参加团体使我对自己越来越有信心	7.8	8.6	0.8
6. 在这次团体中我乐于和其他人分享我的经验	8.6	9	0.4
7. 我觉得这次的团体经验很有意义	8.8	9.2	0.4
8. 我觉得这次聚会大家互相信任而且坦诚	9	9.4	0.4
9. 我喜欢工作者的带领方式	8.8	9.4	0.6

整体来说，小组成员一开始对我们的团体满意度就比较高，在最后一节的评估中又有所提高。

小组中变化最大的组员是小熊猫。开始的时候很内向，随着小组逐渐展开，小熊猫越来越能放开自己，表达自己的想法也开始变得很主动。她的前后两份评估表分值的变化十分明显。

2. 目标达成评级的得分情况

这里不一一列出组员们希望在小组结束时希望达成的目标。大多数的组员都希望能和同学有更好的关系，有矛盾时能够顺利化解，认识更多同学和朋友等。

在指数方面，平均都是在+1、+2 两个评分数值之间，没有负值的出现，表示“比预期中的好”或“比预期中好很多”。说明组员在我们小组中还是有一定收获的。

【参考文献】

1. 李全彩．大学生人际关系的现状与对策．心理卫生，2002（23）：47-48.

2. 曲宏涛．高校学生干部队伍管理中的关爱研究．教育与职业，2008（11）：61-63.

3. 雷勇，李径．高校班级学生干部工作中存在的问题及对策．武汉纺织工学院学报，1996（9）：88-90.

4. 陈振祯．高校学生人际关系初探．思想政治教育研究，2004（66）：63-64.

5. 李燕冰，骆风．人际交往对大学生生活素质的影响——广东六所高校大学生人际交往调查研究．广东大学学报，2004（3）：78-82.

6. 冯宗侠．大学生人际交往能力现状调查研究．北京理工大学学报，2004（6）：

57-59.

7. 万江红．小组工作．上海：华中理工大学出版社，2004.

8. 刘国珍．试论社会支持对压力评估与应付方式的作用．江西师范大学论文，2001.

9. 游洁．大学生归因网络、价值观和寻求社会支持与帮助的关系研究．北京邮电大学论文，2003.

10. 任意．“我心飞扬”新生压力缓解小组报告（未发表），2005.

11. 刘梦．小组工作．北京：高等教育出版社，2004.

『感想』

这学期因为有小组变得既忙碌又很充实。现在我依然能够清晰地回忆起当时商定小组主题时的情景——那时正处在国庆期间，我们组的三个人每晚都会按时出现在QQ上进行讨论，虽然没有面对面的交流，但你一言我一言语，三人集思广益，最终把小组主题确定了下来。

终于，我们的小组开始了，但是起初的几节举步维艰。组员与我们三人之间总是存在着一些生涩，大家都没有完全表现出自己原本的样子，显得很拘谨。可想而知，小组的进行就没有我们想象中那么顺利。不过小组的过程就是这么一个神奇的过程，在一节一节小组的进行中，渐渐能感觉到组员的融入。组员不再被动，而我们也不用再想着法来调节气氛，犹如有了默契一般。

当然，做小组不仅仅是跟组员在一起的那段短短时间。每节小组都要进行准备、筹划，小组结束后还有进行反馈。一般小组是周三晚上开展，而每周一的晚上，我们三个都会自觉空出时间，聚到一块讨论。大多数时候三人都有黑脸的状况，每个人都固执认为自己的想法比较好，这个时候就会感到很辛苦，一旦过了这个僵持的阶段大家的意见就会慢慢融合起来。虽然有时候吵得不可开交，但是讨论结束大家依旧有说有笑。其实我们三人都明白，我们都是希望把小组做得好一点，每一节的小组都能成功。小组做的比较顺利，我们会很开心，是从内心洋溢出的一种喜悦。小组不太顺的时候，就会懊恼，总结自己诸多不好的地方。每节小组做完三人总要讨论一下，总有遗憾的地方，总是会想“当时……该多好啊!”做完小组，让我感受到了“痛并快乐着”的真谛。

“天生我财”
——大学生理财小组报告

实习社工：刘子云
姚　瑶
评 估 员：王　臻

『缘起』

【小组主题的缘起】

每年的9月都有大批学子迈入大学校门，开始自己崭新的人生。然而，大学生活并非完全没有烦恼，如今校园里“负翁负婆”大有人在，还没真正进入社会，越来越多的大学新生已经提前感受到了“月光族”的烦恼。作为大学新生日常生活的物质基础，我们越来越感觉到科学理财对于大学新生的重要性。

因此，我们将本次的小组活动主题定为了：天生我财——大学生理财小组，旨在帮助大学新生改善理财态度，提高理财能力，养成良好的理财习惯。当然，也是作为大学生社会化的必要一步。并且，为了突出同辈辅导小组的特点，我们用“天生我财”作为小组的主题，以吸引更多的大学新生参与。

【小节分设的缘起】

对于理财我们小组做了如下定义：理财是理一生的财，也就是个人一生的现金流量与风险管理。包含以下涵义：① 理财是理一生的财，不仅只是解决燃眉之急的金钱问题而已。② 理财是现金流量管理，每一个人一出生就需要用钱（现金流出）、也需要赚钱来产生现金流入。因此不管现在是否有钱，每一个人都需要理财。③ 理财也涵盖了风险管理。因为未来的更多流量具有不确定性，包括人身风险、财产风险与市场风险，都会影响到现金流入（收入中断风险）或现金流出（费用递增风险）。之后有关小组每一节的分设，完全是基于我们自己对于理财的理解，没有理论的支持，可能略显欠缺。而考虑到大学生处于理财的初级阶段，因此我们将本次小组的过程分为积累、消费、危机、投资四个方面。从而同成员进行理财方法与技巧的分享，在互相学习和交流的过程中帮助组员发挥自己的潜能，逐渐学会合理安排自己的小金库，从而也能提高今后应付实际生存环境的能力。以上就是小组的四节主要内容的分设缘起，以下是简明的图表：

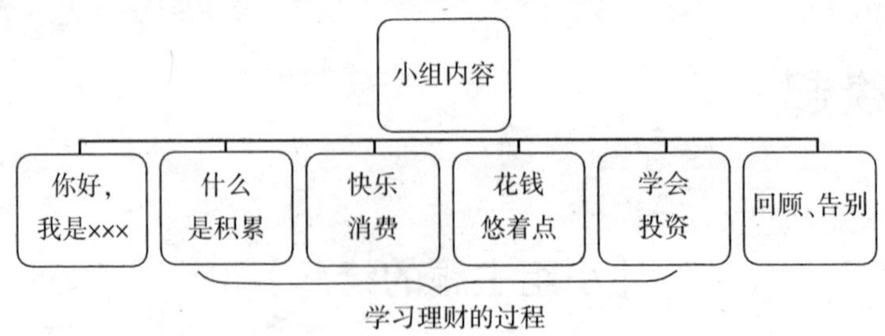

『理论框架』

【了解积累——什么是积累】

积累。

所谓“巧妇难为无米之炊”。只有当我们有了一定的资金积累之后我们才能正式开创起我们的理财大业。而资金的积累无非可以从两个方面着手：省钱和赚钱。

从省钱的角度来说，我们将其分为忍者神龟法、健康省钱法和潜力挖掘法。

① 忍者神龟法是指现在很多大学生注重时尚，追求品牌，购买名牌物品劲头十足，但狂热拥戴名牌的结果只会陷入入不敷出的窘境。因此在面对名牌冲动时，要学会忍，要将有限的财力用在刀刃上。事实上，只要做个有心人，完全可在各种不同的打折销售时期花上原价几分之一的价格购上你心仪的名牌。

② 健康省钱法是指许多大学生自恃年轻体健，对一些自认为小的毛病不看病不吃药，以为会省下不少医药费，实际上这是“贪小失大”的短视行为。一两次硬撑也许能让你蒙混过关，倘若有一次烟雾治疗，小病扛成重病，糟蹋了身体不说，惊人的医药费还会将你原本不多的积蓄一扫而光。因此健康省钱法对于大学生来说有着不可忽略的作用。

③ 潜力挖掘法针对在校大学生来说，是指组员目前所学习的专业未必能发挥自己的全部潜能，或是组员能轻松完成本专业的学习尚有大量精力，此时便可克服惰性，充分发挥潜力，趁着年轻时多多积累，比如参加学校的第二专业，或是去一些培训班考一些证书，或是多多锻炼自己的实践能力，参加学生会，社团等一些学校组织或大型活动以充实课余生活，

培养更多方面的兴趣，使自身潜力得以更大程度的发挥。

从赚钱的角度我们将其分为：平安赚钱法，完美投资法和兼职。

① 平安赚钱法是指在日常生活中多多注意用电用水，防火防盗等安全防范工作，常用硬件如自行车、热水器、煤气炉、电插座等如有老化、破损应及时更换，不可为省钱而致事故的发生，否则因小失大，绝非明智之举。花小钱省大钱，其实也是为自己赚一个安全的明天。

② 完美投资法则是指运用手头上的一些现有资源进行一些小投资，而这一部分我们将在第五节投资中做重点介绍。

③ 兼职，这是目前大学生最容易接受也最愿意去尝试的赚钱法。在校内最主要的方式就是通过校勤工助学管理中心来寻找兼职机会。并且这一途径相对比较有保障。当然也可以通过同学，朋友的介绍。校外的主要途径有寻找中介或自己留意招聘信息。

记账。

并且在本节活动中，我们将开始要求组员养成记账的习惯，这样有利于组员清楚自己的收入和开支，也可为后几节的活动做好必要的准备工作。

【快乐消费——确立正确消费习惯】

消费。

消费作为生活中必不可少的一项活动，关系着每个人的物质基础，因此，学会科学、理性的消费就显得尤为重要了。

首先，我们将以三种普遍的不良消费方式让大家体会理性消费的必要性。这三种方式包括：攀比型消费、盲目型消费、从众型消费。

① 攀比型消费：攀比是一种社会心理现象，是每个人都会有的心理状态。攀比心理的形成与社会环境、家庭教育、家庭生活方式、消费习惯都有密切的联系。

② 盲目型消费：没有认清自己的需求便消费。

③ 从众型消费：看到人家买了，自己也便跟风去买。

查账。

本节中我们查账的主要目的是为了让组员们对自己的资金流向有一个大致的了解。并适当调整自己的消费方式及习惯，使自己的消费更科学、理性。

【花钱悠着点——预防危机】

危机。

当组员们在前两次小组过程中出现状况的话就可以用到我们本节所涉及的方法了。危机这个词看似有些严重，但实际上，从某种程度上来说，每个人的经济状况都处于危机状态，只是个人的程度不同而已。

而如果当我们遇到不容易解决的经济危机时我们可以这样面对：首先，调整心态。如果持续保持紧张，慌忙的状态很难做好处理危机的工作，所以我们先介绍了三中比较适合的心理调节方法，分别为：深呼吸调节法、音乐疗法，针对我们小组组员女性居多，我们提出了女性疗法。

其次，我们将造成危机的原因分成了主观和客观。解决由客观原因造成的危机可采取查账、借钱、问父母索要、兼职、银行贷款等方式，但如果是由于主观原因则首先需要进行查账，这也是为什么我们在前几节活动中强调记账的原因了。

① 查账：有利于及时找到问题的所在，以便及时找出原因，吸取教训，防止今后再犯类似的错误。

② 借钱：这是一种很方便的方法，但是同时也考验个人的诚信。

③ 问父母索要：这是一种更为便捷的方式，但是我们更希望组员们能考虑到家庭的经济负担和父母的压力，所以除十分紧急的状况下，我们希望组员能不通过父母来解决问题。

④ 兼职：此方法在积累一节中已做过介绍，在此就不多重复了。

⑤ 银行贷款：这是一种风险较大的解决方式。银行贷款是银行以债权人身份安排使用资金的主要形式。根据不同的划分标准，银行贷款具有各种不同的类型。如：按偿还期不同，可分为短期贷款、中期贷款和长期贷款；按偿还方式不同，可分为活期贷款、定期贷款和透支；按贷款用途或对象不同，可分为工商业贷款、农业贷款、消费者贷款、有价证券经纪人贷款等；按贷款担保条件不同，可分为票据贴现贷款、票据抵押贷款、商品抵押贷款、信用贷款等；按贷款金额大小不同，可分为批发贷款和零售贷款；按利率约定方式不同，可分为固定利率贷款和浮动利率贷款，等等。而且，在不同的国家和一个国家的不同发展时期，按各种标准划分出的贷款类型也是有差异的。

【学会投资——如何投资】

投资。

当我们的手头上有一定积累的时候，我们可以适当考虑进行一些投资，如储蓄、国债、股票、自主创业等。

① 储蓄：在储蓄中我们将为大家介绍阶梯存储法、存单四分存储法、交替存储法和利滚利存储法，主要目的是为了尽力避免利率上调，减小利息；既可获取“高利”，又不用动全部存储等等。

② 国债：大多数人对国债的投资策略是消极的，既在合适的价位买入国债后一直持有到期，期间不做任何买卖。对于不熟悉国债的投资者来说，重要的是根据资金的可用期限来选择相应期限的国债品种，而当价格跌到一定程度时买入，持有至到期。另外，应当关心股市状况，经验证明，股市与债市有一定的“跷跷板”效应。

③ 股票：首先还是要申明：股市有风险，入股需谨慎。

股票是股份有限公司在筹集资本时向出资人发行的股份凭证。股票代表着其持有者（即股东）对股份公司的所有权。这种所有权是一种综合权利，如参加股东大会、投票表决、参与公司的重大决策。收取股息或分享红利等。同一类别的每一份股票所代表的公司所有权是相等的。每个股东所拥有的公司所有权份额的大小，取决于其持有的股票数量占公司总股本的比重。股票一般可以通过买卖方式有偿转让，股东能通过股票转让收回其投资，但不能要求公司返还其出资。股东与公司之间的关系不是债权债务关系。股东是公司的所有者，以其出资额为限对公司负有限责任，承担风险，分享收益。作为人类文明的成果，股份制和股票也适用于我国社会主义市场经济。企业可以通过向社会公开发行股票筹集资金用于生产经营。国家可通过控制多数股权的方式，用同样的资金控制更多的资源。目前在上海、深圳证券交易所上市的公司，绝大部分是国家控股公司。

④ 基金：因此项与大学生生活不是很密切，我们将不重点展开。

⑤ 保险：同上。

【关于治疗元素】

虽然从严格意义上来讲，我们的小组并不属于治疗性小组，但是作为一个较为正式的社会工作小组，我们还是在我们的活动中加入了一些治疗元素。

所谓小组治疗元素，是指小组工作过程中具有协助小组成员达成个人目标的价值与能力的治疗性元素。

Yalom（1995）所定义的几个元素：

植入希望：当小组成员观察其他成员进步或成长时，心理产生一种释放和乐观的个人经验感受。

普遍性：认识到其他成员与自己有类似的遭遇、想法、反应和生活经验时，产生一种自己并不孤单的感受。

资讯的告知：指工作员提供心理卫生、心理疾病、一般心理动力的教育性课程内容，并对小组成员生活遭遇的问题提供忠告、建议和引导。

利他主义：通过协助其他小组成员，感受到自己在生活上对他人的重要性。

发展社会性技巧：学习基本的社交技巧。

模仿行为：通过对其他小组成员所遭遇的与自己类似问题的处理过程，对自己的问题产生新的洞察，并将这些运用到自己身上。

人际关系：在小组成员彼此的互动过程中，成员个人获得有关自我的了解。

小组凝聚力：小组对所属成员的吸引力，一般可以通过互动让成员感受到被接纳与被支持的经验。

情绪宣泄：当成员在小组中被其他成员接纳时，能够做深度的情感表露。

『需求评估及小组计划』

【需求评估】

工具：上师大社工协会同辈辅导小组调查表、组前访谈记录、口头意见回馈。

过程：在小组开始之前，两位工作者认真考虑了选题问题，两位工作者在前期调查时发现现在大学生的手头富裕了，而正确的理财观却没有确立，从而导致大学生盲目跟风和不理智消费，这个问题在新生中尤为明显，所以两位工作者确立了理财这个主题并制定了小组目标，那就是同大家分享一些理财方法与技巧，通过与小组成员共同学习与交流使自己能合理安排自己的小金库。因为两位工作者在之前也不懂理财方面的知识，所以他们在组建小组之前从图书馆里借阅了《理财技巧》、《小两口理财》等书籍，同时也询问了许多专业人员，他们对此收获颇丰。在小组组建以前，两位工作人员与有意向来参加本小组的成员进行了组前访谈，来了解组员对我们理财小组的需求。

结果：根据上师大社工协会同辈辅导小组调查表的评估，这次有六人对我们的小组感兴趣，因此我们也有幸成功地先招募到六名成员；另外，经过我们的宣传，有一位外国语学院的同学也被我们小组吸引，来参与我们的天生我财理财小组。在组前访谈那节中，可能是缘于初次见面，大家在一起话都不说，气氛很冷。所以整个过程只能靠我们来控制，我们发问，她们回答。我们一个一个地问，他们一个一个地答。一旦我们突然停下，不问了，也不说时，她们也会跟着慢慢停下来不说话。这样在大家都还不熟悉的情况下，如果每人都不说话就不行了，气氛会越来越冷，整个过程会很难维持下去，要想顺利开始，完美结束，必须得随时注意，控制气氛，不能太僵，也不能离题太远，所以我们工作人员也只能通过这次短时聚会对小组成员们有些印象。但是接触的时间毕竟很短，我们工作人员对他们的印象也不是很深。

运用：虽然第一次组前访谈并不是很顺利，话并不是很多。但我通过组前访谈记录，还是发现小组成员对小组的一些问题，所以我们必须通过小组成员的问题来加以适当的干预，比如说在小组的人数上，一开始我们有六位组员，但在中途又加入了四名新人。工作人员担心人数过多会控制不了，于是在其他小组帮助下，这四位新人如愿找到了合适她们的小组。在地点和时间上，一开始小组成员不能完全统一，最后在没办法的情况下，由我们工作人员硬性规定了时间，事后我们觉得有些不妥，于是我们在后几节中改变了时间，这是我们以后应当改进的地方。在小组的整体要求上，我们小组初步定下了小组协议，这是一个小组能顺利进行的必备条件，由工作人员写在黑板上，使组员有了一定的印象。

【第一节　你好，我是×××】

活动时间：10月24日20：30至21：45　　　　地点：三教

个别活动时间	目的	内容	所需物资
1）5分钟	随机安排工作人员和组员的座位	抽号码牌，抽到几就坐几号座位	号码牌10张
2）10分钟	小组介绍，朗诵小组誓言	结合PPT，简单介绍小组，共同朗诵小组誓言	
3）15分钟	自我介绍，增加组员间相互昵称的熟悉度	破冰环节——简单的自我介绍，同时在组员进入时，每个人可以挑选一种颜色的彩带，此环节中，需要说明喜欢这颜色的原因	彩带10条
4）15分钟	深化组员之间的认识，调动组员积极性	游戏——“皇宫大比拼”玩法：默认按座位顺序将所有人排序，由高到低，等级为皇上，皇后，太子，公主，太监，小桌子，小椅子，水桶，饭桶和马桶。皇上首先开始叫，叫人（昵称）只能叫等级比自己低的人（马桶只能叫皇上），如果出现错误（叫错人，或者昵称），就要跟对方交换等级 最后四名表演节目	
5）10分钟	让组员更清楚小组工作的意义、小组的目的及内容，澄清他们的疑问。 让组员熟悉小组规范	介绍小组工作的意义、小组的目的及内容 重申小组规范，签订小组协议	
6）10分钟	让组员表达对小组的期望、对这次聚会的感受等	组员在N次贴上写下对小组的期望、感受，然后贴在事先准备好的小纸条上	小纸条10张，笔10支
7）10分钟	评估小组成效	让组员完成量表	

小组宣言：

《爱的宣言》

我们是有勇气的探索者

在小组中拿出勇气，开放自己；主动、积极的分享自己的经验与想法。

我们是积极的行动者

尽力地去设定每次小组的目标，并积极付诸行动。

我们是好的倾听者与回应者

尊重其他组员的发言，在他人谈话时能仔细安静地聆听，并能给予真诚的反馈。

我们是热诚的鼓励者

乐于给予其他组员正向的鼓励和肯定。

我们是负责的参与者

不迟到，不随意请假。

【第二节　了解积累】

活动时间：10月31日20：00至21：20　　地点：四教

个别活动时间	目的	内容	所需物资
1）5分钟	随机安排工作人员和组员的座位	扑克牌抽签，从大到小入座	扑克牌一副
2）10分钟	积累在生活中的运用	案例分享——讲述一个案例	
3）15分钟	讨论环节	讨论各自对于该案例的看法	
4）15分钟	分享打工经历	各自打工赚钱经历的分享	
5）15分钟	活跃气氛。增进组员之间的了解	游戏——“纸片游戏”玩法：每个人手中会有四张小纸片，事先大家各自说出自己的四个习惯爱好，将他们写在纸片上，打乱并重新分配，轮流抽纸片，直到有人摸到四张属于同一个人的习惯并说出那人的昵称时，游戏结束	小纸片诺干
6）15分钟	积累方式探讨并布置小组作业	介绍适合大学生的省钱、打工的方式。并与组员充分讨论对于积累，他们会有哪些方式 作业：记账，弄清自己的钱的流向	
7）5分钟	评估小组成效	让组员完成量表	

过程2）中的案例：

某大学生由于积累不当，过分省钱，而造成营养不良，结果生病住院反而花费了一大笔钱。

【第九节　快乐消费】

活动时间：11月17日20：00至21：20　　　地址：三教

个别活动时间	目的	内容	所需物资
1）15分钟	随机安排工作人员和组员的座位，增加组员之间熟悉度，活跃气氛	游戏——“大风吹”玩法：一名组员喊口令：“大风吹，吹XXX的人”，被吹的人需要接着喊口令，不能有重复，出现错误者需要做一个展示	
2）20分钟	分析小品	• 展示一个案例 • 分析案例中人物的心理，与错误消费方式 • 如果是自己，该如何处理	
3）10分钟	区别理性与非理性消费	结合PPT，举例说明各种不同的非理性消费方式。思考并分享自己的消费方式	
4）20分钟	拍卖会与事后探讨	拍卖前每位有假定的1000元资金，每个人要在拍卖会中合理的使用这笔资金。其中拍卖品包括：一等奖奖学金、爱情、亲情、良好的人际关系、健康、知己、金钱、名誉、容貌等	纸条（资金与拍卖品）
5）10分钟	回顾作业	作业回顾，了解大家钱的流向	
6）5分钟	评估小组成效	让组员完成量表	

过程2）中的案例：

有工作人员饰两学生与一化妆品推销员，两位学生由于经验缺乏，推销员又把产品吹嘘得上天入地，不知不觉中被骗买进两瓶去痘水。

【第十节　花钱悠着点】

活动时间：11月14日20：15至21：25　　　地点：三教

个别活动时间	目的	内容	所需物资
1）5 分钟	随机安排工作人员和组员的座位，活跃气氛	抽号码牌，抽到几就坐几号座位	号码牌 10 张
2）20 分钟	与我们相关的经济危机简介	结合 PPT、图表讲解大学生经济危机的形成，危害与压力	
3）20 分钟	解绳结	游戏：要求大家不说话将自己组成的绳结给解开。大家围成一个圈，右手和对面的人握，左手和身边的人握，组成绳结	
4）20 分钟	遇到危机时该怎么做	心理调节 危机大转盘：想出一点就能挑选小动物，贴在危机大转盘上	海报一张 动物剪纸
5）5 分钟	评估小组成效	让组员完成量表	

【第十一节　学会投资】

活动时间：11 月 21 日 20：15 至 21：20　　　地点：三教

个别活动时间	目的	内容	所需物资
1）5 分钟	随机安排工作人员和组员的座位	抽号码牌，抽到几就坐几号座位	号码牌 10 张
2）20 分钟	储蓄国债知识讲解	结合 PPT，介绍此两种投资方式	
3）20 分钟	理财高手	游戏：主持人指定一些人是 1 元，另外的人是 5 角当主持人报出一个价格的时候，两组人员要在最快时间内以最少人数凑齐那钱的数目	
4）15 分钟	特邀嘉宾	炒股高手讲解他的个人经验	
5）5 分钟	评估小组成效	让组员完成量表	

【第十二节　回顾、告别】

活动时间：11月28日20：15至21：25　　　地点：三教

个别活动时间	目的	内容	所需物资
1）5分钟	随机安排工作人员和组员的座位	抽扑克牌，抽到几就坐几号座位	扑克牌10张
2）10分钟	PPT回顾	将我们的小组历程做成PPT，给组员展示	
3）10分钟	讨论	选取了事前评估时提出的问题以及符合四节主题的四个问题，并让她们两人一组对小纸条上的问题进行讨论，且选一人来代表发言	写有游戏任务的纸条5张
5）30分钟	颁奖典礼，打造城堡	每位组员都会获得相应的奖项，发表得奖感言 打造城堡，将自己祝福的语言写下，贴在城堡海报上	海报一张，纸条若干，奖状若干
6）15分钟	评估小组成效	让组员完成量表	

『招募』

【过程】

班级统一张贴大海报与传单进行宣传招募，所以我们自己并没有做什么具体的招募工作。招募期间，共有7位07级的同学通过短信的方式向我们报了名，其中包括一名外国语学院的同学。整体而言，达到了我们原本预期的招募计划（6～8 位成员）。

【总结】

在这次招募中主要发现的问题就是：参加我们小组的组员性别全为女性，很遗憾没有出现男性组员。对此，我们进行了原因总结及反思。

原因有以下几点：

1. 这次的招募是班级整体统一张贴大海报进行宣传的，我们自己并没有为招募做过什么努力，可能对于我们小组的宣传力度不够。

2. 小组的主题“理财”可能对于刚入学的男生吸引力不大，男生可能更专注于体育、运动、游戏等方面的主题。

3. 为小组招募所写的小组名称与宣传语可能不够吸引人。

对于第一、第三个原因，我们以后可以做出改进，自己要加大宣传力度，对于小组的主题与宣传语的设计工作也一定不能马虎。

『过程及过程评估』

【第一节　你好，我是×××工作过程记录表】

（1）团体名称：天生我财
（2）团体会期：第 1 次
（3）聚会日期：2009 年 10 月 24 日 20 时 30 分
（4）聚会地点：三教
（5）出席成员：威化兔子　鱼妞　猪猪　猴子　朱佳惠　小柠檬　小毛驴
（6）缺席成员：无
（7）团体目标：让组员培养理财意识
（8）阶段目标：让组员对小组有一个大体上的了解；社工及组员间有初步了解，并作好事前评估，了解组员需求及现状
（9）记录时间：2009 年 10 月 25 日
（10）工作者：刘子赟　姚瑶　王臻（评估员）

（续表）

团体过程评估 优点： 在安排组员座位的时候，我们采用抽牌的方式安排座位，避免组员只和相对比较熟悉的进行交流，通过随机的方式安排座位，有效地缩短了大家的距离感 在小组简介过后，我们小组一同朗诵了小组宣言，增进了小组的整体感 在游戏环节中，组员较为配合，也十分投入 在制定小组规范时，组员们积极给出自己的意见，氛围很好 缺点： 在制定小组规范以及游戏环节时，当中不适时会出现一些“跑题”话题，例如，大家从自我介绍聊到了海贼王，并且没有停止的意愿，工作人员只能介入干预，以便主题顺利前行 填量表的环节，最后一起发给组员填，填完了也就结束了，收尾的效果也不理想，缺少总结

【第二节　了解积累工作过程记录表】

（1）团体名称：天生我财 （2）团体会期：第 2 次 （3）聚会日期：2009 年 10 月 31 日 20 时 00 分 （4）聚会地点：四教 （5）出席成员：威化兔子　鱼妞　猪猪　猴子　朱佳惠　小毛驴 （6）缺席成员：小柠檬 （7）团体目标：让组员培养理财意识 （8）阶段目标：让组员们明辨科学的积累，了解一些积累的简单方法，并通过记账运用到实践中 （9）记录时间：2009 年 11 月 01 日 （10）工作者：刘子赟　姚瑶　王臻（评估员）
团体过程评估 优点： 这一节的最大优点在于有效、充分的讨论，而不是一味的跟着工作人员走，让组员尽可能地表达自己的看法，并在过程中学会尊重他人 在本节收尾前，针对上节小组没有总结的问题，对本节小组的进展做出了总结—— 缺点： 我们期望组员通过记账来明确自己消费的方向，同时却也不愿增加他们的负担，此次大家的回应都是肯定的，希望不会影响他们的日常、学习生活 在小组开始时，直接进入主题，气氛不够热烈；下次会先暖身再进入主题

【第三节　快乐消费工作过程记录表】

(1) 团体名称：天生我财
(2) 团体会期：第 3 次
(3) 聚会日期：2009 年 11 月 07 日 20 时 00 分
(4) 聚会地点：5A402
(5) 出席成员：威化兔子　鱼妞　猪猪　猴子　朱佳惠　小柠檬　小毛驴
(6) 缺席成员：无
(7) 团体目标：让组员培养理财意识
(8) 阶段目标：让组员分清理性消费与非理性消费的区别，树立正确的消费观念，摒弃不良的消费方式
(9) 记录时间：2009 年 11 月 08 日
(10) 工作者：刘子赟　姚瑶　王臻（评估员）

团体过程评估

优点：

因为前一次的开始时气氛有些压抑，所以这一次我们做了调整，在小组一开始就做了一个热身游戏，效果不错，气氛活跃了很多

在讨论部分中，开始时组员不会主动表达，需要由组员引导。当有两三位组员发言后，其他组员开始会主动发言，对于整个小组进程而言是一个大跨步

缺点：

在查账环节中，发现有组员没有记账。由于事先并没有约定，我们也不能对其进行有效的评判，大家期望保持这个习惯，并提出相关约定

【第四节　花钱悠着点工作过程记录表】

(1) 团体名称：天生我财
(2) 团体会期：第 4 次
(3) 聚会日期：2009 年 11 月 14 日 20 时 15 分
(4) 聚会地点：三教
(5) 出席成员：威化兔子　鱼妞　猪猪　猴子　朱佳惠　小柠檬　小毛驴
(6) 缺席成员：无
(7) 团体目标：让组员培养理财意识
(8) 阶段目标：让组员们意识到其实每个人都有遭遇经济危机的可能，在预防不能达到很好的效果时，有准备的做好一些拯救措施
(9) 记录时间：2009 年 11 月 15 日
(10) 工作者：刘子赟　姚瑶　王臻（评估员）

（续表）

团体过程评估 优点： 考虑到初期的经济危机如果用到自身上，可能会带来一定的压力。我们选择在此环节后进行游戏，重新设定小组氛围，效果不错 缺点： 开始的经济危机介绍与之后的危机处理可能给组员带来了比较大的心理影响，游戏带动起来的气氛也随之变冷，大家在讨论时明显比较压抑，大家的沟通主要通过工作人员的引导而完成。事后工作人员讨论认为，负面的信息输入尽可能依靠游戏等方式进行会比较有效

【第五节　学会投资工作过程记录表】

(1) 团体名称：天生我财 (2) 团体会期：第5次 (3) 聚会日期：2009年11月21日20时15分 (4) 聚会地点：三教 (5) 出席成员：威化兔子　鱼妞　猪猪　猴子　朱佳惠　小柠檬　小毛驴 (6) 缺席成员：无 (7) 团体目标：让组员培养理财意识 (8) 阶段目标：当组员们身边有一定积累后，可以进行一些小投资来让钱生钱，充实自己的小金库 (8) 记录时间：2009年11月22日 (10) 工作者：刘子赟　姚瑶　王臻（评估员）
团体过程： 1. 储蓄国债知识介绍 2. 进行了一个游戏，热身活跃气氛 3. 外邀嘉宾讲解股市经验 4. 完成量表
团体过程评估 优点： 主要在于外邀嘉宾的出现，给小组带来了新的气氛，大家都很新奇，而外邀嘉宾与我们小组的融合也很好 缺点： 依旧表现在讨论和提问时，组员的主动性不够强，只有个别组员非常积极，而其他的组员都需要工作人员的引导

【第六节 回顾、告别工作过程记录表】

（1）团体名称：天生我财 （2）团体会期：第6次 （3）聚会日期：2009年11月28日20时15分 （4）聚会地点：三教 （5）出席成员：威化兔子 鱼妞 猪猪 猴子 朱佳惠 小柠檬 小毛驴 （6）缺席成员：无 （7）团体目标：让组员培养理财意识 （8）阶段目标：回顾内容 （9）记录时间：2009年11月29日 （10）工作者：刘子赟 姚瑶 王臻（评估员）
团体过程评估： 最后一节，气氛热烈，组员为我们设计的颁奖典礼而感动，在写下对小组的感想与对成员的祝福时，有些组员也表现出了对小组的不舍

『成效评估』

工具：小组目标达成表、小组满意度量表、目标问题评量以及工作人员自我评估表。

过程：因为我们小组是发展性小组，基于这一点我选择了以上评估工具，能最好地反映小组在这期间的成长。这四张量表均为最后一节所做的，目的是在评估小组成员在哪些方面发生了变化，为了避免许多干扰因素，有些量表我没有照搬而是在这其中做了一点小小的改变以适应我们小组，效果应该有所不同。而选择工作人员自我评估表是为了让我们工作人员从中找出我们的不足之处，在下次小组工作中加以改进。

结果：在最后一次小组活动结束后，我把量表进行了回收。在小组满意度量表上，小组组员普遍都感到满意，于是我对真实性感到怀疑。是否是对我们工作人员的一种尊重还是中国人特有的不愿指出别人的缺点在表上全都没有反映出来。在“对关系中的他人感到满意”这一项中，由第一次小组活动的两三分到最后一次小组活动的六分来看，我们小组至少在人际关系上是有进步的。这一点我也可以从平时观察中得出结论。第一次小组活动组员们不太会相互之间交流，必须通过工作人员促进才交流。但在最后一次小组活动中，尤其是在颁奖典礼上，小组组员相互讨论热烈，也不需要我们工作人员介入了。在小组目标达成表上看，小组组员一开始所提出的目标在最后一次小组中大多都得到了解决。威化兔子、鱼妞、猪猪、小柠檬、小毛驴这5名组员都填了“比预期好得多”这一选项，说明我们天生我财小组总体上还是满成功的。老刘和瑶瑶在收到量表之后有不懂的就去问专业人士，第一时间去图书馆查找资料，并把学到的知识穿插到小组活动中去，尽量帮助组员去解决问题。但有一点我感到遗憾的是，目标问题评量这份问卷我觉得有些多余。因为这份问卷是在小组开始时统一发放的，而小组目标达成表、小组满意度量表这两份问卷是我自己为小组精心准备的，所以当时我也没有过多考虑就让组员们去填了。但在事后我却发现小组目标达成表与目标问题评量这两份问卷上有重复，在内容上大体一致。在这里我要感谢小柠檬同学，是她细心从而首先发觉这个问题，并在第四节小组活动中口头告诉了我。我没有事先去核对两份问卷的具体内容，从而导致错误发生。这是我的不仔细所造成的，在以后的小组工作中我一定会加倍留意。

运用：以上是我对组员的评估，我还对其他两位工作人员进行了评估，因为小组是一个集体，每个人都有自己评估的价值，我是为了评估他们的小组领导技巧，从而帮助他们改正缺陷带来的弊端。根据工作人员自我评估表，我发现不仅是小组组员得到了收获，工作人员的社工技巧也得到了很大的提高。在说话紧张这一项上，瑶瑶变化得很明显。她由一开始最高的六分到最后一次的一分，在这中间我相信她也做了不少努力，这种表现在小组过程中尤为明显，她在第一次小组活动中时常脸红，并有读错字、读破句的现象发生，作为领导者是不应该的，不过在以后几次小组活动中，她面不改色心不跳，她也随小组的发展而成长。在沟通这一环上，最能体现社工技巧。而这次两位工作人员却出奇一致。在主动倾听和中断讨论方面，从数值上可以看出，两位工作人员已经很好地掌握了这一点，达到了现在应有的水平。但在简洁概括这一项上稍显不足，今后应当改进。希望两位工作人员看到这份评估后能总结小组活动过程中的利弊得失，在以后的小组工作中发挥得更好。

【参考文献】

1. 周月娣．理财有道，2005.
2. 杨柳．现代投资理财学，2003.
3. 范静泊．理财一定有窍门，2004.

4. 唐庆华．如何理财，2005.

『我们的感想』

原本我参加过学长的小组，在那时是组员，觉得当时很轻松，也没注意到任何专业的内容。所以我以为小组很容易办。这次经历了半学期的小组，实践过程和预想有很大出入。首先，设立一个题目，这个概念要小，要专，并且每一小节确定的主题要互不牵扯，这让我想到了一些写作上的要点。还有就是每一次活动前的策划，感觉很麻烦，但如果小组顺利就会感到很高兴，认为值得。最重要的是小组过程了，在这之前要注意每位组员，要协调气氛，没有搭档的帮助我怕我会无能为力。我认识到做一件事不难，难的是要将那件事做好。回顾一看，我觉得我们的小组还不完整，有些东西等到之后才想到。在专业上，微观技巧真的很难，特别是操作的时候。总之，需要锻炼的地方还有很多。

——刘子赟

六个星期的小组实践活动很快就过去了，半个学期中我们付出了很多，当然收获了更多。现在每每提到我们的“天生我财”小组就会有一种亲切感，自豪感。

从一开始的毫无头绪到后来的得心应手，每一次的活动后我们都能从反思与总结中感觉到自己点滴的成长。可能我们在活动中的表现还不够成熟，准备的还不够充分，处理问题的方法还不够正确，但是经过这样一次系统的活动下来，我们不仅对小组的流程有了一个比较清楚的了解，并且对专业的技巧也开始有了一定的运用，如：语言技巧、沟通技巧等。当然也让我们更加意识到社会工作专业性的难度，原来做社工也并不像想象中那么容易。成为一名优秀的社工需要的不仅仅是热心更需要相关的专业能力。

——姚　瑶

CAFE
Our Home
07级 社会工作 段佳佩 诸立文 周叶

【缘起】

大学生人际关系问题值得关注。研究表明新生中有18%的同学认为“人际关系困难、难以适应新的环境”是自己目前“最为担忧的问题”，有22%的同学对自己的人际关系“不满意”或“不太满意”，49%的同学认为人际关系“一般”，只有27.8%的同学认为人际关系“良好”。而宿舍作为大学生学习、交往、娱乐、休息的主要场所，更是存在着许多问题。对于刚大学的新生来说，离开父母怀抱进入大学，首先要面对的就是与宿舍同学熟悉和搞好关系的过程。由于寝室里的同学来自四面八方，在思想观念、价值标准、生活方式、生活习惯等方面都存在明显差异，遇到实际问题时很容易发生矛盾。对此，我们查阅了资料，还进行了问卷调查，结果表明引发大学新生寝室人际关系的主要问题在于：（1）卫生习惯；（2）不同的生活圈；（3）作息表不同；（4）过度占用他人时间（心理学上称之为“成人依恋”）。据此，我们想通过小组形式帮助他们解决或预防由这些主要问题所引发的寝室人际问题。

有研究表明女大学生的生理和心理特点决定了其寝室人际关系较之男大学生更显复杂化和微妙化，而女大学生的情绪情感特征，也使得寝室人际关系的负性影响明显高于男大学生。这些问题值得关注并给予必要干预，所以我们决定偏向女生的寝室问题来开展小组活动。

【理论框架】

按照新精神分析理论的代表，人物E. 埃里克森关于人格形成与发展的理论，大学新生正处成年早期，从十七八岁至30岁是成年早期。这是建立家庭生活的阶段，是获得亲密感，避免孤独感阶段。亲密感，是人与人之间的亲密关系，包括友谊与爱情。亲密的社会意义，是个人能与他人同甘共苦、相互关怀。亲密感在危急情况下往往会发展为一种互相承担义务的感情，它是在共同完成任务的过程中建立起来的。而在建立这种亲密感的同时会产生许多问题，针对这些问题，大学新生过去形成了自己的一套模式，但这套解决模式可能并非是最佳的（如图1）。

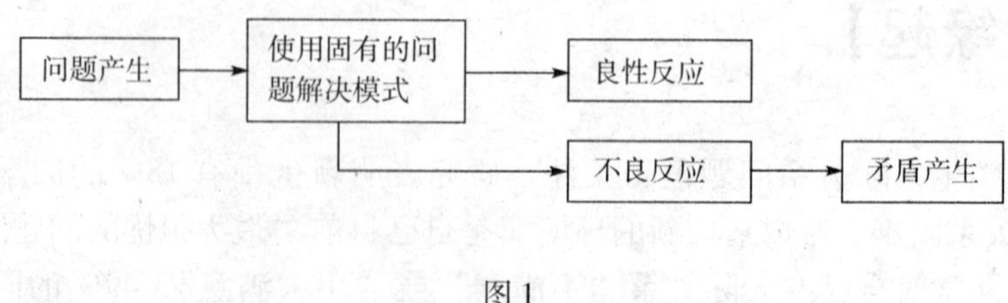

图 1

我们的小组主要以问题解决模式为基础，包括如下步骤：

1. 确立目标。我们的目标很明确，就是希望通过同辈辅导的方式解决由寝室诸多问题而引起的寝室人际矛盾。

2. 发现并理解问题。由于小组时间有限，我们根据问卷调查的结果，总结出了四个最主要的寝室问题：卫生习惯、不同的生活圈、作息表不同、过度占用他人时间。

3. 制订并执行计划。根据上面所提的四个主要问题，我们制订了小组计划：第一节用于建立组员间以及组员与我们之间初步关系；第二节我们把卫生习惯与作息紊乱相结合，以情景剧的方式让组员自己扮演，深入体会。由于“成人依恋”涉及心理学问题，而且许多寝室问题都是由此引起的，所以我们把第三、四节都用来处理“成人依恋”的问题。在第五节我们集中讨论了“小圈子”问题，把“小圈子”分为“无碍型”与“不利型”，重点讨论了“不利型”小圈子所带来的问题，希望能提前预防。第六节除了有惯常的总结，我们还加入一些沟通的技巧，把相关资料打印分发给组员。

4. 问题解决。在问题解决过程中我们会用情景剧、讨论、分享等形式帮助组员，旨在能更好地解决问题。同时，在每节小组过后我们都会做团体满意度测量。

5. 回顾和反思。每节小组结束后我们都会做一个回顾和反思，总结出不足、须改进之处，希望能给下一届的小组提醒。另外，3 个月后我们会再做一个跟进，看看组员寝室问题的处理状况如何。

【小组计划】

第一节　相逢 our home

个别活动时间	目的	内容	所需物资
1）2 分钟	创造陌生组员之间交流的机会	1）以趣味抽签方式让组员入座	笔1只，纸11张
2）5 分钟	让组员与实习社工之间有初步认识	2）按上阶段抽签座位两两进行交流（各自姓名、喜好等）	
3）15 分钟	让所有组员及实习社工之间有初步的认识	3）在小组中分享两两交流后的结果	
4）8 分钟	a 深化组员之间的认识 b 鼓励组员主动参与活动	4）游戏1——玩法：重新抽签，按结果站成一直线，以“我是××”、“我是××旁边的 yy”……依此类推的方式介绍自己	扑克牌1副
5）10 分钟	同上	5）游戏——“心脏病”玩法：组员分成两组面对面站立，听到口令后各组只留一人站立，其余全部蹲下，站立的两人率先喊出对方的名字者为胜（胜的一方向输的一方提出“惩罚”措施）	
6）15 分钟	a 与组员一起订立小组规范，对小组更有归属感及承担责任 b 使组员更有秩序地参加小组	6）与组员一起讨论并订立小组规范	大画纸1张，笔2支
7）20 分钟	让组员有充分表达交流的机会	7）讨论当前大学生寝室人际现状及最易引发人际矛盾的问题	
8）15 分钟	能根据组员的需求及时调整小组活动	8）填写： ——团体满意度评估表 ——感受自评量表 ——目标问题与评量	3 套表各8份

第二节　活动内容

个别活动时间	目的	内容	所需物资
1）20 分钟	活跃气氛 学会“观察”	1）游戏 1——“杀人游戏”玩法	五根蜡烛，打火机
2）5 分钟		2）影响人际交往原因盘点 照片	
3）13 分钟	学会理解他人，体会他人的感受； 同时懂得约束自己的行为	3）A. 情景剧 1 B. 演员分享感触，组员点评与交流	
4）12 分钟		3）A. 情景剧 2 剧情：上帝啊，她居然又开始贴吴尊的照片海报了，门上已经全都张贴满了现在她又要满墙壁地贴，这到底是我们的寝室还是她一个人的寝室 B. 演员分享感受，组员点评与交流	
5）10 分钟	活跃气氛	4）游戏 2——“copy 不走样”	
6）15 分钟	学会理解他人，体会他人的感受；同时懂得对自己的一些制约	5）A. 情景剧 3 剧情：A 跟男友又约会到很晚才回宿舍，半梦半醒中她开始“哐当哐”令我睡意全无。好不容易她躺下了又开始密聊……总是这样，这种日子什么时候熬到头啊 B. 分享感受，点评与交流	
8）5 分钟		7）小组总结；组员填写评估表	

第三节　活动内容

个别活动时间	目的	内容	所需物资
1）10 分钟	主题切入	1）社工表演情景喜剧 剧情：part1：（段和叶同是某宿舍室友），一日，叶欲睡觉，而段硬拉睡意蒙眬的叶陪其去东门以致叶翌日狂睡不止 Part2：又一日入夜，叶正处理成堆未洗的衣服，段又拉叶前往小白楼以致叶的衣物浸泡了整夜 Part3：叶即将二专考试之时却被段拉去抒发心事以致刷新挂科狂人榜	
2）10 分钟	使组员产生对问题的共鸣或者兴趣	2）讨论一：组员自身是否有这样被过分依赖的经历或者依赖的行为，或者曾有此类见闻	
3）20 分钟	意识到过分依恋行为会产生的负面影响	3）讨论二： 观看情景剧后认为这种现象的产生会给双方带来什么影响 形式：组员分成两组，实习社工分别参与到两组之中，在规定时间内将结果写于黑板两侧进行 PK，看哪组写得又多又好	奖品：糖果若干
4）25 分钟	得出此类现象产生的所有可能的原因	4）讨论三： 组员讨论这种行为产生的原因 形式：重新分成两组在海报纸上罗列两组讨论的成果；然后两组对对方提出的内容进行质疑、点评，以及欣赏。最后对一致的内容进行汇总总结	奖品：糖果若干，两张海报纸，笔 2 支
5）5 分钟	总结及评估	小结本节活动的内容与成果，预告下节活动内容，填写评估表	8 份

第四节 活动内容

个别活动时间	目的	内容	所需物资
1）5分钟	回顾并尽快进入本节内容	1）实习社工与组员共同回顾上一节内容	
2）10分钟	明确目标	2）将上一节大家做出的原因大盘点再做展示，以讨论形式排除不可变因素，留下可变因素作为本节主要解决的问题	
3）20分钟	交流与分享问题解决方法；再次深化主题	3）讨论与总结： A. 问题：如何合理解决可变因素 形式：两两讨论每一个可变因素的解决方法；然后派代表阐述各因素最核心的解决方法 B. 社工引导组员发现并再次提炼过分依赖现象最主要的因素——独立与拒绝	
5）25分钟	了解独立的意义； 分享如何拒绝的方法	讨论一：独立可以表现在什么方面；独立对当代大学生各方面成长的意义 讨论二：交流分享如何拒绝他人	
6）5分钟	学会合理拒绝	社工展示合理拒绝技巧	
7）5分钟	为下一轮情景演练环节选定人选	游戏："踩地雷"	报纸若干，眼罩两副
8）10分钟	学会运用技巧	情景演练： 实习社工饰演过分依赖者 组员展示如何合理拒绝对方过分要求	
9）5分钟	"成人依恋"核心概念的提出	社工阐明此类现象最根本原因——"成人依恋"	
10）5分钟	总结	总结并填写评估表	8份

第五节　活动内容

个别活动时间	目的	内容	所需物资
1）10 分钟	使组员思考本节主题——寝室“小圈子”问题	1）邀请嘉宾开展“内心独白情景剧”（匿名形式）	
2）25 分钟	得出此类现象产生的所有可能的原因	2）讨论一：原因大盘点	奖品：糖果若干
3）10 分钟	活跃气氛	3）游戏“解手链”	
4）30 分钟	深入意识到小圈子现象将会造成的影响及学会如何解决	4）讨论二： 将小圈子现象分类成为“无碍型”，“不利型” 讨论“不利型”小圈子对寝室关系等造成的影响	
5）5 分钟	总结及评估	5）小结本节活动的内容与成果，预告下节活动内容，填写评估表	8 份

第六节　活动内容

个别活动时间	目的	内容	所需物资
1）5 分钟	活跃气氛	1）游戏	
2）15 分钟	小组核心内容	2）实习社工介绍一些与人相处以及沟通技巧，特别是与室友相处之道	
3）25 分钟	回顾成果	3）分享小组活动以来的收获	
4）15 分钟	了解友谊可贵	4）艺术幻灯片展示	
5）15 分钟	使每一个组员都有所获，得到肯定	5）社工向组员颁发独具个人特色的奖及奖品	8 本精美笔记本
6）5 分钟	使组员在小组结束以后也能相互联系	6）在记忆卡中写下对彼此的祝福以及联系方式	8 张卡纸
7）10 分钟	结束为期 6 周的小组活动	7）社工致结束语 合照，填写评估表	8 份

【招募】

与宿管会的合作：

我们小组主要针对寝室问题展开，而宿管会也有许多针对寝室举办的活动，所以我们希望能找宿管会合作共同举办小组活动，如果能长期合作，就可以做成一个项目，把 Our Home 的温暖带入整幢宿舍楼。基于此我们找了宿管会会长商量，他很爽快地答应了，派了 3 个干事参与到我们小组中。

招募方法与结果：

在玉兰海报栏张贴海报、分发传单。共有 9 位学生参加了我们小组。

【小组过程及评估】

第一节　活动过程：相逢 our home

时间	2008—10—28	地点	4A319
参加人员	实习社工：周叶　段佳佩　诸立文 组员（昵称）：靓仔　大闸蟹　小一　嘘嘘　小 moon　超超　菲　磊磊		
在活动中遇到的问题/困惑； 根据问题所做的应对与调整	1. 在“讨论当前大学生寝室人际现状及最易引发人际矛盾的问题”环节组员发言被动 问题分析：可能由于组员间还不甚熟悉，因此在交流与分享上有所保留 应对与调整：在今后的讨论环节尽量采取先两两讨论再派代表发言的形式；实习社工可以率先发言作出表率，适当运用自我流露的技巧来引发讨论 2. 组员菲的积极性不高 问题分析：菲的主动性不足可能是由于两方面因素造成 应对与调整：在活动中安排菲与积极性较高的组员搭档，提高其积极性；实习社工在今后活动中考虑增加趣味性游戏以提高组员的兴趣		

第二节 活动过程

时间	2008—11—06	地点	4D102
参加人员	实习社工：周叶 段佳佩 诸立文 组员（昵称）：靓仔 大闸蟹 小一 嘘嘘 小 moon 超超 菲磊磊		
本节活动运用技巧及成功之处	1. 熟悉的环境再现来调动气氛，引起话题 在照片展示环节，社工采用了真实的大学寝室照片来再现寝室中的卫生问题，由于生活背景相似，组员产生了很大共鸣，有利于接下去“由卫生问题”的讨论 2. 情景剧演绎与角色互换 运用情景剧演绎方式来观测组员会怎样处理由于卫生、作息方面摩擦而引起的人际问题，比讨论形式更为形象生动。同时为能充分了解寝室人际问题发生时当事人双方各自的心态，采取了角色互换，进行同一剧本的两次模拟，将更有利于同理心的产生		
在活动中遇到的问题/困惑 根据问题所做的应对与调整	1. 情景剧仍有欠缺 情景剧演绎中组员更注重演绎社工提示的情景，而自身对问题的具体应对与解决则被简单化。实习社工在今后应注重示范的作用 2. 组员表达感受还不够主动 应对与调整：实习社工观察到有意愿而不能主动发言的组员的神态，先邀请组员发言，而后采用鼓励的方式对发言的组员作出肯定与支持，一定程度上促进了讨论环节的展开		

第三节 活动过程

时间	2008—11—13	地点	4D102
参加人员	实习社工：周叶 段佳佩 诸立文 组员（昵称）：靓仔 大闸蟹 小一 嘘嘘 小 moon 超超 菲磊磊 外援嘉宾：孙某 冯某		
在活动中遇到的问题/困惑 根据问题所做的应对与调整	实习社工吸取上一次的经验，采用让组员观摩情景剧的方式。实习社工的演绎具有问题针对性，且表现形式轻松幽默，在活跃气氛的同时，令组员更为直观看到问题所在，尽量避免组员对本节活动主要内容的把握偏差 活动后半段气氛过于激烈		

第四节　活动过程

时间	2008—11—20	地点	4A319
参加人员	实习社工：周叶　段佳佩　诸立文 组员（昵称）：靓仔　大闸蟹　嘘嘘　超超　菲　磊磊		
在活动中遇到的问题/困惑 根据问题所做的应对与调整	用于展示拒绝技巧的多媒体出现故障 多媒体出现故障，无法播放展示拒绝技巧的 ppt 实习社工运用纸质资料讲解，并示范技巧，效果显著 应该尽量避免使用多媒体设备，过于依赖，影响活动的效果		

第五节　活动过程

时间	2008—11—27	地点	4A319
参加人员	实习社工：周叶　段佳佩　诸立文 组员（昵称）：靓仔　大闸蟹　小一　嘘嘘　小 moon　超超　菲　磊磊 外援：老大　姨		
本节活动运用技巧及成功之处	实习社工运用“内心独白”形式演绎四位室友之间的矛盾问题所在 通过三位实习社工和一位临时嘉宾的口述来展现宿舍四人之间的“小圈子问题”，形式简单易于理解，组员能够轻松发现问题所在 实习社工邀请嘉宾“老大”分享自己的经历 由于小圈子问题可能涉及组员自身隐私，实习社工考虑到组员可能在分享环节不愿意透露经验，因此邀请嘉宾示范，之后组员嘘嘘便非常自如地开始和大家分享她的见闻和经历		
在活动中遇到的问题/困惑 根据问题所做的应对与调整	组员嘘嘘发言时间太长 实习社工运用适当的干预（眼神的示意）使嘘嘘的发言有所精简		

第六节　活动过程

时间	2008—12—04	地点	4A319
参加人员	实习社工：周叶　段佳佩　诸立文 组员（昵称）：靓仔　大闸蟹　小一　嘘嘘　小 moon　超超　菲　磊磊 外援：顾　婷　张		
在活动中遇到的问题/困惑 根据问题所做的应对与调整	组员菲出于特殊情况迟到将近 20 分钟		

【成效评估】

我们用目标达成评级表来测量整个六节小组的成效。

组员：超超

目标：

1. 能够认识小组所有成员并能发表自己的观点　+2
2. 理解寝室中人际关系、和谐的重要性，学会处理关系　+2
3. 了解 Our Home 的含义　+2

组员：小一

目标：

1. 对于交际能力的理解与运用　+1
2. 理解事物的能力　0

组员：小 moon

目标：

1. 在小组中我觉得很快乐　+2
2. 我可以自由表达我的看法、观点　+2

3. 学会处理人际关系 +2

组员：菲菲

目标：

1. 能够培养自己的独立能力 +1
2. 学会与他人更巧妙地沟通 +1

组员：大闸蟹

目标：

1. 寝室成员间更加团结 +1
2. 室友之间的沟通交流增多 +2

组员：磊磊

目标：

1. 能够很好地与他人交往 0
2. 比以前更宽容 +1
3. 利于处理人际关系 +1

组员：嘘嘘

目标：

1. 与室友关系更好 +2
2. 解决与朋友间的矛盾 +1
3. 更好地待人处事 +1

组员：靓仔

目标：

1. 与室友增进沟通 +2
2. 与室友分享共同的快乐 +2

就总体而言，每个组员觉得自己还是有收获的，让我们实习社工很欣喜。与个别组员私下交流时得知组员的寝室人际问题多不严重，只是小矛盾会时常出现；不过参加我们小组后，寝室成员间的沟通交流增多，在常见问题上如寝室卫生值日的安排、作息紊乱影响其他室友等明显减少。

小组只有六节，时间偏短，还有许多寝室问题我们未能提及，这是今后我们需要继续努力的地方。

【参考文献】

1. 卢远．大学新生人际关系现状分析及对策［J］．洛阳师范学院学报，2001（6）．

2. 董珊．寝室人际关系对大学新生的影响．西南民族大学学报（人文社科版），2006（10）．

3. 何鸣宝，朱希峰编．社会工作200问．上海社会科学院出版社，2007.

4. 王荣．大学生宿舍人际关系［J］1 烟台教育学院学报，2005（3）：69-721.

5. 张卫平．解析女大学生寝室的人际关系．沈阳农业大学学报（社会科学版），2005（4）：471-473.

6. 朱静君．“成长小组”与提高大学生心理素质途径的探索．广东工业大学学报（社会科学版）．2007（12）．

7. 杜运伟．大学生不和谐人际关系的现状、原因及对策．南京人口管理干部学院学报，2008（1）．

8. 杨东明，严和来，龙昆．大学生的寝室关系问题及心理咨询．华东交通大学学报，2006（6）．

9. 王克芹．大学生寝室里的人际关系，心理与社会．2005（1）．

10. 姚永丽．大学生人际交往中存在的问题及对策分析．内江科技，2008（2）．

11. 韩树杰，彭贤．大学生依恋模式与人际关系、自测健康的关系研究．内蒙古师范大学学报（教育科学版），2008（1）．

12. Papalia D，Olds W. A Child's word：Infancy though Adolescence. New York University Press，1990. 66-89.

13. Lyons－Ruth K. Attachment relationship's among children with aggressive behavior problems：The role of disorganized early attachment patterns. Journal of Consulting and Clinical Psychology，1996（1）：64-73.

14. 胡金生．依恋的发展病理和精神病理［J］．中国心理卫生杂志，2003（5）：353-3541.

15. Fonagy P，Leigh T，Steele M，Kennedy R，Mattoon G，Target M，Gerber A. The Relation of attachment status，Psychiatric classification，and response of psychotherapy. Journal of Consulting and Clinical Psychology，1996（1）：22-311.

16. Van I Jzendoorn M H，Goldberg S，Kroonenberg P M et al The relative effects of maternal and child problems on the quality of attachment：A meta-analysis of attachment in clinical samples. Child Development，1992，63：840-8581.

17. 胡平等．依恋研究的新进展［J］．心理学动态，2000（2）：26-321.

18. 陈瑞芳，郑莉君．社会人格取向的成人依恋与情感调节．宁波大学学报，2006年12月．

19. Bartholomew K，Horowitz L M. Attachment styles among young adults：A test of a four category model［J］. Journal of Personality and Social Psychology，1991，61：226-244.

20. Mikulincer M，Orbach I，Iavnieli D. Adult attachment style and affect regulation：Strategic variations in subjective self—other similarity［J］. Journal of Personality and Social Psychology，1998，75：436-448.

21. 侯珂，邹泓，蒋索．社会人格取向的成人依恋研究［J］．心理科学进展，2005，13（5）：640-650.

22. 刘丽梅，闫彩珍．大学生自我评估状况的分析，河北青年管理干部学院学报，2008（1）.

【感想】

我永远都记得拿到大学录取通知书的那一刻，那时的心情真是不能用言语能描绘出的，我虽然看不到这世界上美好的事物，但我也可以和普通的学生一样走进大学校园，感受青春的气息与生活的美好。

在我还没有进入大学校园之前，我心里又紧张又激动又害怕，不知道自己能否适应大学生活。我还记得我第一天进入大学的情形，那时我正在与我刚认识的同学说话，从门口传来了一个声音："这里是不是有一位盲童学生，我们是大二的学姐……"于是进来了两个学姐，各拉着我的两只手，告诉我她们要做一个服盲小组，帮助我更快更好适应大学生活，我听了好开心，不仅这儿的老师关心我，这儿的学生也那么好。在接下来的学习生活中她们不仅给了我帮助，也交会了我很多道理。

这学期我和班级的两个同学也一起做了一个小组，我也希望为大一的学弟学妹们过好大学生活出一份力。我们的 our home 小组首先需要我们自己做很多方面的准备。我眼睛看不见，我知道一些专业的内容找起来较困难，我就从另一方面做准备，我想我们的组员刚开始来到我们小组也许会紧张，为了让他们放松心情，畅所欲言，我找了很多音乐，在需要的时候放着舒缓的音乐可以有减压的效果，当然并不是所有的音乐都可以，这需要去了解哪些音乐有哪些效果。为了活跃气氛，我们会在小组中穿插一些游戏，有些游戏需要一个裁判或主持，而且要用眼睛看，这时候我正好可以主持游戏，这种感觉还挺不错呢！

在我们的小组里我认识了不少朋友，有我们专业的还有其他学院和专业的，我们在大学不仅要学习知识，对我而言，与人交往，扩大自己的朋友圈尤其重要，为将来更好地融入社会做好准备。在做小组时我和另两位同学互相合作，有些方面我帮不上忙，她们就要做多一些，这让我明白了在工作中如何互相合作，把事情做得更好，也增进了彼此的友谊。同时也让我明白了我要在其他方面更努力，我们只有齐心协力，发挥各自的长处才能把事情做得更好。

——诸立文

——认识时间价值；

管理自己的时间；

认真享受生活！

实习社工：

沈丹萍、马雯晔、刘磊

2009.10—2009.12

一、缘起

1.1 背景

时间是人生中最宝贵的资产，对于每一个人来说，时间是均等的，而时间的均等也给予每个人均等的机会，但是由于每个人对时间的态度不同，在相同时间里创造的价值、取得的收获也不同。我们年轻一代的大学生也是如此。大学的时间宝贵而有限，在这短短的4年里，有人成为时间的主人，体验了青春的精彩；有人成为时间的奴隶，竹篮打水一场空；也有人不屑时间的存在，两手空空，漫无目的。因此，问题并不在于我们拥有多少时间，而是我们怎么去更有效、更合理地运用它们。

研究发现，73.3%的大学生认为在时间利用方面存在较多问题。同时我们小组选择这个主题也是因为我们自己在时间管理上遇到了问题。首先，进入大二突然间感觉课也多了，实践作业多了，时间一下子紧凑了起来，我们原先的生活学习计划完全被打乱。有时候同时有几件事情需要处理，忙碌的生活过得辛苦，却毫无效率。日子焦头烂额地过，时间也在这种忙碌中溜走。我们身边有些同学身兼数职，混乱的生活有时连吃饭洗澡都要赶时间。同时，大学生时间管理满意度低。主要体现在时间利用效率、零碎时间和闲暇时间的利用上。59%的大学生的时间利用效率不高，55.4%的大学生认为自己不惜时，只有9.1%的学生能惜时且效率高。所以，我们希望摆脱这样忙碌却没效率的生活，面对刚进大学的新生们，我们觉得他们更应该趁早了解到这方面的技巧，以免陷入如同我们一样的境遇。因此我们决定通过小组工作的方式，以“时间达人”为主题，分享时间管理的经验。

1.2 目的和意义

成立这样一个成长性小组旨在帮助大家在交流和活动中获得时间管理方面的技巧、方法，发现和解决时间管理方面的问题和困惑，寻求更积极、有效的时间管理方法，提高学习效率，能够在大学生活中活得更轻松。同时，我们也想了解小组工作是否对提高大学生时间管理能力有效。

二、理论框架

2.1　时间管理理论框架

2.1.1　时间管理概念

管理学对时间管理的定义是：时间管理就是为了提高时间的利用率和有效性，对时间进行合理计划和控制，有效安排与运用的管理过程。在心理健康方面，人们对时间管理的一般定义是：对行为的归类和排序，它被认为提高了工作效率和减轻了心理压力。

2.1.2　时间管理倾向

黄希庭、张志杰将时间管理倾向分为时间价值感、时间监控观和时间效能感三个维度。

时间价值感指个体对时间的功能和价值的稳定的态度和观念，包括时间对个人的生存与发展以及对社会的存在与发展的意义的稳定态度和观念，它通常是充满情感，从而驱使人朝着一定的目标而行动，对个体驾驭时间具有动力或导向作用。

时间监控观是个体利用和运筹时间的能力和观念，它体现在一系列外显的活动中，例如在计划安排、目标设置、时间分配、结果检查等一系列监控活动中所表现出的能力及主观评估。

时间效能感指个体对自己驾驭时间的信念和预期，反映了个体对时间管埋的信心以及对时间管理行为能力的估计，它是制约时间监控的一个重要的因素。

黄希庭等（2001）的时间管理倾向维度的理论结构，如图 1 所示：

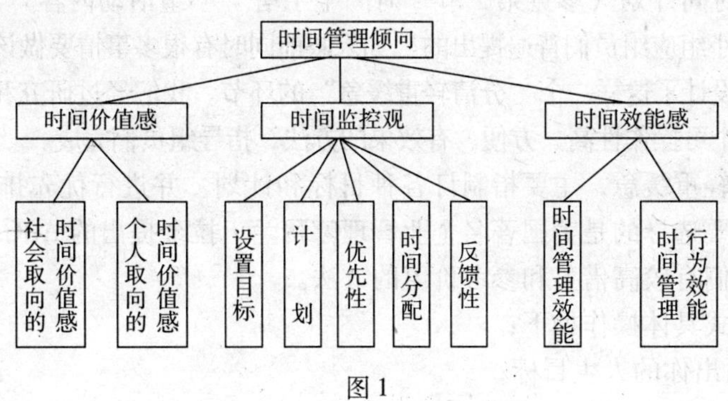

图 1

我们小组根据以上的理论框架，结合见面会对组员们的访谈，做出了以下小组理论框架。

我们小组首先从时间价值感出发，改变组员们对于时间的概念。因此，设计了一个“时间管理游戏”（参见第二节“时间金字塔”小组活动内容）。它让组员们体验自己已经逝去的和还剩下的时间，从而能更清醒地认识到时间的宝贵。然后，我们开始进入到时间监控感的实践阶段。此阶段将从确立目标→目标排序→避免浪费时间→提高时间效率→劳逸结合，一一展开，一步一步循序渐进地分享和讨论时间管理方面的知识。在从主观的价值观入手，且确立了正确的个人时间价值观念之后，组员们根据自己的实际情况从目标设立出发，经过一系列的实践操作，到最后，达成时间效能感的自我检验目标。（如图2）

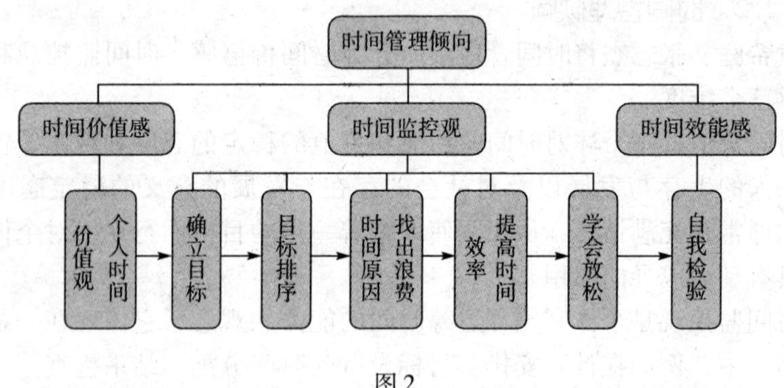

图2

2.1.3　时间管理技能策略

研究表明：大学生运用的学习时间管理策略主要有制订学习计划、劳逸结合、高效率学习、合理安排时间和任务、分清轻重缓急、严格执行计划等，根据组员需求，我们主要从以下几个方面展开：

Ⅰ. 时间计划（参见第二节“时间金字塔”小组活动内容）

我们小组应组员们普遍提出的“如果眼前同时有很多事情要做该怎么办?”的问题，设计了这样一个“分清轻重缓急”的环节。我们经过研究和讨论，筛选出了一个可操作性高、方便、有效果的方法，指导组员们完成。

分清轻重缓急，主要指制订各种目标和计划，并进行优先排序。我们小组中主要选择的是美国著名企业管理家阿兰·拉金提出的 ABC 法，这是一种对我们有较高借鉴和参考价值的方法。

该模式具体操作如下：

① 写出你的人生目标；

② ABC 排序系统（具体参见附录）。

考虑到未必每个组员都适合，我们将其他的方法影印成资料，发给组员，让他们回去后自己尝试。

Ⅱ. 避免浪费时间（参见小组第三节“时间刽子手”活动内容）

在学习了怎样把自己的任务归类解决以后，我们就要开始执行。在执行之前，首先要认识到自己身上存在的一些浪费时间的坏习惯，并尽量改掉，这样才会有充裕的时间，才可以在短时间内完成自己拟定的任务，才会有更多的时间去享受生活。我们以问卷的方式对组员浪费时间的原因进行了调查，总结出了两大浪费时间原因：一是做事拖拉，二是不会拒绝。要解决这两个问题，我们采用的方法是让组员在角色扮演中亲身体会，然后经过讨论想出比较好的解决方案。

（1）拖拉（具体内容参见附录——克服拖拉的18种方法）

知道自己必须做这件事→可真的做不好（或不愿做）→所以准备以后再做→这样也不必说今后不做此事→因而可以心安理得。

（2）学会拒绝

组员们大都是刚进大学的新生，在人际关系方面都想做到处理得当，因此当别人拜托自己做一些力所能及的事情的时候往往都不会去拒绝。但做这些本不属于自己职责范围内的事情时又总会占用很多时间，组员们都纷纷抱怨说“好为难，很困惑”。于是我们就此展开讨论，希望带去一些建议、灵感。

Ⅲ. 提高时间效率（参见第4节小组“时间锦囊”活动内容）

在经过前面几次小组之后，组员们已经经过以下阶段：亲身体验时间的概念→根据自身情况将所有的任务分类规划→克服自己身上浪费时间的坏习惯→提高自己利用时间的效率。因此，我们第四节的活动内容就是“时间锦囊”，即通过有趣的活动形式让组员们学习提高时间效率的方法（具体参见附录）。

Ⅳ. 劳逸结合，学会休息（参见小组活动第5节“slow down”活动内容）

研究表明，缺少休息时，人的认知能力和体力会下降；更为严重的是缺少休息对人心情的影响，人会觉得不愉快、沮丧，甚至觉得体力衰弱、精神枯竭；而较充分的休息会让人觉得愉快、幸福、精神饱满、充满生命力。

我们经过调查访谈，发现组员中的许多人都有一个共同的问题：怎样在不影响学习的情况下拥有更多时间去享受生活的轻松自在、逍遥娱乐。相信在经过前面几次小组活动之后，大家也都学到了许多掌握好自己时间的方法技巧，所以，接下来，我们就要进入到劳逸结合、休养生息的环节。小组的目标是让大家掌握好自己的时间分配，从而有更多的时间尽情享受生活，追求自己想要的东西。我们搜集了几种简单易操作的有效休息方式，具体参见附录。

三、小组计划

3.1　需求评估

以下表格中的问题是潜在组员们提问最多的问题，所以我们把它们罗列出来。从这些问题中，我们工作者看到了大家对我们主题的兴趣，以及我们所没有考虑到的一些问题。例如问题5，组员是个希望有更多时间来娱乐的人。这一个问题启发了我们，于是我们又多增加了一些劳逸结合，放慢节奏，享受生活的内容。我们的小组主题也随之进行了调整。我们希望组员通过我们的六节小组活动能够了解管理时间不是为了更加忙碌，而是为了有足够的时间享受大学生活，既能“学”得开心，又能“玩”得开心，让大家更清晰地了解如何去主宰时间，挖掘日常生活中的美妙风景，从而更有意义地把握大学生活的每一分每一秒！

过程：

问题	解答
1. 怎样合理处理好工作与学习上的时间安排，使自己有更多时间花在学习上	我们的第二节内容中会通过讨论来分享组员们时间安排的经验，然后我们工作者也会介绍一些科学实用的时间安排方法。希望组员可以从中找到适合自己的方法
2. 想知道有效利用时间的方法有哪些，希望大学生活中能有足够娱乐的时间	我们小组第四节中有探讨克服浪费时间坏习惯的问题；第三节会重点讨论有效利用时间的方法。这样就会有更多的时间属于你自己了
3. 同时遇到很多棘手的事情，来不及解决，该怎么办	我们小组第二节的内容是体验一下ABC排序法，它可以将自己的事情分清轻重缓急后进行排序，让自己有计划性地完成一件件棘手的事
4. 我希望在愉快的环境中参加小组活动，可以吗	这是当然的。我们小组会做一些小游戏来活跃气氛。大家不仅在游戏中可以互相熟悉，而且可以在跟时间相关的游戏中亲身体验到一些有关时间的内容，还可以在讨论分享环节中了解一些他人的经验，这或许对自己是受益匪浅的

（续表）

问题	解答
5. 我是个爱玩的人，平常也没有很多的事情要做，并不是很忙，希望知道有什么方法可以让我既不耽误学习又可以玩得尽兴	我们的第三节有关于有效利用时间的内容；我们小组的第5、6节会涉及一些休息、娱乐、让自己暂时从忙碌中解脱的方法。希望这些可以对你有所帮助

3.2　小组计划书

我们“时间达人”小组的初步计划方案大致如下：

表1　时间达人小组计划方案

单元主题	目标	物资	活动内容及时间安排	
第一节 跟你做个 friend	相互认识，增加熟悉度，加深组员对小组的认识，明确小组目的，同心协力建设小组	海报纸 水彩笔 便利贴 笔 糖果	1. 组织者自我介绍，并宣读小组目标（5分钟） 2. “手拉手”画手印，留档案（10分钟） 3. 游戏“交换名字”（10分钟） 4. 讨论、订立小组规范（10分钟） 5. 游戏“大树与松鼠”（10分钟） 6. 总结此次活动，组员填写量表（15分钟）	60分钟
第二节 时间金字塔	在学习、活动和交流中明确目标，了解如何安排时间，分清轻重缓急，必要时学会取舍	便利贴 笔 纸 奖品	1. 回顾上节；介绍本节主要内容（3分钟） 2. 游戏“猜猜是谁”（10分钟） 3. 时间游戏“你还剩多少工作时间”（5分钟） 4. 讨论、交流做完时间游戏的感受（10分钟） 5. 观看案例视频《忙碌的小王》（2分钟） 6. 根据视频相互讨论如何解决案例中人物的情况，提出分轻重缓急的重要性（10分钟） 7. 组员现场操作ABC排序法，并给组员分发其他制订计划的方法的资料（15分钟） 8. 总结，布置任务，填写浪费时间原因调查问卷，填写满意度调查表（5分钟）	60分钟

（续表）

单元主题	目标	物资	活动内容及时间安排	
第三节 时间刽子手	反省自己浪费时间的各种源头和表现，在讨论中，结合多方意见，获得解决的方法途径	纸 笔 便利贴 花生	1. 回顾上节；介绍本节主要内容（5分钟） 2. 游戏“大风吹”（10分钟） 3. 两个角色扮演（拖拉、不会拒绝）（20分钟） 4. 组员讨论刚才的场景体现了什么浪费现象，并提出自己的建议，社工给予补充（10分钟） 5. 组员提出自己身上存在的其他浪费时间的表现，再互相讨论（10分钟） 6. 总结，布置任务，填写满意度调查表（5分钟）	60分钟
第四节 时间锦囊	在活动、讨论中总结提高时效的方法，不再盲目工作、学习	纸 笔 糖果 花生	1. 回顾上节，介绍本节主要内容（5分钟） 2. 游戏“手指碰碰碰”（10分钟） 3. 组员抽取社工准备好的时间锦囊，并概括出锦囊的内容，进行扩展讨论（15分钟） 4. 组员诉说自己在提高时效方面的经历、提出除锦囊以外的其他方法（15分钟） 5. 游戏“1元5角”（10分钟） 6. 总结，布置任务，填写满意度调查表（5分钟）	60分钟
第五节 slow down	让自己的大脑休息片刻，找寻休息的方法，轻松把握劳与逸之间的平衡	纸 笔 糖果	1. 回顾上节，介绍本节主要内容（4分钟） 2. 全体深呼吸3次，放松心情（1分钟） 3. 游戏“编故事游戏”，故事内容有关主题（10分钟） 4. 组员分享交流自己的休息方法，提供看到或听到的较科学的休息方法，社工给予补充（15分钟） 5. 观看休息法视频，互相讨论（25分钟） 6. 总结本次活动，告知组员下一次活动是最后一次小组活动，填写满意度调查表（5钟）	60分钟

（续表）

单元主题	目标	物资	活动内容及时间安排	
第六节 happy future	组员相互道别，互吐心声，回归现实，展望未来，处理离别情绪	纸 笔 纪念品 孔明灯	1. 回顾上节，介绍本节主要内容（5分钟） 2. 总结以往几节小组活动，播放以往的照片视频（5分钟） 3. 收获分享（10分钟） 4. 颁奖典礼（10分钟） 5. 真情留言（10分钟） 6. 游戏“默契大考验”（10分钟） 7. 合影留念（5分钟） 8. 填写量表，后测（5分钟） 9. 放孔明灯，许愿告别，展望未来（10分钟）	70分钟

四、招募

考虑到可能每个人的情况不一样，我们会召集不同性质的学生来加入我们的小组，如平时生活忙碌的学生干部、普通的大学生等，从而更全面去讨论和分析问题，帮助大家更有效地学习和生活。

我们在校内张贴栏处贴了有关小组的海报。所有的小组都在这一张海报上，所以我觉得，作为夹杂在其中的一份子，我们的小组并不起眼。首先，海报上内容太过繁琐，很大一部分人只是稍微看了一下就走了；其次，所有小组都在这上面，而小组的描述过于简略，很多人都不甚明白我们是干吗来的，容易被忽视；第三，由于我们是面向新生招募，很多刚进大学的同学尚未意识到关于“时间管理”的重要性，这也给我们招募的进程带来一定影响。

当然，我们的招募行动不能仅依靠一张海报，在此之前，我们已经访问过部分09级新生，包括有职务的与没有职务在身的，看看他们在大学里面是如何安排时间的，生活是否紊乱，是否需要帮助，如果有，是否愿意加入我们的小组，一起探讨“时间管理”。

幸运的是，的确是有一部分需要帮助的同学愿意加入，稍有不妥的是，有较多小组成员，不仅认识，而且是同一寝室，这就可能会给我们小组的活动带来一定影响。这一部分人也容易分化成一个阵营，与之对立的是另外一部分彼此不甚了解的组员。所以，在小组过程中，如何把这两群人融入到一起是非常关键的，而且必须要让他们不仅是对熟悉的人敞开心扉，更应该与小组中其他的成员分享体会。

最后，我们总结了一下招募计划与进展。大致上说，招募的人数达到了预期标准，但就个体而言，尚有诸多不足之处，如，小组成员之间太过熟悉，小组成员大多无职务在身，男女比例太过悬殊等。这些都是我们今后再做小组工作时应该注意的地方。而在招募过程中，面对面的访谈是很有必要的，这种形式除了显得更加有诚意外，还能了解潜在组员具体需要些什么。

五、小组过程

5.1 跟你做个 friend

过程记录表 NO. 1

（1）团体名称：时间达人小组 （2）团体会期：第 1 次 （3）聚会日期：2009 年 11 月 3 日 19 时 00 分（60 分钟） （4）聚会地点：5A #218 （5）出席成员：9 人 （6）缺席成员：无 （7）阶段目标：让组员互相认识并尝试共同订立小组规范，以及澄清组员期望和小组目的 （8）记录时间：2009. 11. 5 （9）工作者：沈丹萍　马雯晔　刘磊
团体过程评估： 1. 优点：（1）在“手拉手”画手印时，领导者组织得不错，大家都能积极参与，并画出自己的特色 （2）领导者能够使组员充分地感受到民主的气息，让组员踊跃发言 2. 缺点：（1）领导者准备不够充分，主要表现在：小组目的表述得不够清楚、游戏选择不恰当、事前没有自己亲身玩过该游戏、原本小组过程中设有背景音乐，但由于对多媒体器材不够熟悉，无法播放，以至于没有达到预期的效果 （2）领导者配合得不够好，默契度不够，没有起到互补性的作用 （3）气氛不是很好，有点冷场。领导者带动气氛、避免冷场和尴尬的能力以及表达能力还有待加强 （4）领导者没有充分把握好时间，游戏环节花了过长的时间 3. 困难：组员彼此还不够熟悉，部分组员较内向，不大情愿发言，很难融入 4. 组员的建议：（1）活动目的要更加明确，活动时不要太混乱；（2）游戏要更有趣点；（3）气氛还可以再活跃点

5.2　时间金字塔

过程记录表 NO. 2

(1) 团体名称：时间达人 (2) 团体会期：第 2 次 (3) 聚会时间：2009 年 11 月 10 日 (4) 聚会地点：5A419 (5) 出席成员：9 人 (6) 缺席成员：3 人（由于排练以及班会而没有时间来参加） (7) 阶段目标：在学习、活动和交流中明确目标，了解如何安排时间，分清轻重缓急，必要时学会取舍 (8) 记录时间：2009 年 11 月 11 日 (9) 工作者：沈丹萍　马雯晔　刘磊
团体过程评估： 1. 优点：(1) 大家越来越能够敞开心扉地在小组中畅谈、分享，很欣慰 (2) 团队讨论的气氛很好 2. 缺点：(1) 组员对于自己是不是了解；关怀别人 (2) 对于自己是否有信心；这是我们值得关注的重点 3. 困难：还有组员依然不太发言，导致被忽略 4. 组员建议：(1) 增加讨论分享环节 (2) 有趣的游戏，不要惩罚 5. 可以改进的地方： (1) 在以后的小组计划中多增加一些讨论环节，并且把形式稍作修改。不要直接采用口头表达，因为考虑到有些组员属于腼腆害羞型，我们会尽量多用一些书面的方式来让每个组员可以在小组中参与讨论分享，从而引导组员把内心的想法表达出来 (2) 讨论分享环节是组员们比较喜欢的环节，大家可以谈谈自己的想法。我们也会增加一些，可以变换多种形式，来达到这样的效果。希望组员们在交流中可以真正有收获

5.3　时间刽子手

过程记录表 NO. 3

(1) 团体名称：时间达人 (2) 团体会期：第 3 次 (3) 聚会时间：2009 年 11 月 17 日 (4) 聚会地点：5A410 (5) 出席成员：13 人（包含一名摄像师） (6) 缺席成员：无 (7) 阶段目标：让组员认识自己浪费时间的原因，并共同讨论，找寻解决的方法 (8) 记录时间：2009 年 11 月 17 日 (9) 工作者：刘磊　沈丹萍　马雯晔　韩昊一（临时摄像师）

（续表）

团体过程评估： 达到阶段目标：在总结前两次的功过之后，我们的小组活动日趋完善，这次的准备也比较充分，虽然天气很冷，但我们的气氛是热情高涨的，几乎所有人都积极参与了我们的活动，让我们很欣慰 1. 优点：（1）时间把握的很准确，与预期的大致相同 （2）游戏环节，各成员均十分踊跃，积极配合 （3）组员们游戏之后不忘反思，同时与主题联系起来，交流分享各自的想法 2. 缺点：环节与环节的过渡，不太明确，会让组员摸不着头脑 3. 困难：个别组员未积极参与以及分享 4. 组员的建议：（1）时间安排更紧凑 （2）多举些合理安排时间的例子

5.4 时间锦囊

过程记录表 NO.4

（1）团体名称：时间达人小组 （2）团体会期：第 5 次 （3）聚会日期：2009 年 11 月 24 日 19 时 00 分 （4）聚会地点：5A414 （5）出席成员：5 人 （6）缺席成员：4 人（原因：由于学院其他重要活动而无法参加我们小组） （7）阶段目标：在活动、讨论中总结提高时效的方法，不再盲目地工作、学习 （8）记录时间：2009. 11. 25 （9）工作者：沈丹萍　马雯晔　刘磊
团体过程评估： 本次小组活动进行得还算成功，中间没有出大问题，但小问题还是存在。本节的优缺点主要表现在： 优点：（1）小组气氛较轻松自由，没有约束 （2）组员愿意一起分享讨论，并有了一定的结果 缺点：（1）参与人数太少，导致场面有些冷，没有前面一次活跃 （2）组员在讨论时容易跑题 （3）面对一下子有四个人不来的突发状况，社工遇到了新的问题 需改进之处：社工要想办法在人少和一些突发的情况下，知道怎样去应付，怎样去调动气氛，扭转局面

5.5　Slow Down

过程记录表 NO.5

(1) 团体名称：时间达人小组 (2) 团体会期：第5次 (3) 聚会日期：2009年12月1日19时00分 (4) 聚会地点：5教406 (5) 出席成员：7人 (6) 缺席成员：2人 (7) 阶段目标：让自己的大脑休息片刻，找寻休息的方法，轻松把握劳与逸之间的平衡 (8) 记录时间：2009.12.2 (9) 工作者：沈丹萍　马雯晔　刘磊
团体过程评估： 本次小组活动进行得还算成功，中间没有出大问题，但小问题还是存在。本节的优缺点主要表现在： 优点：(1) 小组气氛不错，组员比前几节都活跃了不少 　　　(2) 社工比前一节积极，自然 　　　(3) 组员肯袒露心声 缺点：(1) 两名组员没有向我们请假就未出席，我们也无法联系到他们 　　　(2) 社工由于自身原因，影响小组进程 　　　(3) 由于组员太过熟悉，多次跑题，给社工出了个难题 需改进之处：社工还是要继续提高自身能力，想办法尽量不要让组员跑题

5.6　Happy Future

过程记录表 NO.6

(1) 团体名称：时间达人 (2) 团体会期：第6次 (3) 聚会时间：2009年12月15日 (4) 聚会地点：5A218 (5) 出席成员：10人 (6) 缺席成员：2人（由于排练以及班会而没有时间来参加） (7) 阶段目标：组员相互道别，互吐心声，回归现实，展望未来，处理离别情绪 (8) 记录时间：2009年12月15日 (9) 工作者：沈丹萍　马雯晔　刘磊

（续表）

团体过程评估：
这一次我们基本达成了预计的目标，是所有活动中气氛最融洽的一次，也可以说是我们小组的完美落幕，在以后的日子里，希望组员们有更好的能力自己去管理时间
1. 优点：（1）大家能够越来越敞开心扉地在小组中畅谈、分享，所以工作者很欣慰 （2）团队讨论的气氛很好
2. 缺点：（1）组员对于自己是不是了解；关怀别人 （2）对于自己是否有信心；这是我们值得关注的重点

六、过程评估

6.1 过程评估

表1：

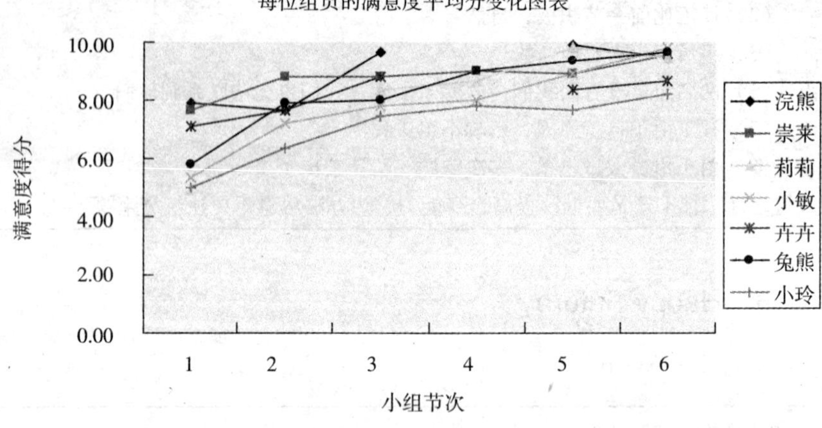

上图是我们小组每位组员对每次小组活动的总体满意度变化表。（由于有2名组员经常缺席，因此我们并没有将他们的分数算入；另外，表中也有2名组员因为有事缺席了一次活动，因此有2个数据没有连贯起来。）

从图表中明显可以看出：

- 每位组员的满意度随着小组的活动在不断上升。
- 组员们从一开始对小组的不熟悉、紧张，到现在在小组活动过程中可以放松自由地讨论、分享，乐于参与我们小组的每一次活动、每一个环节，对我们小组的评价也越来越好。

• 组员们之间的满意度也有差异。

• 我们看到有些组员的满意度始终在一个较高的分值上，而有些组员的满意度分值则相对低（但也是上升趋势的）。通过我们实习社工的观察发现：满意度分值较高的组员相对比较外向、开朗，在活动过程中表现非常活跃；而满意度相对低的组员性格稍许内敛、温和，在活动过程中的表现也很平稳，但是所有组员都很配合。

表2：

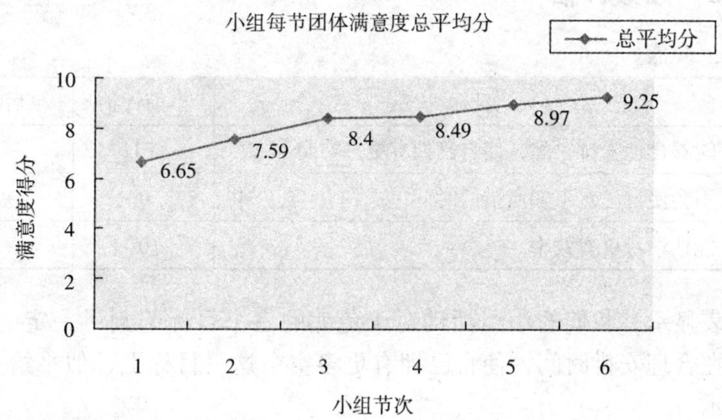

从表中可以看出：

• 每次活动组员给予的满意度都不断增加。

• 从第一节的6. 65分到第五节的9. 25分，这2. 6分的差距显示从刚开始的生疏到现在组员们与我们实习社工、组员之间的那种熟悉和默契，我们看到了我们小组的成长。在了解到组员们非常喜欢讨论、分享环节以后，我们马上在以后的计划内容中增加了这一项内容，得到了组员们的肯定，也增加了大家的兴趣。

• 但过了8分以后上升趋势呈现平缓状态。

• 跨过了8分的门槛，首先我们社工很高兴自己得到了肯定。但是始终没有继续保持那种向上冲刺的劲头，我们认为可能是我们的第一次小组有许多不成熟的地方，例如每次都不能准时开始、结束；因为组员们的时间上的冲突，有几次的小组活动会缺席1~2名组员；在活动过程中我们实习社工有时会发生小疏忽、纰漏；不过我们会继续努力，希望今后有机会再做小组时改正这些缺点。

• 最高分达到了9. 25分。

最后一节的活动我们特别设计了一下，希望组员们在我们小组的最后一次活动中也能够非常愉快地度过。我们制作了精美的视频剪辑，将过去

5 节的活动片段播放给组员们观看，从中回顾我们小组每一节的收获和缺陷；我们进行颁奖仪式，肯定每位组员在小组中的表现；我们合影留念，记录下我们这个“大家庭”的美好瞬间；我们一起庆祝小组 6 周岁生日，边吃蛋糕边做游戏；每位组员都许下了美好的愿望；最后，我们一起去放孔明灯，展望未来，放飞梦想。看着大家的笑脸，我们相信，这次活动一定给组员们留下了深刻美好回忆。

6.3 成效评估

组员：兔熊

	目标	事前评估	事后评估
1	能够合理安排时间，使自己拥有更多空余	–1	+2
2	不会使自己有不知所措的时间	0	+1
3	能让学习更有效率	0	+1

该表显示，我们的小组活动对于兔熊的三个目标起到了一定的作用。尤其是在合理安排时间，使自己拥有更多空余这一目标上，似乎给了她不少的启示。

组员：崇莱

	目标	事前评估	事后评估
1	可使自己在学习上的时间规划更有效率	–1	+1
2	希望在大学中的娱乐时间比学习时间多	–1	+1
3	希望四年的大学生活可以完美地结束	–1	+1

由上表可见，崇莱在我们小组同样有一定的收获，这让我们比较欣慰。但仔细想想，她的事后评估基本都在+1，这说明我们小组仍存在着一定的上升空间，可以做得更好！

组员：莉莉

	目标	事前评估	事后评估
1	合理处理工作和学习上的时间安排，使自己有更多时间花在学习上	+1	+2
2	希望在大学期间学习时间比娱乐多	–1	+1
3	处理好人际关系	–1	+1

莉莉是我们小组中忙碌型的组员，从她的第一个目标来看，她的事前

评估已经是+1了，说明她原本就能够处理好自己的工作和学习，已经能够较好安排时间。在这样的情况下，我们的小组还能够使她的事后评估比事前又高了一分，真的很不容易。

组员：小敏

	目标	事前评估	事后评估
1	合理利用时间	+1	+2
2	能够更好与他人交流	–1	+1
3	对自己更有信心	–1	+1

小敏同学刚加入我们小组时比较沉默寡言，不太爱发言。经过几次的活动，他达成了这3个目标，并且在他的身上我们也确实感受到了他在这几个方面的成长！

组员：小玲

	目标	事前评估	事后评估
1	能使自己更合理地安排时间	0	–1
2	能使自己更有效地利用时间	0	0
3	提高交际能力	0	+1

小玲似乎是我们小组中唯一一个没有三个目标都达成的组员，这让我们很诧异。由上表分析，我们在时间管理方面似乎完全没有帮助到她。于是，我们对她进行了回访，她表示我们社工在时间管理方面内容可以更全面和广泛些，因为她一时间还没有办法找到真正适合自己的那一套时间管理模式。仔细想想，她的这一特例也并非坏事。事实上，我们确实在活动中欠缺很多的考虑，下次我们会更努力！

组员：浣熊

	目标	事前评估	事后评估
1	能够培养更多集体凝聚力	0	+2
2	能够培养更多处理时间问题的能力	+1	+1
3	能够比以前更了解自己	0	+1

由上表可见，浣熊认为自己在处理各类时间问题的能力上并没有什么提高。原因可能是我们小组考虑的不够周全。而且，浣熊比较内向，不太

愿意把自己的问题说出来。看来，我们以后要多关注这一类的组员，让他们多多说话。

组员：卉卉

	目标	事前评估	事后评估
1	更合理安排时间	0	+1
2	了解更多课余活动	–1	+2
3	认识更多朋友	0	+1

上表显示，我们小组的活动对卉卉来说产生了一定的效果，尤其是在学会放松，劳逸结合方面给了她不少的启示，这给了我们鼓励。相信下次会做得更好！

组员：3W

	目标	事前评估	事后评估
1	成为时间达人，玩与学能自己合理安排	+2	
2	变得更加自信	+1	
3	与小组成员关系融洽，成为朋友。	+2	

总的来说，组员后测的分数普遍比前测高，大部分组员觉得自己在小组的目标达成要比预期中好，我们共同的努力多多少少对他们产生了一定帮助，这一点使我们比较欣慰。

【参考文献】

[1] 黄希庭，张志杰．论个人的时间管理倾向．心理科学，2001.

[2] 张小方．大学生时间利用状况的社会学分析——对北京市七所高校本科生的调查研究［D］．北京师范大学硕士论文，2005.

[3] 吴迎峰．大学生时间管理现状与对策，科协论坛，2007，（4 下）．

[4] 秦启文，张志杰．时间管理倾向与心理健康关系的相关研究，心理科学，2002.

[5] 崔冠宇．大学生学习时间管理策略的应用特点及其影响因素．学位论文，2007.

[6] 刘电芝，土德清．影响学习策略掌握和运用的因素．学科教育，1997.

[7] 刘祥亚．踩死那只蟑螂．2005.

[8] ［美］阿兰·拉金．How to Get Control Your Time and Your Life. 2006.

[9] 赵自立，吴昊．时间管理：把握最宝贵的财富．2004.

【感想】

• 小R（马雯晔）的心语：

小组终于结束了，没有想到的是第一感觉不是释然，而是有点依依不舍。原来觉得小组应该不难吧，但是做了以后才发现小组是个那么复杂、麻烦的过程。所有可能发生的都要考虑到，否则就会如同我们的第一次小组活动一样，有些尴尬的场景出现，比如我们的游戏规则没有设计好，破绽百出，还是在组员们的建议下才能够基本顺利完成的，这让我们颇受打击。所以，在以后的几次活动中我们都吸取经验，把每个环节的每个细节都想清楚。

计划漏洞问题解决了，但又有另一个挑战出现，那就是怎样能够做个出色的领导者。我发现我们的组员之间关系非常密切，是同学，是室友，因此，思维总会跟着自己的圈子走，在讨论环节中尤其凸显，说着说着就会游离出主题，很考验我们的引导带领技巧。然后有些组员因为本身个性腼腆的关系，并不是太爱发言。于是我们也要尽量想办法多给他们一些鼓励和机会，让他们能够不断地有机会展现自己。有时候我觉得我要说很多话来打动大家，带动组员，我突然觉得在小组中的我好像不是真实的我，或者有时会有“原来我还有这一面啊”这样的感慨。平时我是个喜欢撒娇的、孩子气的女孩，但在小组中，看到小学妹们会突然有一种想要去保护她们、关心她们的冲动。我想我也在不断成长呢！

同学们看到我在小组中的表现，给我的评价是“好棒哦！真得很厉害！你跟平时完全不一样”。哈哈！听到这样的鼓励我真的很开心。我想把小组做好！尽我所能！最后看到学妹们都是很开心的离开我们的小组，突然觉得：恩！小组没有白做！至少我们拥有了很愉快的时光。组员们给我们的评价、寄语也令我们十分高兴。成就感顿时油然而生！

• 石头（刘磊）的奋斗：

一晃眼，进入大学一年多，我也升到大二了。年级改变了，我也改变了，和刚进大学的毛头小子相比，在未来一年里，我将面对更多挑战。

首当其冲的便是小组工作。

在大一的时候，我参加过一个小组工作，当时作为一个参与者，对这个活动只是大致了解，知道它是一小群人坐一起，谈论某个主题，分享各自的经验。现在，我将不再只是一个参与者，还将担任领导者的工作。

于是，在很没底的情况下，我被迫从台下走到了台上。说自己没底，那是一点都不谦虚的说法，是真实的想法，因为我的确是没把握，但又不得不去做，压力是很大的。

首先，压力来自于组员。我们的学弟学妹们，可以算得上真正的90后。在我的印象里，90后的思想都是比较奇特的，他们有自己的见解，往往与大众的见解相悖。作为领导者，我能正确指引他们吗？他们是否会配合呢？如果意见不同，小组会不会解散呢？对于他们，我有很多忧虑。

其次，压力来自于同学。一个班的同学，大家分成n组，各自确立了主题，开始招募组员，制定小组计划等等。看到大家那么认真，那么努力，碌碌无为的我实在有些汗颜。与我一组的两位同学，之前我们从来没合作过，对彼此的了解也不是很透彻。对他们的担心也是多方面的，比如我们的意见能否达成一致，我们的分工该是如何的，当我们发生矛盾时该怎么办。

最后，最大的压力是来自于自己。由于这是大二的实习作业，我们每个人都需要去领导自己的小组，有些人拥有与生俱来的领导能力，或者是经过中学时期的锻炼，能够游刃有余地带领自己的团队。但是，我呢？我没有那本事，但我需要那本事，我该如何在短时间内拥有这样的技能呢？对自己的不自信，对未来的不自信，让我多个夜晚彻夜难眠。

现在，6节小组全部完成了。我们有过失败，有过矛盾，有过彷徨，但更多的，是对自己的肯定，是对自己的重新认识，是更加确信我们需要什么。矛盾也不都是不可协调，我也不是那么弱。

在小组过程中，我认识了那些可爱的学弟学妹，其实90后也不像想象中那般奇形怪状；我和组员的关系更加密切，配合的更有效率，虽然有过矛盾，但也不是不可协调，那只不过是一个脚步的距离，你进一步的时候我退一步即可；最重要的是，我在活动中重新认识了自己，更深刻地了解了自己内心想要的东西，对未来也有了更清晰地把握。

然而，我们的小组终究不能说是很完美的，有太多的东西需要我们反思和总结，不管是内容计划还是实际实施。

谦卑的心使人进步。在今后的日子里，我们仍需要付出，即使没有好的结果，也不能停止努力。学习，学习，再学习。

变形记

——让我们一起认识女性美，欣赏女性美，拥有女性美

实习社工：孙薇薇　陆梦云　谢梦磊

时间：2009年12月

【缘起】

“韩流”来袭，带来了韩剧，也带来了整容。据报道上海第九人民医院整形科近年美容门诊异常火爆，2001年暑期每天门诊量达100多人，最多一天达200多人，其中80%为大中学生，且95%是女孩子。2002年暑假，中国医学科学院整形外科医院，平均每天做70台学生整容手术，其中95%是女生，最多的一天，手术达112台。许多女大学生都曾去美容院要求除去脸上的雀斑、天生的痣斑和“青春痘”等，这其中不乏自身条件很好的女生，仍要求“锦上添花”，做酒窝、割双眼皮、隆鼻梁或进行全身性的减肥。女大学生整容已成为大学校园的一股“流行风”。女大学生何以如此热衷整容，而整容背后更深的原因又是什么呢？

女大学生整容是一种对女性外在美的追求，而值得深思的是，这些外在美的标准却相差无几，如双眼皮、瘦等，那么这些女性外在美的标准是如何界定的，为什么女大学生要遵循这些标准呢？整容已经不单单是整容本身的问题，它所折射出的更是一个社会问题。带着这些疑问，我们决定将小组主题定为女性美。

【理论框架】

小组以整容这一社会现象为切入点，与组员一起探讨这一现象背后所折射出的关于女性美的问题。所以我们将小组四节主题定为：整容与女性美——认识女性美——欣赏女性美——拥有女性美。

【整容与女性美】

越来越多的人，尤其是女性选择整容手术，并非因为她们不漂亮，而是想要成为“标准美女”。女性美近乎苛刻的标准值得深思。而我们的小组就是和组员一起探讨这种苛刻女性美的标准背后的原因。

【认识女性美】

这些近乎苛刻的审美标准是怎么来的呢？仔细观察，不难发现，那些时尚杂志，电视媒体几乎所有大众传媒上出现的女性形象无一不拥有天使的面孔魔鬼的身材，可是，生活中大多数女性的外在形象却与之不符，大众传媒对女性形象的表现和传播出现偏差，使得我们对于女性美的认识产生偏差。那么，大众传媒又是受何影响？我们知道虽然现在大力提倡男女平等，但是几千年封建制度中以男性为绝对中心的父权制社会，使得男性成为女性美的构建主体，男性在把女性异化为“物”的基础上对女性进行审美，女性则将男性的审视逐渐内化，按照男性所指认的形象来塑造自己，甚至不惜忍受身心的巨大痛苦。

在这节中我们希望组员可以了解大众传媒对于女性美传播的偏差，以及造成这种偏差的原因，进一步认识女性美。

【欣赏女性美】

有了上两节内容的基础，我们希望组员可以改变原本对于女性美片面的认识，独立思考自己所欣赏的女性美。女性美不仅仅只是外表美丽，独立的人格与尊严以及对自己个人精神世界的追求，才是女性美的真谛，才是我们应该欣赏的女性美。

【拥有女性美】

在这一节中，我们将和组员一起探讨如何拥有女性美。这一部分我们主要是基于女性主义的观点，即由每个人自己来决定自己在美貌问题上的选择。这种自我决定不应依赖男性的审美观。此外，我们将与组员分享视频《真实的女人》，以此让组员更好了解女性美的个体化、多元化。我们自身才是女性美的主宰者，我们应该自己定义女性美。

【需求评估】

在小组活动正式开始前，我们对18位女同学进行了访谈。在向她们表明了小组目标及活动形式后，她们给出了一些意见，主要分为三大类：（1）希望得到更多整容的信息，如费用、风险、相关数据等；（2）社会对女性美的注重程度，女性美会不会影响就业等；（3）希望在小组过程中提供更多的实例而非理论。

有些意见虽十分零散却给了我们很多灵感，我们对小组内容及活动形式做了一定调整。首先，我们增加相关的新闻视频和情景模拟，给组员更直接的感受，也可加强组员间的互动。其次我们将主题，女性美更多与实际生活联系起来，而非只停留在文本上，如女性美与就业，女性美与文化等，使小组内容更丰富。

【小组计划】

第一节　我们的大家庭

活动时间	目的	内容	所需物资
20 分钟	小组组员之间以及与实习社工之间相互认识	选择可以代表自己的颜色，在便签纸上写下姓名或昵称并做一下自我介绍（兴趣爱好，性格特点等）.	便签纸 彩色笔
12 分钟	熟记彼此的名字，活跃气氛，打破尴尬	小游戏“萝卜蹲”	
5 分钟	让组员更清楚小组目的及内容，并澄清疑问	介绍小组的目的及内容	
10 分钟	与组员一起制定小组公约，对小组更有归属感及承担责任	每位组员提出自己的建议，与大家商讨后在画纸上写下公约，并签名	大画纸 笔
8 分钟	让组员表达对此次小组的感受，令实习社工明白组员的看法和意见，随时改进	邀请组员简略地说出对此次活动的感受及意见	
15 分钟	获得数据	将相关量表发放给组员填写，并解释如何填写	量表 笔

第二节　整容与女性美

活动时间	目的	内容	所需物资
10 分钟	活跃现场气氛，通过组员间的肢体接触，打破陌生感	小游戏：“拷贝不走样”	
20 分钟	引入热点话题——整容。让大家初步了解整容相关信息，为后半节关于整容的讨论做铺垫	分享明星整容前后对比照片；整容失败与成功案例，以及关于整容的相关数据	
15 分钟	讨论分享各自对整容的看法，并总结这些看法	在所发的小纸片上写下自己对整容看法的关键词，并与大家分享自己的看法，归类后写在纸板上	小纸片 笔 纸板
10 分钟	分析整容这一社会现象。从而引出小组主题——女性美	与组员分享我们收集的相关资料，引出小组主题——女性美	
10 分钟	让组员表达对此次小组的感受，令实习社工明白组员的看法和意见，随时改进	邀请组员简单说出对此次活动的感受及意见	
5 分钟		填写量表	

第三节　认识女性美

活动时间	目的	内容	所需物资
10 分钟	活跃气氛，确定组员座位次序	小游戏：大风吹	
20 分钟	通过资料分享和讨论让组员从多角度认识女性美，了解女性美，如女性美与大众传媒，女性美与消费社会等等	组员各自在纸上写下自己对于女性美的定义，并与大家分享	纸 笔
10 分钟		与组员分享我们收集的关于女性美的资料	
15 分钟	与组员分享一些女性美所引发出的社会现象，如选美活动等，加深对女性美的认识	组员对实习社工提出的一些社会现象发表自己的看法，并由实习社工做总结	
5 分钟	让组员表达对这次聚会的感受	请组员简单谈谈此次聚会的感受	
5 分钟		填写量表	

第四节　欣赏女性美

活动时间	目的	内容	所需物资
20 分钟	通过不同地域、不同时代和不同文学作品中对女性美的欣赏，了解文化对于女性美的影响，从而用更广阔的视角接纳不同的女性美	以小测试“环球游”的形式让组员分别在纸上写下给定国家的文化以及女性审美的关键词，以击鼓传花的形式，逐个表达自己的看法	纸 笔 纸棒
15 分钟		小游戏：教跳拉丁舞。以舞蹈的形式表现女性美，并分组表演	
10 分钟		通过对不同时代典型女性代表的赏析，与组员分享讨论对不同时代女性美的看法	
15 分钟		组员间分享讨论文学作品中对女性美的赏析	
5 分钟	让组员表达对这次聚会的感受	请组员简单谈谈此次聚会的感受	
5 分钟		填写量表	

第五节　拥有女性美

活动时间	目的	内容	所需物资
20 分钟	视频“真实的女人”，激发组员对于女性美的思考 提出女性主义是如何拥有女性美的观点：由每个人自己来做出选择。让组员说出自己对于女性美的选择，并为自己制定目标	观看视频“真实的女人”	
15 分钟		发表观后感	
10 分钟		与组员分享女性主义的观点	
25 分钟		组员在纸上写下自己对女性美的选择，并与大家分享，然后为自己制定目标	
5 分钟	让组员表达对这次聚会的感受	请组员简单谈谈此次聚会的感受	
5 分钟		填写量表	

第六节　回顾，告别

活动时间	目的	内容	所需物资
15 分钟	重温小组内容	与组员总结分享小组内容	
10 分钟	让实习社工了解组员对小组的感受	请组员分享参与小组的感受	
10 分钟		填写相关量表	
35 分钟	实习社工与所有组员同欢	大食会	预先准备的食材及礼物

【小组过程】

见面会过程记录表

(1) 团体名称：变形记
(2) 团体会期：第一次
(3) 聚会日期：2009 年 10 月 28 日 19 时
(4) 聚会地点：四教
(5) 出席成员：朵朵　倩儿　小甜　大饼　小菜　美美
(6) 缺席成员：无
(7) 团体目标：让大家一起认识女性美、欣赏女性美、塑造女性美
(8) 阶段目标：让组员了解小组的基本内容，确定小组成员、活动时间和地点
(9) 记录时间：2009 年 10 月 29 日
(10) 工作者：孙薇薇　谢梦磊　陆梦云

团体过程评估：

组员都愿意积极参加我们小组，且对小组的内容很感兴趣，也给了我们一些很好的建议

第一节 我们的大家庭过程记录表

<table>
<tr><td>（1）团体名称：变形记
（2）团体会期：第二次
（3）聚会日期：2009 年 11 月 11 日 12 时 20 分
（4）聚会地点：四教
（5）出席成员：朵朵　倩儿　小甜　大饼　小菜　美美
（6）缺席成员：无
（7）团体目标：让大家一起认识女性美、欣赏女性美、塑造女性美
（8）阶段目标：大家互相认识，打破陌生感，让组员更清楚地了解小组内容，制定小组公约，为小组的正式开始做好准备
（9）记录时间：2009 年 11 月 18 日
（10）工作者：孙薇薇　谢梦磊　陆梦云</td></tr>
<tr><td>团体过程评估：
这次活动是大家第一次正式见面，都比较拘束，工作者也有些紧张。因此，第一部分自我介绍时，由于大家都有些羞涩，往往两三句话就结束了，气氛有些冷场。但是，当个别组员说起自己的偶像时，引起了大家的共鸣。随着游戏的进行，大家越来越熟悉，也越来越放松，并自觉投入游戏中，气氛也随之热烈起来。第二部分制定公约十分顺利，每个人都写下了一条公约，也都得到了大家的赞同，并且很正式地签上了自己的名字</td></tr>
</table>

第二节 整容与女性美过程记录表

<table>
<tr><td>（1）团体名称：变形记
（2）团体会期：第二次
（3）聚会日期：2009 年 11 月 11 日 12 时 20 分
（4）聚会地点：四教
（5）出席成员：朵朵　倩儿　小甜　大饼　小菜　美美
（6）缺席成员：无
（7）团体目标：让大家一起认识女性美、欣赏女性美、塑造女性美
（8）阶段目标：大家互相认识，打破陌生感，让组员更清楚地了解小组内容，制定小组公约，为小组的正式开始做好准备
（9）记录时间：2009 年 11 月 11 日
（10）工作者：孙薇薇　谢梦磊　陆梦云</td></tr>
</table>

（续表）

团体过程评估：

本节的高潮部分是大家的观点都不一致，撞出了讨论的火花。工作者运用同理心鼓励成员发言，同时也接纳成员不同的看法，并告诉她们，人具有多样性，这才是小组讨论的精髓所在，并表示值得鼓励。但是在这一阶段，我感觉我们工作者也有不足的地方，其实这是组员的小组，应该是他们更多地表达，工作者过度地自我表露影响了组员本身的判断，干扰了她们的选择

第三节 认识女性美过程记录表

(1) 团体名称：变形记
(2) 团体会期：第四次
(3) 聚会日期：2009 年 11 月 18 日 12 时 20 分
(4) 聚会地点：四教
(5) 出席成员：朵朵 大饼 小菜 美美
(6) 缺席成员：倩儿，小甜
(7) 团体目标：让大家一起认识女性美、欣赏女性美、塑造女性美
(8) 阶段目标：让组员了解女性美的定义，从而认识女性美，并了解女性美对于个人生活和社会的影响
(9) 记录时间：2009 年 11 月 24 日
(10) 工作者：孙薇薇 谢梦磊 陆梦云

团体过程评估：

讨论有些冷场，可能是我们的问题不够聚焦，也可能是组员有些紧张还没有进入状态，因此每个人的发言都很简短。不过进入第二个环节后，大家渐入佳境，特别是表演的时候，气氛很活跃，随后的投票更是让气氛到达了一个高潮。随后的讨论，大家摆脱了开场时的拘束，开始越来越有参与精神，也更积极地表达自己的想法。在往后的讨论话题，我们会尽量说得具体一些，并举出例子，给组员一个明确的方向，让组员能有话可说

第四节 欣赏女性美过程记录表

(1) 团体名称：变形记
(2) 团体会期：第五次
(3) 聚会日期：2009 年 11 月 24 日 12 时 20 分

（续表）

(4) 聚会地点：四教 (5) 出席成员：朵朵　小菜　美美　倩儿　小甜 (6) 缺席成员：大饼 (7) 团体目标：让大家一起认识女性美、欣赏女性美、塑造女性美 (8) 阶段目标：通过不同地域，不同时代和不同文学作品中对女性美的欣赏，了解文化对于女性美的影响，从而用更广阔的视角接纳不同的女性美 (9) 记录时间：2009 年 11 月 24 日 (10) 工作者：孙薇薇　谢梦磊　陆梦云
团体过程评估： 组员似乎对欧洲女性的特点了解不深，大多都是表象性的，而对亚洲女性相比就熟悉很多。有的组员觉得中国与日本的女性受儒家影响很深，那些女性大多是三从四德。在第二项内容中，组员完全被调动起来了，很配合我们的舞蹈教学，在过程中笑声不断

第五节　拥有女性美过程记录表

(1) 团体名称：变形记 (2) 团体会期：第六次 (3) 聚会日期：2009 年 12 月 1 日 12 时 20 分 (4) 聚会地点：四教 (5) 出席成员：朵朵　大饼　小菜　美美 (6) 缺席成员：倩儿　小甜 (7) 团体目标：让大家一起认识女性美、欣赏女性美、塑造女性美 (8) 阶段目标：让组员认识了解我们自己才应该是女性美的主体，鼓励组员寻找自己心中的女性美定义，并为之努力 (9) 记录时间：2009 年 12 月 1 日 (10) 工作者：孙薇薇　谢梦磊　陆梦云
团体过程评估： 观看视频起到了很好的效果。组员在随后发表观后感时都十分踊跃，纷纷表示视频带给她们很好的思考。随后我们为组员介绍女性主义对于如何塑造女性美的看法，我们鼓励组员在纸上写下自己心中女性美的定义，并讲述他们该如何做到，这一部分用时较长，主要原因是组员表示有难度，她们需要更多时间思考，好在最后还是顺利完成了

第六节　回顾告别过程记录表

（1）团体名称：变形记 （2）团体会期：第七次 （3）聚会日期：2009 年 12 月 8 日 12 时 20 分 （4）聚会地点：四教 （5）出席成员：朵朵　倩儿　小甜　大饼　小菜　美美 （6）缺席成员：无 （7）团体目标：让大家一起认识女性美、欣赏女性美、塑造女性美 （8）阶段目标：通过对不同地域、不同时代和文学作品中女性美的欣赏，了解文化对于女性美的影响，从而用更广阔的视角接纳不同的女性美 （9）记录时间：2009 年 12 月 8 日 （10）工作者：孙薇薇　谢梦磊　陆梦云
团体过程评估： 成员互相祝福并且留下了联系方式。在组员们互留的话语中有一句话使我非常感动：以后是朋友。的确，我们有许多的辛苦与眷恋，通过这次活动，组员们同时也包括我们工作者都有所改变，我们变得让自己更自信了

【过程评估】

整体而言，前三节的数据呈上升趋势，第四节有回落，随着小组活动进入到中期，组员们稍有倦怠感。后三节数据依旧呈上升趋势。

以下是一些题目的评分变化情况：

我能在这次团体中向别人表达我的看法

第一至三节的得分呈稳步上升趋势。但在第四节稍有回落，主要原因在于第四节让组员表达的内容较多且有一定难度，在小组过程中就有个别组员表示有难度。后三节中组员对小组中表达自己的意见已经不那么排斥且讨论气氛也良好。

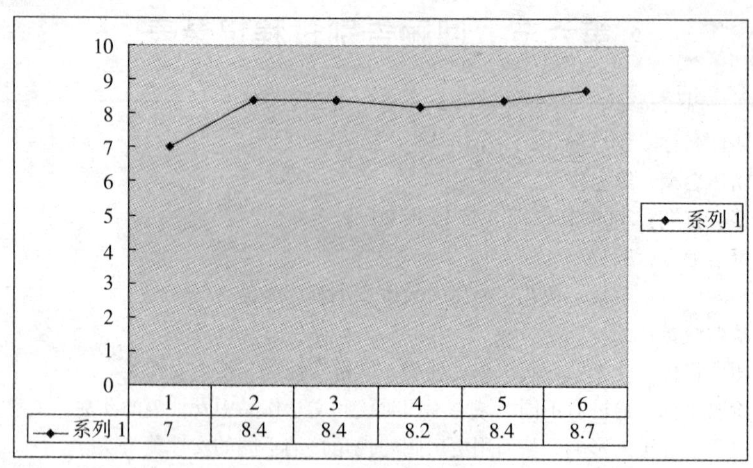

我喜欢这次团体活动

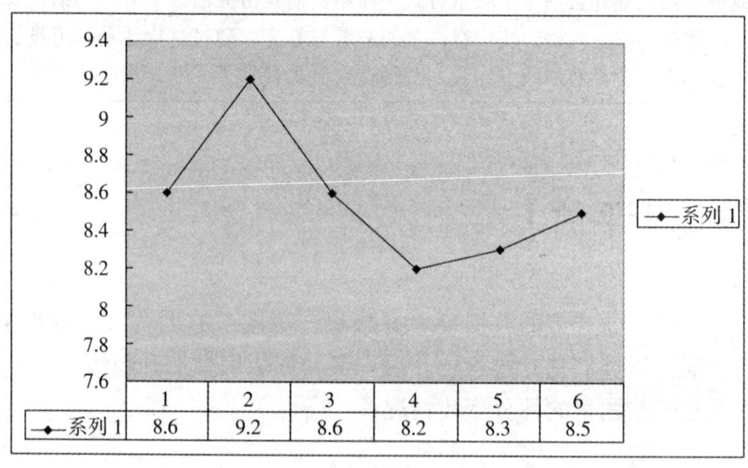

表中反映第二节的得分最高，三四两节有逐渐下降趋势。第二节为小组内容的正式开始，组员对小组活动很有新鲜感且第二节内容是组员十分感兴趣的话题——整容，在小组过程中，讨论氛围一直十分热烈轻松。三四两节则由整容引入了正题——女性美，相比第二节，三、四两节没有引起组员更多的共鸣。在后两节中我们做了相应地调整，例如不再是我们引出讨论话题，而是视频观看后组员表达等。

参加团体使我对自己越来越有信心

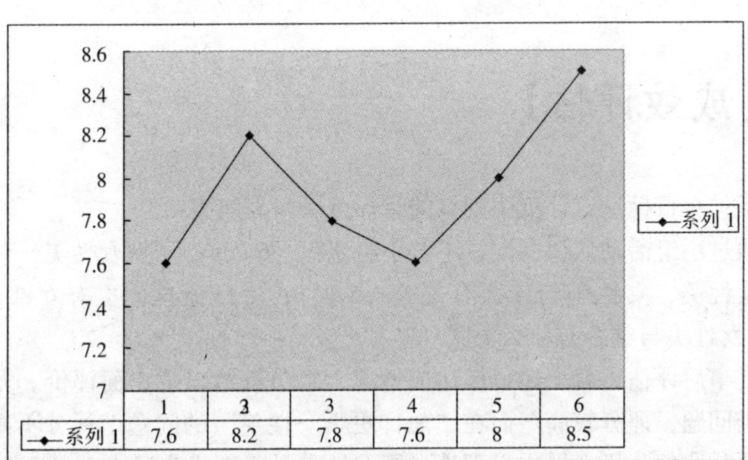

随着小组的深入，要求组员表达的内容逐渐增多，有些组员不太善于表达自己的想法，在活动中稍显沉默，因此数据在三、四两节呈下降趋势。随着小组的继续进行，组员彼此已经非常熟悉，也不再惧怕在他人面前表达自己的看法，且对女性美的讨论包含的范围越来越广使组员有更多的话可以说。

我觉得这次聚会大家互相信任而且坦诚

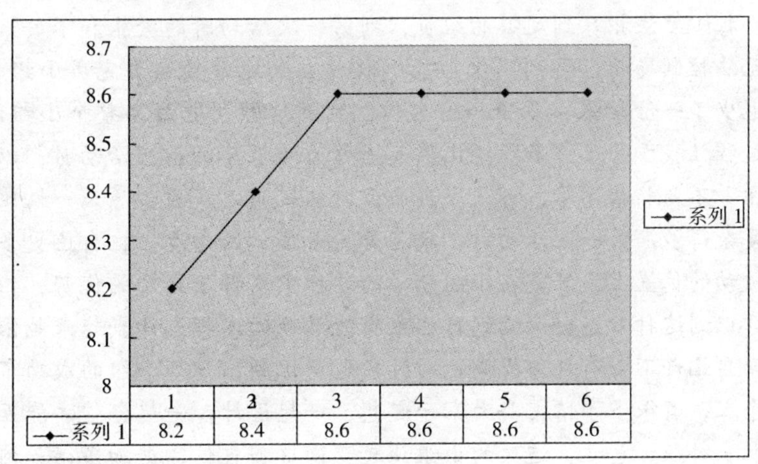

较之其他八个问题，这一问题的数据是唯一没有下降的，组员在三次小组活动后已明显没有陌生感且相互之间也建立起默契，在活动过程中组员间的气氛良好。

【成效评估】

组员在目标达成评级中列举的目标可以归为四类：

通过小组活动认识朋友，了解小组流程（6 人）；了解女性美，包括什么是女性美，女性美与什么有关等（6 人）；怎样让自己更有女性美（4 人）；女性美与整容有什么关联（2 人）。

在事后评估，就上述目标达成情况，组员都给出了正面评价。尤其是前两类问题，评分较高。而在“怎样更具女性美”的问题上评分不高，原因主要是我们基于女性主义理论强调女性美是每个人自己在美的问题上做出的选择，所以这节的主要内容是由组员自行制定女性美的目标，可能这与大多数组员的理解不同。

【感想】

虽然六周的小组活动很快就结束了，但是整个小组的策划、筹备和具体实施，每个过程都历历在目。从小组主题的苦思冥想、小组计划的不断修改、担心无法招募到足够的组员，到第一次活动时的紧张和不安，害怕自己无法控制场面，再到几次后能够收放自如地带领组员完成小组目标，自己也少了一份紧张，多了一份自信，到最后顺利地结束整个小组活动。这个过程让我成长了许多。还记得大一作为组员参加小组活动时，以为组织小组并不是非常困难，可是当自己亲自组织时才发现，原来一切比我想象中复杂得多。第一次活动时，我还是抱着帮忙的态度，把自己更多地放在了被动的位置上，只是在小组分享的过程中发挥了自己的优势，但是我很快意识到这种心态会影响到自己主观能动性的发挥，让我越来越依靠别人，而自己却不会有任何提高。同时我也意识到，一个小组的成功不能只靠一个人，有很多事情需要大家一起想，一起设计，一起合作才能互相督促，取长补短。总之，这次的小组让我变得更加自信，更加懂得如何与人合作，使我在实践中更加清晰深刻地了解小组工作的整个流程，也让我体会到了艰苦忙碌后，收获成果时的快乐。

——陆梦云

在整个小组过程中，对于我们而言最难的不是如何带领组员，反而是关于小组主题女性美。首先，对这个主题我们的了解不够深入，仅仅停留在女性外在美与内在美的层面，所以对于我们自身而言这亦是个学习的过程。我们的小组以讨论为主，所以在招募时人数不是很多，一开始我们担心这会使小组气氛不够活跃，但是令我们惊讶的是每个组员都有很好地表达意愿，很乐意与他人分享自己的意见。

总的来说小组的过程还是十分愉快的，与其说是我们在带领，不如说是大家交流彼此的意见。当然这与我们还不够专业有关，但是我们在小组中所营造出的轻松愉快的氛围得到了组员的认可，我们希望在今后的小组中可以做得更专业，对于主题地把握更到位，这样才能真正帮到参加我们小组的组员。

——孙薇薇

【参考文献】

1. 王金凤，章辉美．美的历程——中国女性美的演变与社会变迁．长沙铁道学院学报，2008（4）：106-111.

2. 梁涓．从中国文化的发展看女性美标准的变迁．今日南国，2009（115）：138-139.

3. 艾晓明．重新定义“女性美”．中国青年研究，2002（2）：71-74.

4. 游力．广告传播中两性形象新定义．广西师范学院学报，2009（2）：153-156.

5. 徐炫．美在矛盾与和谐的统一．重庆科技学院学报，2009（9）：143-144.

6. 张宏．女性美审美标准的演变和时代特征．大连大学学报，1999（5）：69-71.

7. 章立明．身体消费与性别本质主义．妇女研究论丛，2001（6）：57-60.

8. 王春梅．被肢解的女性——广告中的女性形象解读．江西社会科学，2005（4）：153-156.

9. 杨珍．“被看的女人”——媒介传播中女性形象的符号学批判．太原师范学院学报，2004（1）：46-48.

——解决人际问题
走出人际困境

实习社工：岑霏婷　金丹丹

时间：2009 年 10 月～12 月

【缘起】

进入20世纪90年代中期，大学生中独生子女增多，心理问题乃至心理障碍显得更为突出。兰州师范高等专科学校心理咨询中心对1600名大学生进行问卷调查，结果表明，在校大学生中出现心理障碍倾向者比例约为30%~40%左右，其中有24%的大学生至少存在一类心理健康问题；有10%左右的大学生存在较严重心理障碍，主要表现为人际关系敏感、社会适应能力差及神经性的情绪障碍。从总体水平看，大学生由于人际交往所产生的心理障碍主要表现在认知、情绪和人格等方面。

大量案例表明，不良的人际关系正严重影响着大学生的学习与生活，尤其影响大学新生，给他们带来了无尽的苦闷和烦恼。如何建立起新的人际关系已成为初入大学校门的新生必须正视和亟待解答的问题。

因此，我们选择这一主题，希望通过这种小组的形式，切实解决大学新生中存在的一些人际交往困境。例如：有些学生自身条件不如其他人，容易产生自卑心理；有的性格比较内向，不知道怎么与刚认识的同学相处；另外存在一些同学比较以自我为中心，不会考虑他人感受……这些因素都会影响他们的人际交往。

我们以支持型小组模式，为新生提供一个交流平台，让他们可以在小组中认识新的朋友，分享自己的人际交往困境，并且通过互助的方式解决。

【理论框架】

人是社会性动物，在社会生活中，人们为了满足生存发展等多种需求，几乎每天都要与他人交往，建立联系。因此，人际关系便成了社会诸多领域关注的焦点，人际关系的概念因而也变得十分宽泛。心理学认为：人际关系是指人们在物质交往和精神交往过程中发生、发展和建立起来的人与人之间的联系和关系，这是人们彼此相互影响而形成的一种心理上的和社会上的联系。而社会心理学则认为，日常生活中使用的人际关系词汇包含了社会关系和人际关系的两重含义。其中人际关系是人们在社会交往过程中结成的心理关系，它表现了个体间根据相互满足需要的程度，而产生的心理上的亲疏远近。总之，良好的人际关系是一种相互之间不需要委曲求全，而是真实的、接纳的、坦白的、信赖的，容许有不同意见、不同看法，没有害怕与恐惧的深度关系。

卡耐基提出过一个成功公式：成功=15%的智能（专业能力）+85%的人际协调能力。这说明：一个人的事业成功绝不仅仅取决于他的学习能力，还取决于他的有效地与人交往、审时度势、人际协调等综合能力。因此，在我们的日常生活中，人际交往能力起到了决定性的作用。

由于人际关系方面的内容有很多切入点，因此我们以组员需求为出发点，将人际关系分为四个部分，并且设定了自己的理论框架：初次见面——认识自我——避免误会——魅力说话。

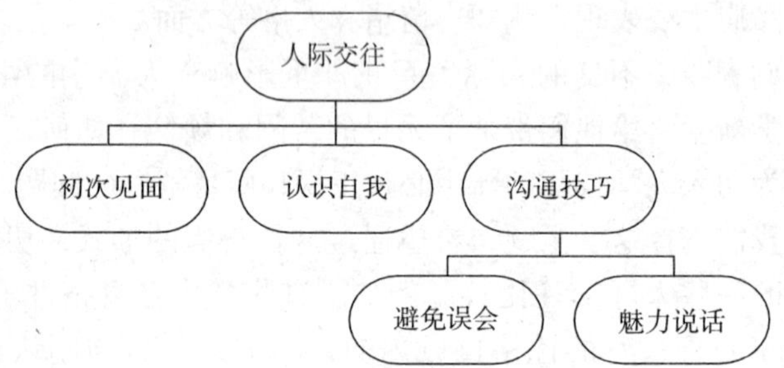

1. 初次见面

人与人相识、相知的过程总是从第一次的见面开始的，因此处理人际关系的第一步，即初次见面，是十分重要的。

[首因效应]

在认知过程中，所感知的信息常常是有先有后的，先感知到的信息往往对认知过程具有较大的影响，能够决定最初印象的形成以及之后的认知与交往。这种影响作用即称“首因效应”，又称第一印象。它强调的是第一印象的重要性。第一印象主要是针对对方的表情、姿态、身材、仪表、年龄、服装等方面的印象。这种初次印象往往是以后交往的根据。所以，留给对方第一印象是十分重要的。为了给他人留下一个较好的印象，必须注意自己的外表、谈吐举止及气质的培养。所得到的信息是很少，且往往是一些表面信息，而非对方内在的本质特征。同时，随着交往双方的深入，第一印象也可能改变。

［自卑心理］

大学生人际交往中，有这样一类人，总以为别人瞧不起自己，时时担心在交往中失去体面，因而不能积极参与与他人交流，这一现象被归因为社交自卑心理。产生社交自卑的原因主要有：缺乏自我认识，经验不足，缺乏特长，畏惧挫折，以及生理条件相对不足。要克服自卑心理，要做到正确认识自我，提高自我评价能力；尽可能弥补自己不足；进行积极自我暗示，自我鼓励；及时从社交自卑阴影中解脱出来。

我们利用首因效应理论，强调初次见面不能凭第一印象判断他人的性格，同时我们自己也要注意给他人留下一个好的第一印象。但是有些同学可能因为自身条件不好而产生自卑心理，因此我们把这一内容安排在首因效应之后。我们结合自信训练，帮助组员克服初次见面的自卑心理，提高自信。

2. 认识自我

在克服了初次见面的困难之后，我们需要进一步认识自我，了解怎么样的人吸引自己？自己喜欢和怎样性格的人交往？除此之外，在人际交往中，管理好自己的情绪是很重要的，有助于更好地与他人相处。

［人际吸引］

社会心理学家经过广泛调查，发现具有普遍性导致相互吸引的主要因素有以下五个方面：

A. 邻近

邻近者很容易进入我们的视线范围，和我们发生互动，产生物质上或精神上的种种奖赏，如相互问候、交换信息、借个东西、帮个忙什么的。就如在学校，同桌，同寝室之间更能产生相互的吸引，也较为亲密。

B. 相似

在人们交往的过程中，如果大家在年龄、性别、职业、文化程度尤其是在认知态度上具有某一种一致性或相似性时，就容易产生相互吸引。其实“相似”也可以说是大家有共同的语言、共同的爱好，谈得来；或者你的某些想法、观点得到了对方的赞同，你就可能对对方产生好感，觉得你找到了知音。

C. 外貌

D. 对等吸引

对等吸引就是我喜欢你，你作为回报也喜欢我，我们之间就发生了相互愉悦的交往。如果付出了喜欢而得不到相应的回报就是自作多情，会使一个人的自尊受损。

E. 人格特征

一般说来，热情的人更受人欢迎，因为当人们喜欢某类事物或某人时，就会表现出微笑、赞美、关注和欣赏等情感，从而使人们感受到热情，认为这个人容易亲近。还有才智方面，人们通常崇拜和羡慕有真才实学的人，就像所谓的“名人效应”就属这一类。

[自我情绪管理]

良好的人际关系取决于一个人情绪表达是否恰当。倘若常在他人面前任由负面情绪爆发，丝毫不加控制，久而久之，别人会认为我们难以相处，甚至拒绝与我们往来。反之，若常面带微笑、多赞美他人，以亲切态度与别人和谐相处，人际关系自然会逐渐改善。因此，在处理人际关系时，我们应该学会管理好自己的情绪，克制负面情绪的发展。

我们把人际吸引这一理论放在认识自我的第一步，让组员在纸上写下自己的性格和兴趣爱好，通过交流，了解自己喜欢与怎么样的人相处。在情绪管理部分，我们帮助组员缓解愤怒情绪，让组员学会在与他人发生纠纷时能够做好自我情绪疏导，以免加深矛盾。

3. 避免误会

在人际交往过程中，误会是产生矛盾和纠纷的根源，然而我们不注意自己的言行就容易引起误会。因此在这一节中，我们分析误会产生的原因，让组员在了解之后多加注意自己的言行。

[社交猜疑心]

社交猜疑心是一种有主观推断而产生的不信任的复杂情感体验。其产生的原因有：作茧自缚的封闭性思路，即思想方法主观；相互之间缺乏了解和信任，心理不够健康；对交往挫折的自我防卫。为了消除社交猜疑心，我们应该学会正确的人际认识方法；加强沟通，多做调查研究；学会“冷处理”；学会识别信息。

[产生误会的外在原因]

A. 没有留心对方的语言中夹杂的感情成分或是深层含义。

B. 由于刺耳的开始使对方产生戒心或是反感，使谈话趋向于争吵。

C. 发生冲突时采用了伤害性批评，而非有助的抱怨。

D. 谈话时的冲突触发了紧张的情绪，有气闷欲出的感受，从而听不进新的信息。

E. 找茬，使对方认为你过于挑剔甚至有挑衅的意味，从而无法正常进行交谈。

F. 避开了必要的谈话，使沟通变得困难。

我们将误会产生的原因分为内在和外在两个方面。日常生活中的一些小矛盾是由于自己内在的猜疑和多虑，及外在的言行不当引起的，这一部分主要通过介绍几个技巧，例如如何提意见、怎样拒绝等，来改善一些不恰当的言行，克服猜疑心理。

4. 魅力说话

人际沟通是“社会中人与人之间的联系过程，即人与人之间传递信息、沟通思想和交流感情的过程”。而语言表达又是沟通的一个重要组成部分，有效的语言沟通有助于促进人际关系的发展，因此我们将第四节小组的内容设为“魅力说话”。与此同时，人际关系的良好发展还需要注意社交礼仪和聆听。

[语言的重要性]

同一种语言，语境及逻辑重音的不同，会产生不同的效果。语言本身具有方向性、层次性和模糊性等性质特征，它与交际心理紧密相连，是相互影响、作用、信任等较复杂的心理过程。

[社交礼仪]

良好的社交礼仪有利于大学生与他人建立良好的人际关系，形成和谐的心理氛围，促进大学生的身心健康。任何社会的交际活动都离不开礼仪，而且人类越进步，社会生活越社会化，人们也就越需要礼仪来调节社会生活。礼仪是人际交往的前提条件，是交际生活的钥匙。

[**注意聆听**]

据调查显示，一个人在聆听别人说话时，最多只能记住发言者1/3的主要内容，另外1/3是一些零散的记忆，最后的1/3就只是听者对发言人意思的扭曲了。可见，非专业训练的人在用听觉获取信息方面的能力是很有限的。作为改进方法，除了参加专门的训练外，一个简单的方法就是认真听并作笔记，但就这个简单的方法也被人们忽视了。

我们将同一句话用不同的语气和重音表达，让组员感受其中不同的情感，重点在于解释语言表达的重要性，让组员在日常生活中注意自己说话的方式，给他人留下好的印象。除了拥有良好的语言表达能力之外，社交礼仪也是人际交往中不可缺少的一部分，因此，接下来我们讲解相关的社交距离、聆听技巧等礼仪。

【总结】

人际交往与沟通方面需要我们学习和注意的地方有很多，上述理论知识，都是我们根据组员要求，所选取的一些点，为了让组员更深刻的理解人际交往的重要性，提升其人际交往能力，我们还补充很多相关内容，如：眼神的交流，语言的幽默感，及一些社交礼节等人际交往技巧，还有诸如：归因偏差、近因效应、晕轮效应、从众心理、差序格局等有关人际交往方面的理论支持。

【需求评估】

通过对潜在组员进行网络访谈，以及在非正式见面会上让组员填写的目标问题评量可见，这些潜在组员的问题，大致可以分为以下几方面：

（1）怎样才能有技巧的处理同学间的矛盾、纠纷；

（2）如何更好向他人表达自己的意愿建议；

（3）与性格不合或陌生人交往要怎么办，或要注意些什么。

分析了他们的人际交往困境后，再去翻阅之前所参考的书籍，就觉得书上其实很多都是些泛泛而谈的东西，与实际生活联系不大，想要做得更好，还要自身不断看书学习。最终，我们结合组员的问题和相关文献资料，制订了小组的大概框架，分别为：初次见面；认识自我；避免误会和魅力说话。

【小组计划】

1. 非正式见面会（30 分钟）

时间	目的	内容
1m	避免相互认识的组员坐在一起	抽签决定座位
1m	给组员留下好印象	道歉：因为第一次做小组，在很多方面都欠考虑，导致见面的时间、地点再三改变，可能为小组成员带来了一些不便
2m	让大家记住我们的名字，方便日后的交流与互动	我们自己先自我介绍：在黑板上写下自己的名字、专业、手机号、QQ 号以及寝室
3m	让组员对小组工作以及我们小组的目的有个初步的了解	解释小组工作的定义、人际对对碰小组的目的 小组目的：帮助大家解决人际交往方面的困难，学习人际交往技巧，提高自信，扩大交友圈
15m	小组成员相互认识	互动环节：重新抽取号码，相同号码的人为一组，给大家两分钟的时间互相了解，然后，向其他组员介绍对方，并完成互动游戏
5m	解决关于本小组的疑问	自由提问时间
3m	确定小组的人数和时间，防止变动	有几个问题要向组员确认一下： （1）是否能保证自己 6 次均能参加我们的小组？若临时有事，则需提前请假 （2）是否认可周三晚上 8：15 这个时间？如果不行的话就自己再写一个时间，我们会酌情考虑

本节所需材料：10 张扑克牌，10 支笔，10 张纸，5 张签

2. 首节（60 分钟）

时间	目的	内容
1m	避免相互认识的组员坐在一起	抽签决定座位
2m	了解组员基本信息	填写组员基本资料
5m	了解人际关系的重要性	人际关系的含义及其重要性
8m	活跃气氛，记住组员姓名	介绍昵称 游戏水果蹲：××蹲，××蹲，××蹲完××（另一个）蹲。说不上来或者蹲错就淘汰
5m	了解组员的困扰	完成目标问题评量
10m	了解组员人际交往困境	分享与讨论：人际交往的困境
3m	让组员了解小组的安排	介绍小组流程安排： 小组主要有四讲，分别是初次见面、日常交往、魅力说话术以及如何避免纠纷，其中我们会向大家介绍一些有关人际交往的理论知识及技巧，也会让大家亲身实践一下
8m	与组员一起订立小组规范，使他们对小组更有归属感及承担责任	签订团体契约： 1）活动过程中，手机调至静音状态 2）避免缺席和迟到早退，如有困难，请事先请假说明 3）小组分享过程中涉及的个人隐私问题，不得告诉小组成员以外的人 4）活动过程中，请勿发短信，若有急事，请到教室外电话解决
5m	活跃气氛	游戏环节： 大瞎话：一人扮瞎子，主持人指在座的每一个人。当他指向其中一人时，就问瞎子“这个行不行？”。瞎子说不行，就继续指下一个人，直到同意。瞎子摘下眼罩，根据每个人的表情来猜测谁被选中了，而参与的人不能告诉他。猜对有奖，猜错受罚
10m		量表三份

本节所需材料：10 张扑克牌，大画纸一张

3. 初次见面（60 分钟）

时间	目的	内容
1m	避免相互认识的组员坐在一起	抽签决定座位
3m	引出下面的话题	观看《BJ 单身日记》中的一个片段
3m	分享讨论大家初次见面时曾碰到的一些囧事或问题	分享讨论：电影片段中，男女主人公初次见面的时候，哪些行为是不恰当的
5m	我们的第一印象往往是会骗人的。所以生活中我们与人交往时，一方面要注意不被第一印象所蒙蔽，另一方面我们要尽力给人留下一个良好的第一印象	第一印象测试：假设要从以下三位候选人中选择一位来造福全世界，你会选择哪一位呢？ 候选人 A：笃信巫医和占卜家；有两个情妇；有多年吸烟史，而且嗜好马提尼酒（富兰克林. D. 罗斯福） 候选人 B：曾经两次被赶出办公室；每天要到中午才能起床；读大学时曾吸食鸦片；每晚都要喝大约一公升的白兰地（温斯顿．丘吉尔） 候选人 C：曾经是国家的战斗英雄；保持着素食习惯，从不吸烟，只偶尔来点啤酒（阿道夫·希特勒）
5m	了解怎样提高自己给他人的第一印象	讨论：初次见面时，别人怎么样的行为举止或者衣着打扮会给你留下不好的印象
5m	测试自身的即时反应能力，同时活跃气氛	游戏：心口不一 手做出的数字和口中说出来的要不一样
5m	虽然我们都知道给别人留下好印象很重要，但实际操作起来必然会存在许多问题，在这里，我们主要探讨因自卑或是说底气不足，没有信心而产生的一些问题	引申到自卑问题 分析产生社交自卑的原因： 1）缺乏自我认识 2）经验不足 3）缺乏特长 4）畏惧挫折 5）生理条件相对不足 介绍克服自卑感的方法： 1）正确认识自己，提高自我评价能力，要善于发现、肯定自己成绩 2）尽可能弥补自己不足。一个人身高、长相难以改变，但能力特长可以通过努力获得 3）进行积极的自我暗示，自我鼓励 4）及时从社交失败阴影中解脱出来

（续表）

时间	目的	内容
5m	训练目的：学习自我肯定技巧，发现自己的优点。	自信训练： 目光炯炯：二人一组，互相注视对方30秒，不可以躲闪，目光注视表示自信及诚恳。然后注视对方，肯定地做一分钟自我介绍。介绍内容必须包括自己的优点和长处，性格中的闪光点
15m	学习初次见面的人际交往技巧，提高组员的人际交往能力；同时提示一些人际交往中要注意的细节。	介绍人际交往技巧 A. 行之有效自我推销 B. 初次见面的交谈 C. 传递愉快的心情
3m		做量表

本节所需材料：10张扑克牌

4. 认识自我（60分钟）

时间	目的	内容
1m	避免熟悉的人坐在一起	抽签决定座位
2m	分析让大家愿意结交更多的朋友，并从陌生走向深入交往的原因	埃里克森的生命发展阶段观
2m	引出下面的讨论	观看《青春爱欲吻》中的片段
5m	了解什么样的人吸引自己	讨论： 我们被什么样的人吸引？喜欢和哪些人交往？哪些原因促使人们由陌生、熟悉并成为朋友
5m	引出人际吸引的因素	自由配对： 每人一张纸，写上自己的性格、兴趣爱好、喜欢的歌手、喜欢的颜色、自己的优点（不记名）。由组长收上来后，读出纸上的内容，愿意与这样的人交朋友的说出原因
5m	了解人际吸引的因素	讲解人际吸引的因素 A. 邻近　B. 相似　C. 外貌　D. 对等吸引 E. 人格特征

（续表）

时间	目的	内容
10m	组员一起讨论自己在人际交往中遇到的一些问题，并根据自身经验等分享自己的方法，我们也会另外为组员提供一些解决办法	讨论与分享： 上节课的讨论环节中，组员有讨论到一些人际交往方面的难题，如：寝室矛盾，学生会面试、工作过程中，产生的一系列问题，怎么样与不喜欢的人相处等等，根据这些问题，我们搜寻查看了许多书籍，也加上了我们的一些经验，我们曾碰到过类似问题是怎样处理的？结果如何？大家一起探讨这些方法是否可行，或是有人有更好的建议
15m	人际问题会给我们情绪带来负面影响，学习如何排解负面情绪	情绪管理：面对挖苦如何处理？怎样缓解愤怒 训练：学会怎样缓解愤怒情绪 操作：1. 想象场景：一个你不喜欢的人惹你生气了 2. 感受愤怒，不要反应过激 3. 把愤怒表达出来 4. 化能量为行动 训练：如何谅解他人 操作：1. 提醒自己为什么要原谅某人 2. 在一张纸上写下你要原谅他什么 3. 把它通读一遍，感知你的愤怒 4. 把这些事情当作过眼云烟，这一切都已经过去了，可却把你捆住了 5. 说："我已经决定原谅你了，我要把过去发生的事情留在过去。我不想从你那儿得到什么了，我也不想让你受到任何伤害。我们都有过自己生活的权利，就这样吧。" 6. 把这张纸撕了，不要再看到它。作为一个小小的谅解
3m	活跃气氛	游戏：大风吹
2m	提高组员人际交往技巧	技巧：适度关心他人隐私 a）主动说自己的事 b）不要无端发问 c）勿用质问口气 d）试探对方 e）避免误会
2m		量表

本节所需材料：10 张纸，10 支笔

5. 避免误会（60 分钟）

时间	目的	内容
1m	让来自不同专业的组员有更多交流。	抽签决定座位
1m	与上次小组之间做一个衔接	介绍目的：上一次我们从自我的角度出发解决人际问题，这次我们会从沟通的角度来避免误会
5m	活跃气氛，引出社交猜疑	测试：你是个多疑的人吗
5m	在大学生人际交往过程中，常会发生一些矛盾，其实很多是由于猜疑心过重引起的，易造成人际间的隔阂、矛盾和冲突。帮助组员消除社交猜疑心	社交猜疑 猜疑心理产生的原因： 1）作茧自缚的封闭性思路，即思想方法主观 2）相互之间缺乏了解和信任，心理不够健康 3）对交往挫折的自我防卫 消除猜疑的方法： 1）学会正确的人际认识方法 2）加强沟通，多做调查研究 3）学会“冷处理” 4）学会识别信息
8m	让组员体验蒙上眼睛时无助的感觉，从导盲者那里获得帮助，增强信任感	信任游戏：导盲 将报纸片凌乱的铺在地上，一人蒙眼，一人指挥，绕开报纸，走到终点
10m	了解日常生活中容易产生误会的细节，以后加以注意	讨论：产生误会的原因？具体分析总结 1）没有注意对方的语言中夹杂的感情成分或是深层含义 2）由于刺耳的开始使对方产生戒心或是反感，使谈话趋向于争吵 3）发生冲突时采用了伤害性批评，而非有助的抱怨 4）谈话时的冲突触发了紧张的情绪，有气闷欲炸的感受，从而听不进新的信息 5）找茬，使对方认为你过于挑剔甚至有挑衅的意味，从而无法正常进行交谈 6）避开了必要的谈话，使沟通变得困难

（续表）

时间	目的	内容
15m	通过场景模拟和分享讨论，提高组员人际交往能力，帮助组员学会表达情绪的同时，避免误会的产生	介绍避免误会的技巧： A. 拒绝：假定场景：你今天很忙，但是一个很重要的朋友有事请你帮忙，你会怎么拒绝 B. 发生争吵时 C. 犯错时 D. 提意见：讨论：有人赶作业忙到很晚，影响了你的睡眠，你会怎么做？ E. 灵活处理不同意见和见解
5m		量表

本节所需材料：废报纸，眼罩，10张扑克牌

6. 魅力说话（60分钟）

时间	目的	内容
1m	通过像大头儿子、小头爸爸这样的配对，增加趣味性	抽签决定座位
2m	引出语言的重要性，以及我们做本次小组的目的	同一种语言，语境及逻辑重音的不同，会产生不同的效果 语言本身具有方向性、层次性和模糊性等性质特征，它与交际心理紧密相连，是相互影响、作用、信任等较复杂的心理过程
4m	引出我们的话题	讨论环节：先两两相互讨论，在一起分享 人际交往过程中，有没有因自己的语气、动作等表达上的问题而让对方误解
5m	说话时注重礼节可以帮助组员在社交场合中从容应对，也可避免一些误会矛盾	注意谈话时的礼节： 1）表情自然，语气和气亲切，表达得体 2）适当的表情动作 3）参加别人谈话要先打招呼，别人在个别谈话时，不要凑前旁听 4）谈话时不要冷落第三者 5）在交际场合，自己讲话要给别人发表意见的机会，也应适时发表个人看法 6）注意谈话内容 7）注意语言礼貌

（续表）

时间	目的	内容
10m	学习运用简单的语言和肢体动作描述事物，说明沟通可以通过语言、肢体动作和表情来完成	游戏：猜字游戏 分为3组，每组两人，一人通过语言和肢体动作向对方描述纸上所写的内容
8m	清楚地表达自己的目的可以使对方更容易了解自己的意图，也可以给对方留下好印象 了解怎样的社交距离较为适合	介绍一点表达方面的小技巧及较适当的社交距离 表达清楚： 1）从结论说起 2）给出具体数字 3）形象说明 4）语句简短 5）注意口头禅 社交距离： 1）亲密区：0～0.46米 2）熟人区：0.46～1.2米 3）社交区：1.2～3.6米 4）演讲区：3.6米以上
5m	用幽默的方式说话可以活跃气氛，缓解冷场，给他人留下好印象	互动环节：给组员2分钟思考，并写在纸上，完成后一起分享 在墨西哥的一个边境城市，由于汽车运输司机过境时往往被远近的风景所陶醉，以致经常造成车祸。为它写一条交通标语
5m	了解一些语言方面的相关技巧	语言技巧： 1）说话也要随机应变，引起别人的兴趣 2）带有自信，不说废话 3）说话要诚实 4）要保持适当幽默感 5）不要仓促下结论

（续表）

时间	目的	内容
10m	“听说”很多情况下都是密不可分的，我们在学习语言技巧的同时，也要注意聆听。强调聆听的重要性	1）先做聆听技巧训练： 选一篇 200～300 字有简单情节的故事，在课上先不做任何介绍，告诉学员你要为他们念一段很有意思的故事，并告诉组员故事念完，会有几个相关问题（一些关于故事的时间，地点，名字和简单情节的问题），然后开始 2）分析总结： 据调查显示，一个人在聆听别人说话时，最多只能记住发言者 1/3 的主要内容，另外 1/3 是一些零散的记忆，最后的 1/3 就只是听者对发言人意思的扭曲了。可见，非专业训练过的人在用听觉获取信息方面的能力是很有限的。作为改进方法，除了参加专门的训练外，一个简单的方法就是认真听并作笔记
8m	以往的点点滴滴都是自身宝贵的财富，希望每位组员，都能正视自己的人生，更深地认识别人和自己，通过分享成长经验，促进自我成长	互动环节： 每人一张白纸，共享一盒色笔，将过去生命历程的各阶段以不同颜色代表，画出一条生命曲线。完成后，分享彼此之生命历程，借此分享
2m		量表

本节所需材料：8 张扑克牌，纸，笔

7. 尾节（60 分钟）

时间	目的	内容
2m	为分离的情绪做铺垫	告诉组员本次为最后一次活动
5m	活跃气氛；考验大家的应变力和团队合作能力	游戏：3 多足少 一双手和脚各代表一分，即一个人有 4 分。当带领者讲出一个数字，各组便要以最快时间来组合，最慢的为输。例如：带领者说：“我要 3”，而小组有 4 人，那么应该有 3 位组员要单脚站立，有一位要被背起

（续表）

时间	目的	内容
15m	帮助组员巩固之前学到的内容，了解组员的掌握情况，解答未解决的问题	组员回顾前几次小组的内容，如有未解决问题可以提问，现场讨论解答
5m	梳理过去几次小组中学习的知识和技巧	由我们对小组内容进行总结
5m	帮助组员展望未来，祝福自己	组员在海报上写自己的感受或是对自己的祝福
5m	舒缓离别情绪，巩固组员之间的感情，并且对其他组员带来祝福	给组员每人一张卡片，匿名写上对其他组员的祝福
5m	给组员留作纪念	抽奖送礼物，并且随机送上刚才组员写的卡片
10m		量表

【招募】

我们小组刚开始进行招募的时候，主要对象是09级社工，但是由于我们行动慢了一点，只招到2位同学，大部分09社工都被其他小组招去了。然后我们通过自己的人际网络，找其他专业的同学帮忙做宣传，初步讲解了小组的内容和目的。最后，我们招募到5个生环学院的09新生作为潜在组员。我们在以班级为单位招募的时候，采取的是在玉兰公告栏张贴海报的形式，一共招募到4个潜在组员。到这一步为止，我们一共招募到11位潜在组员。

以上是我们招募的过程，在这一过程中，我们也遇到了一些困难。因为一些潜在组员在了解小组的细节后觉得不太感兴趣，就退出了，还有一些组员由于时间冲突无法来参加我们的小组，这样最后确定的组员共有8位。

我们利用网络联系这些组员，以群发消息的方式询问他们在人际交往过程中遇到的困难和想要了解的内容，根据他们的反馈，我们再一次对小组计划做了调整和完善。

【过程记录】

1. 非正式见面会

（11）团体名称：人际对对碰
（12）团体会期：第 1 次
（13）聚会日期：2009 年 10 月 26 日　8 时 15 分
（14）聚会地点：5A419
（15）出席成员：弋　大红　麦兜　萱　钱　小琪
（16）缺席成员：阿朱　小怪
（17）团体目标：克服人际交往困境，学习人际交往技巧，提高自信度。
（18）阶段目标：了解小组工作的定义、目的和安排，讨论小组的今后的活动时间，组员互相认识
（19）记录时间：2009 年 10 月 27 日
（20）工作者：岑霏婷　金丹丹

团体过程评估：

我们认为这次小组比较顺利，组员积极配合，气氛十分活跃。但是可能有部分组员对我们的小组还不是非常了解，我们将在第一节具体讲解。有几位组员是原来就认识的，所以在我们讲的时候，在下面聊天，我们今后会注意控制纪律问题。这次小组在前期准备过程中出了一些问题，我们一再调整时间，今后我们会定在一个特定时间做小组，避免突然的时间调整

2. 首节

（1）团体名称：人际对对碰
（2）团体会期：第 2 次
（3）聚会日期：2009 年 11 月 4 日　8 时 15 分
（4）聚会地点：5A222
（5）出席成员：小怪　大红　麦兜　阿朱　弋
（6）缺席成员：钱　小琪　萱
（7）团体目标：克服人际交往困境，学习人际交往技巧，提高自信度
（8）阶段目标：了解人际交往的重要性，交流与分享各自的人际交往方面的困难，小组成员间互相熟悉，了解小组安排和流程
（9）记录时间：2009 年 11 月 10 日
（10）工作者：岑霏婷　金丹丹

（续表）

团体过程评估： 本节活动由于有三位组员没能来参加，所以在签订小组契约、组员间的相互认识、以及我们所讲到的小组的流程安排等方面，可能会有一些问题，但是就参与的人而言，我觉得本次活动还是较为成功的，因为组员大多能够积极参与、配合 我们认为我们的小组成员最大的一个优点就是：有几位组员较为活跃，能够带动整个小组的气氛，使其他小组成员也能很好参与到我们的活动中。当然，还存在的一个主要问题就是还是会有些冷场，可能大家刚开始还不大熟悉的原因吧，所以在某些方面还是不能大胆地放开自己，尽管有组员较为活跃，但还是需要我们进行一些引导 因此在下一次的活动中，我们可能会增加一些能够活跃气氛，又能和主题相联系的活动和游戏，同时多一些讨论的环节，让组员能够放开自我

3. 第一节　初次见面

（1）团体名称：人际对对碰 （2）团体会期：第3次 （3）聚会日期：2009年11月11日　8时15分 （4）聚会地点：5A406 （5）出席成员：弋　大红　麦兜　萱　钱　小琪 （6）缺席成员：小怪　阿朱 （7）团体目标：克服人际交往困境，学习人际交往技巧，提高自信度 （8）阶段目标：了解人际关系中第一印象的重要性，提高自己的第一印象，学习初次见面时需要的人际交往技巧 （9）记录时间：2009年11月13日 （10）工作者：岑霏婷　金丹丹
团体过程评估： 相对于上次的小组，这次小组的进步之处在于分享与讨论的环节。最初，组员们没有进入状态，少数组员积极发言，但是气氛不够活跃。经过我们的引导，气氛有所改善，逐渐的，每一位组员都能坦诚提出自己的困境，并且组员之间能够互相提出解决策略。这是一个很好的开端 但是在分享过程中，我们也发现了一些问题。由于人际交往问题没有一个最正确的解决方法，尽管大家都能提出方法，但是仍缺少信服力，不能做出明显的改善。因此我们会在下一次的小组中，解决这次遗留下来的问题。我们会选择一些理论知识改变组员对于人际关系的认识和态度 另外一个问题是关于小组中的游戏。部分游戏可以用来活跃气氛，但是缺少主题针对性，因此，我们选择了一些社工小组的主题游戏，提高了专业程度

4. 第二节　认识自我

<table>
<tr><td>（1）团体名称：人际对对碰
（2）团体会期：第 4 次
（3）聚会日期：2009 年 11 月 18 日　4 时 00 分
（4）聚会地点：5A419
（5）出席成员：弋　大红　麦兜　萱　钱　小琪　阿朱　小怪
（6）缺席成员：无
（7）团体目标：克服人际交往困境，学习人际交往技巧，提高自信度
（8）阶段目标：了解在日常交往中可能遇到的问题，提出解决策略，并且进行情绪疏导，排解因人际交往造成的负面情绪
（9）记录时间：2009 年 11 月 18 日
（10）工作者：岑霏婷　金丹丹</td></tr>
<tr><td>团体过程评估：
这次小组遇到了一些困难，主要由于我们在进行活动的过程中没有给予组员特定情境，且缺少氛围，未达到预期效果。但是，我们与前几次相比有进步的地方，在流程的设置中能够达到理论与实践结合，且内容环环紧扣，所以整场小组做下来比较流畅，组员也能够跟着我们的思路走。今后，我们会在选题上避免比较难以发挥的内容，提高信服力。另外，在气氛的调动上，我们会多做一些努力</td></tr>
</table>

5. 第三节　避免误会

<table>
<tr><td>（1）团体名称：人际对对碰
（2）团体会期：第 5 次
（3）聚会日期：2009 年 11 月 25 日　8 时 15 分
（4）聚会地点：5A404
（5）出席成员：弋　大红　麦兜　萱　钱　小琪
（6）缺席成员：阿朱　小怪
（7）团体目标：克服人际交往困境，学习人际交往技巧，提高自信度
（8）阶段目标：找出人际交往产生误会、矛盾的原因，并介绍一些小技巧，避免不必要的误会
（9）记录时间：2009 年 11 月 26 日
（10）工作者：岑霏婷　金丹丹</td></tr>
</table>

（续表）

团体过程评估： 我们觉得这次小组有了很大进步和改善。吸取前几次的经验，我们在流程安排上做得更加细致，环环紧扣，因此组员觉得技巧掌握得比以前好。除此之外，这次小组中的游戏互动环节都与主题以及技巧紧密联系，既能活跃气氛，也能帮助组员更好地理解和掌握技巧。与过去相比，我们增加了情景模拟部分，让组员能够现场感受这些技巧的实用性，并且体会到效果。这一部分组员积极配合，达到我们预期的效果。在讲解理论的部分，我们会多采用这种方式，将理论与实际结合，更加生动形象解释相关内容

6. 第四节　魅力说话

(1) 团体名称：人际对对碰 (2) 团体会期：第 1 次 (3) 聚会日期：2009 年 10 月 26 日　8 时 15 分 (4) 聚会地点：5A419 (5) 出席成员：弋　大红　麦兜　萱　小怪　阿朱 (6) 缺席成员：小琪　钱珝凯 (7) 团体目标：克服人际交往困境，学习人际交往技巧，提高自信度 (8) 阶段目标：让组员了解一些语言、肢体动作等方面的小技巧，学会并善于聆听，进一步提升自己的人际交往能力 (9) 记录时间：2009 年 10 月 27 日 (10) 工作者：岑霏婷　金丹丹
团体过程评估： 这次小组在细节方面可能还是存在一些问题的。如借教室时，由于前面一班人拖延，导致我们的小组也推迟到 8：30 才开始。但我们认为这是做得最好的一次，因为本节活动安排紧凑，内容与主题紧密契合，让组员处于积极讨论配合、分享交流的过程中，不会觉得无聊，浪费时间 而且我们更多地从组员的角度出发，通过举例子、游戏、讨论、引导等各种形式，充分解释理论内容和相关技巧。组员也能够积极参与并配合我们，更加放开自己，不像前几次小组讨论、做游戏时，比较拘谨。最重要的是整节小组的气氛相当好，没有再出现冷场的情况

7. 尾节

(1) 团体名称：人际对对碰 (2) 团体会期：第 7 次 (3) 聚会日期：2009 年 12 月 9 日　8 时 15 分 (4) 聚会地点：5A402 (5) 出席成员：弋　大红　麦兜　萱 (6) 缺席成员：阿朱　小怪 (7) 团体目标：克服人际交往困境，学习人际交往技巧，提高自信度 (8) 阶段目标：最后一次小组，与组员告别，缓解离别情绪，互相祝福 (9) 记录时间：2009 年 12 月 27 日 (10) 工作者：岑霏婷　金丹丹
团体过程评估： 　　这是最后一次小组，虽然有缺席，但是我们的气氛很温馨，作为社工我们觉得很有成就感。有一位组员从头到尾都很支持我们小组，她觉得能从中学到很多东西，所以对于小组有不舍的情绪，她表示希望以后能够参加类似的活动。这位组员对心理学很感兴趣，我们与她分享了一些相关的书籍和电影，当时气氛很融洽 　　我们这次小组人数比较少，有两位组员是后面两次都没有来，并且失去联络的，还有我们下届两位社工的学妹也缺席了。我们刚开始比较失望，认为是不是我们哪里做得不好，或是没有考虑周到。因此我们询问了组员意见，有组员表示我们的小组很有意义，参加小组很高兴，我们知道不是我们自身的问题，所以突然感觉很有成就感。在小组结尾的时候，我们与组员共同分享了大学生活的经历，把我们的经验告诉组员，我们都觉得这样的交谈很温馨，大家都表现得很坦诚很自在。通过这节的团体过程评估，我们发现这节的评分是有史以来最高的一次，说明我们一直在进步、在成长 　　转眼间，小组工作结束了，我们自己也觉得有些不舍，并且我们在做小组的过程中自己也学到了很多人际交往方面的东西，我们帮助了组员的同时，也提高自身的综合能力，我们觉得很有意义，也对未来做社工很有信心

【过程评估】

表 1　每节小组每题的平均分

题目	第一节	第二节	第三节	第四节	第五节	第六节
1	4.2	6.5	6.25	7.5	7.67	8.75

（续表）

题目	第一节	第二节	第三节	第四节	第五节	第六节
2	6.4	7.67	7.5	8.3	8.83	9.5
3	4.8	7.33	8.25	6.67	6.83	9.5
4	5.8	7.17	6.63	6.67	7	9
5	6	8	6.38	8	8	9.25
6	6	8	5.38	8.67	8.17	9.5
7	6.6	8.17	7.88	8.67	8.33	9.75
8	7	8	5.63	8.5	8.33	9.5
9	7.2	8.17	7.5	7.83	8.83	9.25

注：评估工具为［团体满意度自我评估表］

分析：

由上表可见，我们小组的每一题平均得分总体呈上升趋势，但其中3、5、6、8四题呈现明显波动。其中6、8两题主要与讨论分享部分有关，由于在第三节小组的讨论环节中，我们所讨论的问题及引导方式存在不妥，导致组员无法跟上我们的思路，在讨论时比较被动。而3、5两题与我们小组涉及的主题有关，在第三节小组中呈现下滑趋势是由于那节内容不涉及信心和关怀他人，而主要以自我了解和情绪管理为主。总体看来，得分在第三节小组都有下滑，可能是由于那节小组的时间变动，加上气温骤降，组员来参加的时候都有些不情愿，影响了整体气氛和效果。

表2　每节小组每位组员的总分（“/”表示缺席）

姓名	第一节	第二节	第三节	第四节	第五节	第六节
弋	69	72	68	72	76	84
大红	71	66	65	70	76	83
麦兜	52	68	70	77	72	78
萱	/	83	79	86	82	100
小怪	43	/	52	/	60	/
阿朱	33	/	46	/	63	/
钱	/	60	55	57	/	/
小琪	/	63	56	63	/	/

分析：

组员的给分总体呈现上升趋势。组员萱给分相对较高，根据我们的了解，是因为她在我们小组中确实有很大收获，因此对我们小组印象很好，参与也十分积极，这让我们很有成就感。相比之下，钱和小琪总体给分较低，也没有参加最后几节小组。我们曾试图了解情况，但是他们与我们不再联系，我们也无法了解他们不满意的地方。

【成效评估】

表3　［感受自评量表］的得分情况

姓名	前测	后测	差值
小怪	16	/	/
弋	22	11	-11
小琪	14	/	/
阿朱	17	/	/
钱	5	/	/
麦兜	18	27	9
大红	4	9	5
萱	28	6	-22
平均分	18	13. 25	5. 75

注：表中“/”部分是由于这几位组员最后一次活动没出席，因此没有后测结果

分析：

由以上数据可得，量表后测的平均结果低于前测，说明情绪状况有所改善。

表4　［目标问题评量］的得分情况

姓名	问题	事前评估	事后评估
麦兜	1. 怎样才能和同学交流时，言语比较婉转	3	2
	2. 怎么样才能很好的处理朋友之间的冷战问题	4	3
	3. 怎样才能更好地和同学表达我的立场	5	2

（续表）

姓名	问题	事前评估	事后评估
小怪	1. 与陌生人初次交流，不常主动	5	/
	2. 与不喜欢遇到会有诡异的感觉	3	/
	3. 与原来的同学聚会没什么话题	4	/
阿朱	1. 从不主动和陌生人答话	7	/
	2. 和普通朋友偶遇时，不知如何寒暄	4	/
	3. 常被人认为难以接近，不敢接触	7	/
弋	1. 本人较慢热，碰到陌生人不知如何开口，怎么交流	5	3
	2. 怎样与人第一次见面不要冷场，可以聊到共同话题	5	3
大红	1. 在与好朋友交往期间，两个人会出现小分歧，性格都比较倔，小矛盾之后，很难与对方道歉	3	2
	2. 遇到异性朋友，第一次见面时会比较害羞，不会大胆主动与大方打招呼问候	5	2
	3. 与同学相处的时候，同学之间有小矛盾，作为中间人，很难调剂他们的矛盾	4	1
钱	部长交给的工作不能完成，但不知道怎么拒绝	6	/
小琪	同学的行为影响到自己时，不知道怎么提意见	6	/
萱	1. 与男生交流困难	7	5
	2. 在陌生的环境中无法融入	5	2
	3. 与同学没有共同话题	3	1

注：图表中“/”部分是由于这几位组员最后一次活动没有出席，因为没有后测结果

分析：

后测结果明显低于前测。进一步分析组员的问题及评分发现，有些组员前测与后测差距明显，说明我们小组内容涉及相关问题，并且有效解决。但有些问题前后测差距较小，可能是由于我们没有涉及这方面问题或是效果不明显。

【参考文献】

1. 水成冰．误会这样解开．北京：中国民航出版社，2004.

2. 叶湘虹．大学生心理健康指导．长沙：湖南人民出版社，2007.

3. （英）J·亚历山大．女生人际关系生存手册．天津：天津教育出版社，2007.

4. 拜五四．社交心理学．北京：首都经济贸易大学出版社，2009.

5. 天舒．成功双翼：善于交际会说话．海潮出版社，2005.

6. 聂振伟．心灵的距离．北京：高等教育出版社，2008.

7. 陆卫明．人际关系心理学．西安：西安交通大学出版社，2006.

8. 周晓红．社会心理学．南京：南京大学出版社，2008.

9. 崔景明．简论大学生的人际关系．合肥工业大学学报（社会科学版），2000（12）.

10. 朱永平，王亚南．对大学新生人际关系问题的分析与思考．南京化工大学学报（哲学社会科学版），2001（2）：88.

11. 程族桁，王奕冉．团体心理辅导对大学新生抑郁焦虑症状的治疗效果研究．中国健康心理学杂志，2008（8）：843.

【感想】

与小组一起成长

刚开始做小组的时候，我对于小组的知识了解不多。我们靠着书本上的知识和老师的讲解，再借鉴了去年参加07社工小组的经验，一步一个脚印地开始了小组工作实习。

首先是选题的问题，让我头疼了很久，既要迎合09新生的需求，又要有我们感兴趣的内容。由于我们小组两人都对电影很感兴趣，我们就以电影为切入点，慢慢发现很多电影都是人际关系为主旋律，因此就敲定了主题：人际对对碰。完成了小组计划，结束了招募，一切才刚刚开始。

在最初的几次小组中，我比较紧张和拘束，容易说错话，动作也很僵硬。但是随着小组逐渐步入轨道，我们也轻松了起来，在小组过程中，我们不再一板一眼的跟着计划走，而会根据组员的需要临时增加新的环节。在分享环节中，我发现很多组员与我都遇到过相似的困境，于是我们一起分享经验和体会，开始了互助行动。平时，我在书本或生活中找到好的解决策略就会在下一节小组中与组员分享，组员也会告诉大家自己是如何处理困境的，一起讨论这些方法是否可行。逐渐的，我发现我在帮助组员的同时，自己也学到了很多人际方面的知识。在与他人相处时，我开始注意自己的言行，学会考虑他人的感受；在遇到烦心事时，我会学着自己排解负面情绪，不影响到别人。随着小组的进行，我也成长了许多。

在小组结束时，一位组员表现出了不舍的情绪。一直以来，她一直很支持我们小组，每一次都能积极地参与。她告诉我们，她觉得小组给了她很多的帮助，她的人际关系开始有了改善，心情也愉快了很多。记得有一次小组中，她告诉我们，她和部长关系很僵，大家都不愿与对方说话，这影响了他们的工作。在后一节的小组计划中，我加入了一个解决这类困境的方法。但是那节小组开始前，她请假说可能不能来参加小组了，于是我用短信的方式，针对她的情况，给她提了一些建议。也许就是这样一个很小的细节，使她提高了对于我们小组的热情，这让我感到十分开心。

结束了小组工作，报告的写作也已经进入了收尾阶段。回想这短短两个月，我学到的不仅是如何去做好一个小组，更多的是如何与周围的人更好的相处。我感受到了帮助他人的快乐，也感受到了收获的喜悦，这对我来说，是成长过程中生动的一课。

——岑霏婷

变身YAWN一族
——年轻人环保“面面观”
实习社工：
薛梦超
徐伊宁
陈晓婧
2009年9月—12月

【小组缘起】

2009年的世界主题无疑是“环保”。以此作为小组主题有两点最为重要的原因：第一，秉承小组的持续性，本小组承接了几年前关于环保的小组，并在前者的基础上又结合当下最新发展的环保内容；第二，众多的大学生缺乏环保知识。据最近著名日资文具品牌S&T联合“根与芽”开展了一项进入校园的环保调查，共有5318名学生参与了本次调查。在调查中有近60.9%的学生将环保与植树造林联系在一起，仅有11.3%的学生了解真正的环保概念。据此，小组主题定位为环保，力求通过小组工作的形式让在校园中热爱环保但是难以接触环保的学生有机会聚在一起学习、了解、探讨环保。

据国家统计局调查，在22.4万环保民间组织从业人员中，80%左右为30岁以下的青年人，70%的环保民间组织负责人年龄在40岁以下；50%以上拥有大学以上学历，13.7%拥有海外留学经历，拥有大学以上学历的环保民间组织负责人达90.7%。可见年轻人是目前环保活动中的主力军，是未来环保事业发展的最为主要的推动力，其中具有高学历的大学生更是主要参与群体，所以非常有必要在大学校园中推广符合年轻人的环保观，并培养在校大学生的环保意识和社会责任意识。因此将小组命名为YAWN，意为Young are willing nature，即年轻人崇尚环保。

【理论框架】

【总括】

小组主题用英文单词“YAWN”做标题。什么是YAWN?“一个群体，他们年轻、富有、健康，但他们却极少开车，消费也不多，一切都以不给地球造成更多压力为宗旨。这就是注重环保的YAWN族”。小组从YAWN族提倡的资源回收利用展开逐步深入至时下年轻人推崇的环保新理念——“低碳”和“衣年轮”，再进一步至环保文化及公益，最后关注与环保有关的社会和精神问题。

【小组模式：社会目标模式】

社会目标模式是透过一系列原则和方法培养成员的社会责任感、社会意识和社会良知。本小组的目的是通过介绍年轻人的环保观，培养小组成员的环保意识和环保责任感，加强组员对于当今重大问题的思考，提高组员的社会意识。在社会目标模式的小组中将充分鼓励组员参与，树立他们的信念和目标，并为之共同努力。

【资源循环利用】

YAWN 对于资源循环的定义是："尽量重复使用物品，而不是制造更多垃圾。尽量减少消费，多次使用身边已有资源"；"资源可分为不可恢复的资源、可恢复资源、取之不尽的资源三类"。资源循环利用是环保必不可少的一项内容。如果人类不能有节制地开发资源，利用和再利用资源，即建立起资源循环系统，人类就无法可持续发展下去。针对资源循环利用，中国工程院院士邱定蕃认为有三项基本措施可以实行，首先人们需要意识到身边的物品是资源和潜在的资源；其次人们要意识到 3R——自然资源（Reduction），尽量实现资源的再利用（Reuse）和尽量实现资源的循环利用（Recycling）；再次是要重视生活生产方面的资源循环利用。

小组依据 3R 理论，在小组第二节"资源循环好身手"中强调和设置了具有针对性的几个内容，包括：让组员观察并搜集生活生产方面的可利用资源、对该资源内容进行分类、找寻并动手实现资源循环利用。

【低碳效应】

2008 年 6 月 5 日"世界环境日"的主题定为："转变传统观念，推行低碳经济"。由此"低碳"进入大众的视野，成为 2009 年的热点。所谓低碳经济，就是以低能耗、低污染为基础的绿色经济。对于一般普通民众而言，低碳经济较遥远，但低碳生活是实实在在发生的。什么是"低碳生活"？"低碳生活"是一种将人们的衣食住行与二氧化碳的排放量联系在一起的过程。包括三个方面：制造业、建筑业中许多节能技术改进的细节，人们日常生活习惯中许多节能的细节，消费观念的转变。

根据以上这三方面内容，小组制订了相关的计划，突出与人们日常生活息息相关的低碳小妙招，包括手机节能，衣服面料节能，并且以低碳为大背景，介绍最新的有关低碳的环保理念“衣年轮”。

【环保文化产业】

环保文化是由环保产业发展而来的一个分支，在当今社会中才刚刚起步。“天人合一”是中国历来的传统思想之一，“在这里它强调天人的关系是人与自然的关系，天人合一就是人与自然的和谐统一”。在当今的环保文化形式中，广告、音乐、公益画占据了半壁江山，无论是哪一种形式都无疑体现了“天人合一”的主题。

小组在介绍环保文化一节中，我们着重向组员展示音乐、广告和公益画这三种形式的环保文化，并且强调让组员发掘存在于这些环保文化中的“天人合一”的理念和思想。更重要的是让组员动手创作一幅展现某一主题的、具有“天人合一”效果的环保公益创意画。

【环保产业的发展】

环保产业是国民经济结构中，以防治环境污染、改善生态环境、保护自然资源为目的所进行的技术开发、产品开发、商业流通、资源利用、信息服务、工程承包等活动的总称。我们会在小组第三节中向组员介绍电子产业的环保措施以及日后的发展方向。

【需求评估】

实习社工访谈了 7 名潜在组员。成员们普遍对时下流行的“低碳”、“清汞”抱有很高兴趣，因为他们认为这离生活很近，又同时兼具实用性和时尚性。潜在成员们认为在小组中，不需要知道过多的环保理论，怎么把环保做出新意，怎么迅速改善自己周边环境，才是首选要素。据此做了相关改进：

- 细化“低碳”、“清汞”等内容，查阅国内外著名环保组织的网站，搜集关于此方面的最新内容，并结合游戏、实践和讨论，传授给小组成员相关知识，并注重实际运用能力。
- 组织一次针对“资源循环”的环保宣传活动，将理论和实践相结合。

• 最后是关于 YAWN 精神。在查阅了许多资料后发现，现今 YAWN 已开始从环保理念转变成为一种生活理念，一种当今年轻人的生活观，价值观。可以在最后同大家一起探讨，在经过了前几章节的介绍后，大家对于 YAWN 的定义是什么，该怎样将环保概念引入生活中等有所了解。

【小组计划】

第 1 节　我们因环保而相遇

活动时间	目的	内容	所需物资
3 分钟	我们与组员相互认识	自我介绍（包括姓名、在小组中的角色） 每位组员身上会贴一张写有自己昵称的便利贴	幻灯片 便利贴
20 分钟	通过小游戏让组员之间有初步的了解	1. 每位小组成员带着我们事先发放的面具入座 2. 依次进行自我介绍，介绍内容包括：姓名、昵称、兴趣爱好、喜爱的食物、所学专业/讨厌的东西等 3. 游戏："面具下的真实"（桌子两边各坐同等数目的组员，给大家 5 分钟时间相互轮流聊天，比如 1 分钟后，左边一组成员向前挪位） 4. 通过短暂的聊天选择自己在"对对碰"中的同伴 5. 游戏"对对碰" 根据聊天，选择"默契大比赛"的搭档 6. 配对成功的互相摘下面具	便利贴 面具 笔 小纸
12 分钟	深化组员间的认识	游戏："默契大比赛" 1. 以刚才形成的两人小组为单位，按照自我介绍的内容，负责人向大家提问，比如"对方的爱好是什么?"那么组员要相互写下对方刚才自我介绍时说的爱好 2. 答对最多者获胜，最少者接受惩罚	小纸 笔 安排座位的形式：两两背对背

（续表）

活动时间	目的	内容	所需物资
10 分钟	让组员更清楚小组的目的及内容	介绍小组每节主讲内容及相关活动（每人讲自己负责的项目）	
10 分钟	与组员一起讨论制定小组规范，增强对小组的责任感及归属感	与组员制订一套小组规范（小组成员每人在黑板上写一条），然后制作成海报，每位组员签名、通过	相机 海报 蜡笔 记号笔
15 分钟	1）让组员了解自己参加小组的原因 2）了解组员的需求 3）通过释疑使组员对小组主题有进一步认识	1. 邀请组员谈谈自己为什么要参加这个小组以及原因 2. 需求表格填写 4 份	量表
7 分钟	为下节内容做准备	介绍下节内容所需准备的材料。布置作业	
5 分钟	让组员表达第一次参加小组的感受	邀请组员简单谈谈对于小组活动的看法和建议	

第 2 节　资源循环“好身手”

活动时间	目的	内容	所需物资
10 分钟	相隔一周时间后进一步加深小组成员之间的认识	游戏：“真实与虚假” 1. 每人准备一分钟，准备三个事实，两个是“虚假的”，一个是“真实的” 2. 名字+“事实”；名字+“事实”；名字+“事实” 3. 让大家猜哪一个事实是真实的。猜对的计一分，分数最多者获胜	黑板 粉笔
7 分钟	引入本节内容的主题免费循环	1. 大家最初对环保的认识大多只限于废旧物品回收与再利用上面，比如：环保袋，电池回收（问题形式提出，让大家回答） 2. 引出 YAWN 式免费循环观理论	PPT

（续表）

活动时间	目的	内容	所需物资
15 分钟	让大家了解身边可以循环利用的资源	1. 第一节预告大家带来自己认为可以循环利用的物品，进行展示，之后动手环节可以用到 2. 探讨校园中有什么可以值得循环利用的东西 3. 寝室中有什么资源可以利用起来循环使用的	电池 塑料袋 一次性纸盒（饭盒） 衣服 书本 磁带…
35 分钟	通过动手制作增进大家对资源循环的兴趣	游戏 DIY： 1. 小组成员和负责人带来的生活上的废旧物品和可再生资源放在桌子上 2. 每个成员利用这些物品使之成为一件工艺品或者是可再利用的物品 3. 在 PPT 上面可以展示许多成品供大家参考，而且组织者可以和成员共同参与其中	剪刀 彩纸 胶水 双面胶 玻璃胶 彩笔 铅笔 许多装饰物品等等
15 分钟	让小组成员通过知晓我们对这批再生资源的处理方式进一步体会通过循环利用产生的价值感	1. 告知小组成员我们会将这批成品拿去跳蚤市场卖，并且宣传免费循环的概念，会拍下照片给大家展示 2. 备注项目：会组织二手书拍卖会，让大家把旧书带来进行拍卖活动，提高大家对书本回收的概念，养成书本循环利用的习惯。也可以捐给某个慈善机构的方式完成。大家商讨	成品 彩色卡纸（成员对作品的简单介绍） 二手书

第 3 节　今天你“低碳”了吗？

活动时间	目的	内容	所需物资
10 分钟	进一步加深组员之间的互动，进行小组开始的“暖场”	开场小游戏：“环保公敌蹲蹲蹲” 游戏规则：小组成员依次在身上醒目位置贴上画有罐头、电池、纸巾、筷子、报纸、药丸、饭盒、烟头、油漆的卡片。由负责人先示范喊口号：XX 蹲，XX 蹲，XX 蹲完，XX 蹲。然后找一个人开始按这个口号开始比赛。做两三轮	画有图形的 6 ~ 7 张彩色卡片

（续表）

活动时间	目的	内容	所需物资
3 分钟	回顾和引入	上两节我们着重介绍了什么是 YAWN 式环保理念以及 YAWN 式免费资源循环，今天我们将向大家介绍现今时下最为流行的环保话题“低碳”和“清汞”	
15 分钟	了解我们身边较为著名的环保组织名称及标志	1. 小游戏：“环保标志连连看” 游戏规则：我们将在黑板上依次展示 10 个环保组织的名称和组织标志，并会向大家一一做简短介绍，包括它的活动方向及主攻产品等等。介绍完毕后，会每两人一组，给大家 30 秒钟时间记忆。然后负责人报环保组织名称，两人为一组抢答，答出一分，共计五轮，最后统计分数 2. 详细介绍闻名世界的一些环保组织和在我们身边积极活跃着的环保民间组织	画有环保组织徽标的卡片 10 张
15 分钟	了解低碳，并探讨生活中的低碳	给大家看一出关于低碳的视频介绍 然后根据视频内容，我们向小组成员提几个问题，小组成员发表一下他们对于该视频的一些想法	视频
15 分钟	引入“衣年轮”大行动，了解“衣年轮”和与之相关的低碳效应	小游戏：“服装面料对对碰” 游戏规则：负责人将多种不同材质的面料粘于板上，小组成员两人一组，每组成员会拿到这几种面料的中文名称，每个小组成员会有 30 秒的时间上前来触摸这些面料，然后和同伴讨论各种面料的名称，并一一上前粘于所在面料的下方。最终看哪一小组粘对的最多便获胜	5 种不同材质的面料 写有面料名称的彩纸
20 分钟	了解“衣年轮”及其相关概念，并且让组员通过设想相关的创新办法重视衣服的低碳	引入“衣年轮”，先做一下简单的介绍，然后告知组员哪些面料是环保的，哪些面料是不环保的（或者可以让小组成员猜一下） 然后让小组成员讨论该如何使衣服更环保，大家各抒己见。然后提出我们的想法和建议	

第 4 节　环保创意妙哉妙哉

活动时间	目的	内容	所需物资
5 分钟	让小组成员了解环保文化的理论架构	1. 小组成员讨论对环保文化的界定，各抒己见 2. 引入环保文化概念 3. 小游戏：“拗造型” 通过抽签决定两人一组，运用肢体语言共同完成一个与环保有关的造型，要求突出创新性和文化性	PPT 抽签纸
25 分钟	让组员认识到环保文化的多样性，从流行音乐中理解年轻人的环保	1. 小组讨论什么样的音乐可以被认为是环保音乐？环保音乐有什么特定的因素呢？ 2. 听三首不同形式的环保音乐 3. 听完后让组员谈谈感受和想法	音乐
15 分钟	让组员接触时下最具创意的环保文化——环保公益作品	1. 展示环保公益图片，并让大家谈谈其中的寓意 2. 展示环保公益广告 3. 交流今后环保公益发展的大方向	PPT 图片 广告作品欣赏
40 分钟	通过动手制作，进一步了解环保公益文化（创作过程中播放舒缓心情的音乐）	1. 在第三节最后，让成员回去设想一下年轻人的环保宣传画的主题和内容以及标志等等 2. 小组成员一人创作一幅简单的环保宣传画，突出“年轻”两字（自己准备资料） 3. 要在这节中全部完成，会在最后一节中展示及评奖	1. A3 纸（8k）10 张左右（按参与人数而定） 2. 水彩笔、蜡笔每两至三人一盒 3. 剪刀胶水等常备工具 4. 每人准备铅笔、橡皮、直尺等材料 5. 小组负责人准备几支记号笔

（续表）

活动时间	目的	内容	所需物资
5分钟	预告下节主讲内容和准备材料	由于下节活动内容为实践与操作，所以在第四节中会发给组员相关的要求供组员回去准备	写有要求的纸张

第5节　“换换爱”环保慈善大行动

活动时间：持续一周，并在最后一节中汇总和小结

活动地点：奉贤校区宿舍楼

活动主题：“换换爱”

在前四节依次介绍了免费循环、低碳、衣年轮、环保公益文化等最新的环保理念，在小组倒数第二节，我们策划了起名为“换换爱”的推广资源循环的活动。

活动介绍：以物换物的形式，用我们精美的书签、发夹、便签本换同学们身边过期的杂志或不再需要的小说书籍。小组与心暄社合作会将这些过期书刊和旧书一同捐给民工子弟学校，建立一个小型的图书馆。

第6节　环保达人毕业啦！

活动时间	目的	内容	所需物资
15分钟	回顾小组前5节内容，并对主要内容进行总结和概括	1. 小游戏：“比比谁的记忆强” 游戏规则：黑板上分为6块区域，限时2分钟，请大家回想一下我们整个小组讲了关于环保的哪些方面，哪些概念，进行了哪些活动，倡导了哪些理念，越多越好 2. 实习社工根据组员所写的内容补充和总结，概括出几条最为重要的内容 3. 向组员发放由社工整理的关于之前小组所讲主题的内容和小贴士	发给组员的总结小组内容的纸张、粉笔

（续表）

活动时间	目的	内容	所需物资
10 分钟	调动小组气氛，缓和小组成员对最后一节的压抑感	小游戏："变身" 游戏规则：两两组合，每人在 1 分钟的时间内改变自己身上的 3 处，让另一位同学来猜是哪三个地方有所改变，没有猜出的要接受冒险惩罚	
15 分钟	畅谈环保未来的发展方向	1. 让组员谈谈根据前几节的内容，大家是否学到环保的知识等 2. 大家认为有哪些方面是可以落实到生活中 3. 大家认为还有哪些方面难以执行，有待日后慢慢探索和研究	
10 分钟	带领组员回看过去，让他们发现自己在小组中的发展和成长过程	由实习社工利用 PPT 放映小组活动前 5 节的照片记录，边放照片，边和组员分享	照片、轻音乐
10 分钟	让组员体会到参加小组的价值	颁奖典礼： 1. 由实习社工向各个组员颁发符合她们性格而设立的奖项，分别设有严谨踏实奖，勤劳小蜜蜂奖，最佳创意奖，最佳口才奖，勇于开拓奖，环保达人奖 2. 组员发表获奖感言	奖品、"奖杯"
10 分钟	后测评估	组员填写量表	量表
10 分钟	小组结束	小游戏：大家一起唱 在小组最后，每位组员包括实习社工，用一句歌词来阐述此时此刻内心的感想，并且要把它大声唱出来	

【小组招募】

小组招募方法：

制作小组招募宣传单，并在校园中发放，招募对于小组主题感兴趣的组员。以短信和 E-mail 邮件的方式告知同校的同学，协助宣传小组活动。

在经历了漫长的组员招募后，最终我们小组招募到了 6 位组员，他们均对本小组的内容十分感兴趣。

【小组过程】

见面会

小组见面会概况	
见面会时间	10 月 28 日下午 13 点 30 分—14 点 00 分
见面会地点	图书馆 6 楼 2 号讨论会议室
见面会人数	负责人 3 人、组员人数 4 人
缺席人数	1 男、1 女（09 新生）
缺席原因	1. 学生手册考试；2. 听党课
下次是否会前来	会
见面会后需要更改之处： 1. 见面会召开的时间比较短暂，大家见见面，谈谈心中的疑惑。但是我们感受下来认为，大家对我们的小组大致有所了解，但是见面会的整体气氛并不是很活跃，有点小小的尴尬，我们 3 个负责人有点难以控制会面的氛围，大家之间还是存在着很大的陌生感。在以后每次小组活动的时候都要穿插了解彼此的一些小游戏，让大家加深对对方的了解 2. 我们并没有将过多的细节内容透露给组员，但是很明显可以感觉他们对某些活动很有兴趣。我们要更详细的去计划这些颇具特色的活动内容，尽量做到准备充分 3. 我们发现并不是所有的小组成员都能按照负责人的思路一步步走，有时他们会稍显不耐烦，这就需要我们去加以引导，但此次见面会上我们处理的不太好。所以我认为掌握组员的情绪活动是对我们的一次挑战	

第 1 节　我们因环保而相遇

1. 团体名称：变身 YAWN 族 2. 出席成员：庞同学（女）　朱同学（女）　宋同学（女）　余同学（女）　戴同学（女）　龚同学（女）

（续表）

3. 缺席成员：无 4. 缺席者及其理由：无 小组过程不足： 由于第一次开展小组活动，实习社工们对于该如何使组员轻松没有负担地参加小组还不是很熟练，对于小组活动中出现的冷场现象，不知道该说什么样的话来引导组员积极参加，这方面还有待学习和加强，另外，由于实习社工们都比较紧张 改进方法： A. 先把游戏内容明确告知，不懂马上提问，并且告诉他们游戏的目的以及安排 B. 由小组工作人员率先开始讨论，带动现场气氛，然后鼓励小组成员发表自己的意见 C. 我们争取每周固定时间，减少组员迟到或缺席问题。但如果大多数人集中某一时间有困难，那么我们会设法重新修订时间

第 2 节　资源循环“好身手”

1. 团体名称：变身 YAWN 族 2. 出席成员：庞同学　朱同学　宋同学　余同学　戴同学　龚同学 3. 缺席成员：无 4. 缺席者及其理由：无 小组过程不足： A. 这里要特别指出，小组的其他两位工作人员在本次小组活动时竟然迟到了 5 分钟，比某些小组成员还要晚，这是要注意的 B. 主题是涉及了，但是还不够细和透彻。在事后询问组员对这一节活动的看法时，他们普遍认为，该节内容设计的形式很好，但是实际意义却不是很大，也就是说，我们并没有真正涉及该如何利用身边的废物，希望在小组结束时，可以对这方面进行强化 C. 有组员表示，DIY 有点像小学的手工课，让我们突然意识到，似乎在主题上有所偏离 改进之处： A. 小组组长要尽可能在每次小组之前督促负责人不要因为有事而迟到或早退 B. 针对第二个不足之处，实习社工们讨论后，采取了下面这个措施：认真搜集身边废物的种类以及相应的回收利用的方法，打印成章，在小组最后一节的时候，发给组员，让他们在小组活动结束后也能根据该内容，贯彻环保理念

第3节　今天你“低碳”了吗？

1. 团体名称：变身 YAWN 族
2. 出席成员：庞同学　朱同学　宋同学　戴同学　龚同学
3. 缺席成员：余同学
4. 缺席者及其理由：事假

小组过程不足：

有小组成员迟到 20 分钟，导致小组讨论被打断

改进之处：

A. 小组负责人要强调准时出席
B. 小组进入中间阶段，组员有些倦怠。实习社工专门对此进行了一番讨论，认为该采取以下措施：在每节小组中讨论与游戏穿插进行；及时听取组员对于小组活动的意见

第4节　环保创意妙哉妙哉！

1. 团体名称：变身 YAWN 族
2. 出席成员：庞同学　朱同学　宋同学　龚同学　余同学
3. 缺席成员：戴同学
4. 缺席者及其理由：事假

小组过程不足：

A. 组员似乎在提问回答阶段中，表现较为拘谨，还不能做到有话就说，少了些主动性
B. 由于更换了小组活动的时间及地点，组员们迟到了 10 分钟左右

改进之处：

社工日后要在小组活动中，做出启发式的提问，示范一些例子、看法，引导组员畅所欲言

第5节　“换换爱”环保公益大行动

1. 团体名称：变身 YAWN 族
2. 出席成员：庞同学　朱同学　宋同学　龚同学　余同学　戴同学
3. 缺席成员：无
4. 缺席者及其理由：无

（续表）

小组过程不足： A. 在一周的活动时间内，没有聚集组员，只是做了个人的联系工作，询问活动的进展状况。应该在活动持续到半周时，组员聚一次，看看大家各自的进展，这一点在设计时没有考虑仔细 B. 和合作的心喧社成员交流不频繁，只是单方面的和社长和少部分社员进行了沟通和交流

第6节　环保达人毕业啦！

1. 团体名称：变身 YAWN 族 2. 出席成员：庞同学　朱同学　宋同学　龚同学　余同学 3. 缺席成员：戴同学 4. 缺席者及其理由：事假 小组过程不足： 原本是想组织组员在户外进行活动，但是由于天气日渐寒冷的原因而被迫取消了。使得最后一节小组以中规中矩的方式结束，没有太多的新意

【过程评估】

根据每位组员在每节小组满意度问卷上的评分画出如下趋势图，也体现每个组员对于小组每节活动的评价。

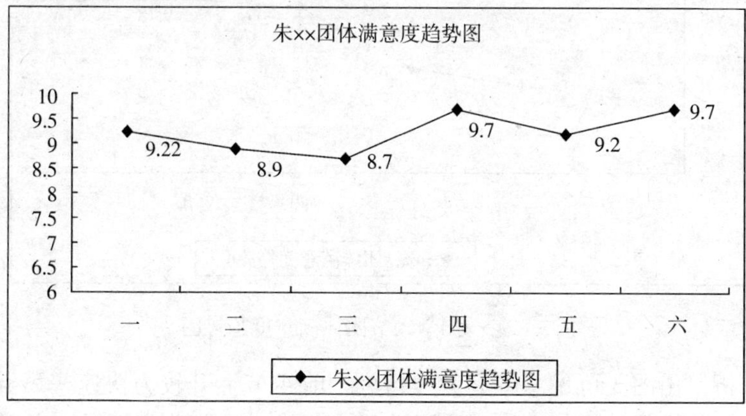

图1　是朱××同学六节团体满意度趋势图

分析：由图1可见在小组第三节时评分呈下滑趋势，且为六节小组最低之时。第三节小组活动处于小组的中期，在这一阶段“会发生小组冲突即小组成员会产生一定的疲倦，懈怠，甚至是恐惧心理，从而排斥小组”(刘梦，2004)。

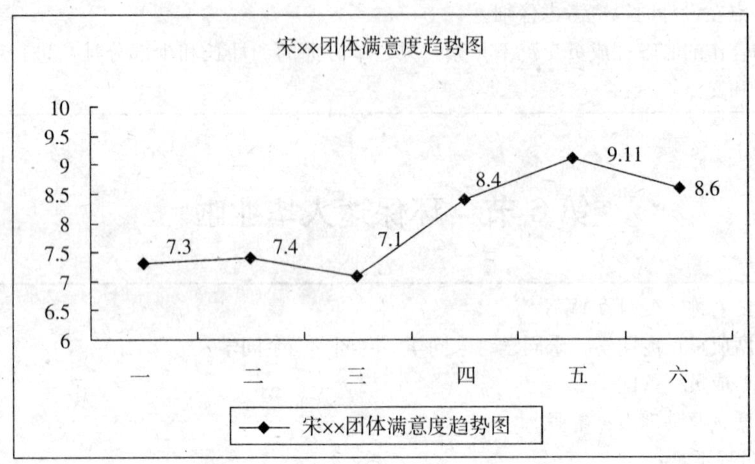

图2　宋××同学六节团体满意度趋势图

分析：由图2可见在第三节时评分呈下滑趋势，且该同学整体六节小组的分数普遍低于其他组员。该同学不太愿意发言，每次都需要社工多方鼓励，这是其分数偏低的原因之一。与其简短交流后发现该同学态度十分严谨踏实，评分严格。

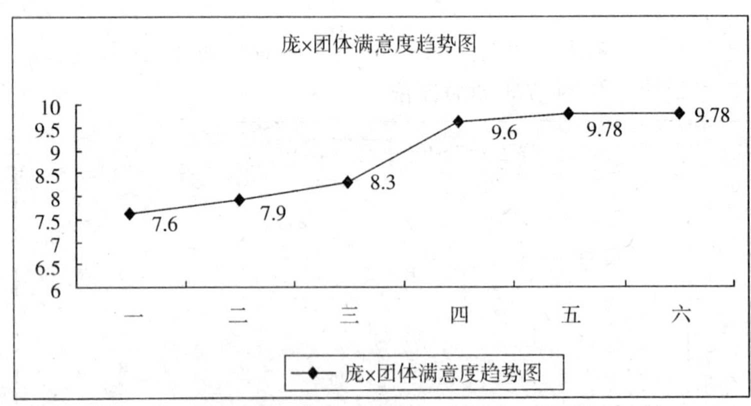

图3　庞××同学六节团体满意度趋势图

分析：由图3可见总体呈上升趋势。前4节上升较为快速，第五第六节维持在一个比较高的水平。该同学每次都准时出席小组活动，并且非常积极参与小组的各项活动。从第三节到第四节，评分直线上升，在小组结束后，社工与其交流中发现，该组员对于第四节小组活动即环保文化和环保公益十分感兴趣，认为这是一个她很想触及的领域，所以第四节分数会打很高。

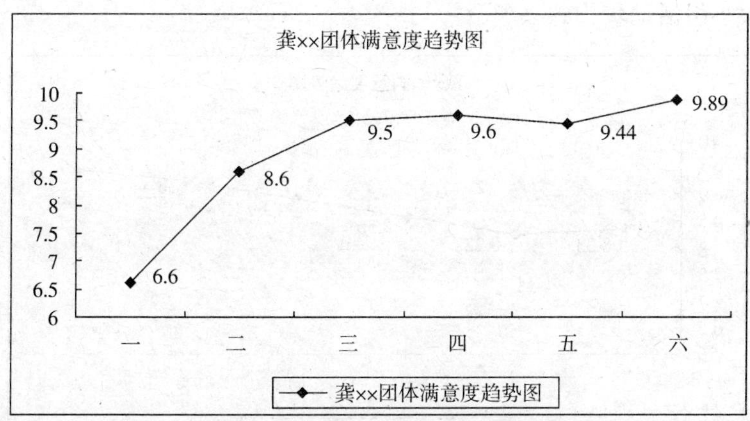

图 4　是龚××同学六节团体满意度趋势图

分析：由图 4 可见第一节给的分数是六位组员中最低的。事后询问为何第一节小组分数如此之低时，该组员认为与其事先所想的小组有点距离，并且还不适应在众人面前阐述自己的观点。在之后几节小组活动中，该组员有了较为明显的转变，尤其是在第四节——环保文化和公益中和大家探讨了许多这方面的内容。

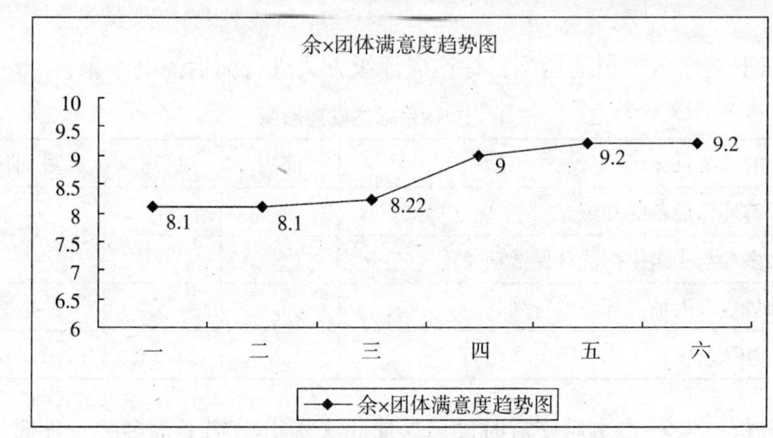

图 5　是余×同学六节团体满意度趋势图

分析：由图 5 可见前三节评分基本没有很大的变化，第四节有所上升，之后又趋于平稳。该同学在小组前两节中表现很平常，既没有特别活跃也没有沉默，属于很中规中矩的组员。在交流中，该组员表示前两节小组活动对其影响并不是很大，是她先前已经知道的内容。但是之后如低碳，环保文化，“换换爱”活动让她知道了许多关于环保新鲜的话题，所以对之后几次小组活动较为感兴趣。

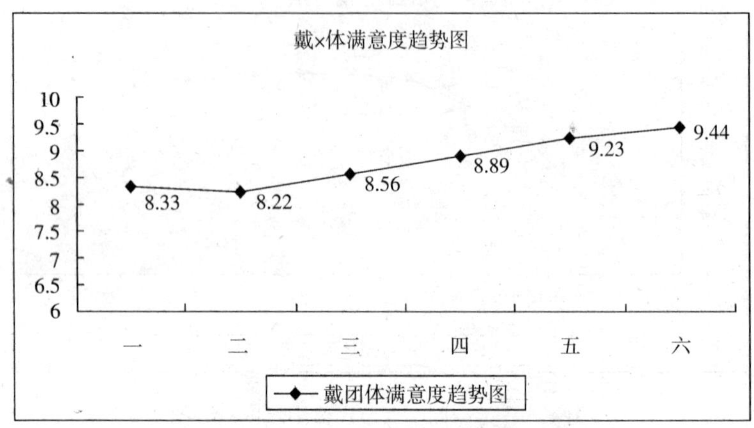

图6　戴×同学六节团体满意度趋势图

分析：由图6可见在第二节时呈现短暂下滑，之后便逐步递增。

【成效评估】

以下是六名组员的运用目标达成评级方式进行前后测的结果：

表1　朱××目标达成前后测

朱××的三个目标	前测	后测	后测-前测
1. 了解环保最新的知识	6	4	-2
2. 多多参与小组组织的环保活动	5	4	-1
3. 鼓舞更多人加入环保的行列	6	5	-1
总平均值	5. 66	4. 33	-1. 33

分析：朱××在事后交流时说，参加此次小组学到了很多关于环保最新的理念，比如低碳，比如衣年轮，并且可以亲身参加小组活动，但是鼓舞更多人加入环保的行列这一目标做得还不够到位，宣传人数不是很多，没有涉及更多的人。

表2　宋××目标达成前后测

宋××的三个目标	前测	后测	后测-前测
1. 对于小组活动流程有一个明确的知晓	4	2	-2
2. 对于日常生活中的环保有一定程度上的了解	6	3	-3
3. 组员间互相培养默契与合作精神	5	3	-2
总平均值	5.00	2.67	-2.33

分析：宋××在事后交流时说，参加此次小组活动觉得能和很多其他组员结交朋友是一件很开心的事情，这点是最大的收获。虽然小组介绍了很多关于环保的知识，但是对于日常生活中的环保小细节介绍的内容没有第一节预想的多。

表3　庞×目标达成前后测

庞×的三个目标	前测	后测	后测-前测
1. 使每位组员获得与环保有关的知识	7	4	-3
2. 每次的小组活动气氛都能够非常活跃	6	3	-3
3. 小组活动能创作出环保工艺品，并且能对这些工艺品有取向的交代	6	3	-3
总平均值	6.33	3.33	-3

分析：庞×在事后交流时说在小组中还是颇有收获的，从对环保一无所知到现在能够说出什么是现今流行的低碳等等。不过小组讨论时气氛不够热烈，有时还有冷场现象发生，不够积极。

表4　龚××目标达成前后测

龚××的三个目标	前测	后测	后测-前测
1. 可以从最初对环保毫无意识到认识到最新的环保知识	7	4	-3
2. 小组可以将环保活动氛围搞的愉悦一点	5	2	-3
3. 能够让我们真真实实的看到环保的成效	7	4	-3
总平均值	6.33	3.33	-3

分析：龚××在事后交流时说最初参加小组时只是抱着大家一起玩玩结

交朋友的动机，但是在结束后感觉还是学到了很多关于环保的知识，并且切身参与到了环保的活动，所以收获还是有的，比事前想的好得多。

表5　余×目标达成前后测

余×的三个目标	前测	后测	后测-前测
1. 能够具有环保意识，关注身边的环保小事情	6	4	–2
2. 接触最新的环保理念，学会垃圾分类	6	4	–2
3. 勇于展现自己，了解同伴	5	3	–2
总平均值	5. 67	3. 67	–2

分析：余×在事后交流时说，自己所定的目标中关于垃圾分类的知识在小组中没有明确提及，只是在第二节资源利用时讲了一下，但是不够细致。她比较满意的是自己能够有机会在每节小组中可以发表看法，得到了锻炼。

表6　戴×目标达成前后测

戴×的三个目标	前测	后测	后测-前测
1. 小组成员可以共同完成一件有关环保的有意义的活动	7	3	–4
2. 更加自信地表达自己的想法	6	4	–2
3. 加强团队合作意识，互助团结	5	3	–2
总平均值	6	3. 33	–2. 67

分析：戴×在事后交流时说，认为自己还暂时无法通过六节小组就能有所改变，但是总体自己的目标算是达成了。

【参考文献】

1. 周璇．少给地球添麻烦，Yawn 一族富贵不淫．新华每日电讯，2008.
2. 刘梦．小组工作．北京：高等教育出版社，2004.
3. 邱定蕃．资源循环．北京矿冶研究总院．中国工程科学，2002（10）.
4. 张一鹏．低碳经济与低碳生活．内蒙古呼和浩特职业学院报，2009（15）.
5. 赵荷香．论中国传统环保文化的挖掘与弘扬．岱宗学刊，2007（3）.

【感想】

作为组长，只有两个字可以形容这一整个过程，便是“艰辛”，这是我从未负担过的高强度工作，从招募组员到安排教室和时间，从准备材料到不断修改小组计划，说实话，真的很累，累到有几周的晚上，我会因为小组活动而失眠。

这3个月的时间，我有过抱怨，有过低迷，当然小组活动的时候也有过快乐和疯狂。第一节不断地用话语激励组员开口做自我介绍，融入我们设计的小游戏中；第二节认真准备环保材料，鼓励组员们发挥创造力；第三节看到我的同伴十分卖力地在为组员介绍“低碳”和“衣年轮”，如此细心的准备着实让我很是感动。

当然，作为组长在小组活动中，我也有过对同伴很多的不满，但是我们每次都能以交流和商讨的形式很好地解决，我想小组活动也教会了我该怎样与同伴相处。

所以在我写下上面这段话的时候，我的心情是极为复杂的，但是我还是很自豪地说，我完成了预先的工作，我为之曾经非常非常的努力过了。

——薛梦超

勇敢走上讲台

实习社工:冯焘 孙本亮 徐丽娟

『小组缘起』

1. 小组主题缘起

丘吉尔说过：一个人一生的价值就表现为他能在多少人面前自如的演讲。的确，这需要一个人有充分的自信以及足够的自我认同。我们也正是出于这个目的开展我们的小组活动。心理学认为，一个自我认同充分的人，内心会有更多的安全感，能够很好地找到自我定位并且顺着这个方向前进。自我认同充分的人生，其核心力量非常清晰，不会为了一些物质上和外表上过分的诱惑而冲昏了头脑，也不会因为谁的目光而改变自己。

卡耐基说过：人的成功因素中，15%取决于一个人的个人技术和知识，85%则取决于表现自我的能力和引发他人热情的一种能力。或许每个人的性格是不一样的，但是每个人的性格都有在演讲中的优势，我们要学会以优势视角看待和分析我们在演讲中的着重点，更加吸引他人。同时我们希望通过我们小组组员之间的交流及互动弥补并完善我们自己，扬长补短，因为每个人都有各自的优点与缺点。我们也希望组员能够在这个小组中获取一定的演讲知识，并且能够在最后勇敢地表达自己的思想，在讲台上能够很好地表现自我的特点。基于这个目的，我们便开始了我们此次的小组之行。

2. 小组分节的缘起

小组的正式内容分为5个具体的步骤来进行，分别针对演讲时碰到的障碍由简到繁进行划分，从最容易改变的自我认知开始，名为“心态训练”，即让组员在演讲前克服自身的心理障碍；当自身心理放开后，然后才能从最基础的技术层面来给予组员支持，从初期的“收集演讲所需要资料”，到“语言技巧及表达”以及“演讲稿的准备”，这个过程就是根据演讲所需要经历的过程来划分每节主题的内容。最后则是组员交流来进行成果展示，让每位组员可以真正在小组中有所收获。

『理论框架』

1. 认识演讲，了解演讲中最大的困难——自我心理障碍每个人天生都有一种怕出丑的心态，有位哲人说过这样一句话：一个人把所有的丑都丢光后，那么他剩下的则只可能是美。人畏惧演讲则也是怕在演讲中出丑而不愿意上去演讲，所以第一步的目的就是要让组员认识其不合理性并帮助他们丢丑。暴露治疗理论认为，人具有通过暴露自身的不足然后通过自己身边的环境来修复自身的功能。所以我们这个环节也是借用了暴露理论的方法

2. 了解演讲的每个环节，从基础开始做起

每样事情只有了解事物最本质的一面才能更好地达到自己的目标，而演讲中最关键的也就是演讲资料地收集，一个人如果连自己所要做的是什么都不了解，那么其最后的结果也只会是失败。

3. 循序渐进，训练也重要

因为演讲是一门艺术同时又是一门技术，所以在技术的训练上也是相当重要的。只有通过平时的训练，才会出现在舞台上征服别人的效果。

4. 交流，反思，成长与进步

对于经历过的所有过程，有了深切的感悟之后，还需交流、反思，通过展示来促进彼此成长。

『小组计划』

一是需求评估；二是运用《目标问题评量表》来了解组员对“演讲”这个概念和操作上的困惑，并按困扰程度，在每项问题处评分（1～7分，分数越高，困扰程度越大）。

【第1节　破冰】

活动时间：2008年10月29日晚上8：30　　　地点：4教407

个别活动时间	目的	内容	所需物资
1）5分钟	随机安排工作人员和组员的座位，增加组员之间熟悉度	抽扑克牌，抽到几就坐几号座位	扑克牌9张

（续表）

个别活动时间	目的	内容	所需物资
2）10分钟	增加组员对彼此昵称的熟悉度	游戏——“心脏病”玩法：成员分成两组，各组商量选出一名代表，在工作人员倒计时到1时，除代表外的其他组员蹲下，两组的两位代表在看到对方的第一时间内就喊出对方的昵称，优先的那组胜利	
3）15分钟	使组员了解我们小组存在的意义，澄清他们的疑问	介绍我们小组的目标，分节以及内容	
4）15分钟	让组员了解并且熟悉我们小组的规范	写下心愿并且制定我们共同认可的公约	
5）10分钟	让组员表达对小组的期望、对这次聚会的感受等	互相交流参加此次小组活动的感受	
6）15分钟	评估小组成效	让组员完成《团体满意度自我评估表》	评估表

【第2节 学会丢丑】

活动时间：2008年11月5日晚上8：30　　地点：4教203

个别活动时间	目的	内容	所需物资
1）5分钟	让组员回想起上一节的主要内容	组员一起回顾上节活动内容及成果，使组员互相记住彼此的姓名	
2）5分钟	让组员敢于面对自己的丑事	每个人写下各自最丢面子的一件事情	白纸一大张
3）20分钟	让组员了解到自己怯场的真正原因	与组员分析为何会有怯场，害怕的心情	
4）20分钟	活跃气氛	游戏看图写话——将小组平均分为2组，分别给两组不同的人物图片，让组员开动脑筋，用5句话描述图中的人物，最后比较哪一组写的最正确为胜	两张名人的图像

（续表）

个别活动时间	目的	内容	所需物资
5）15 分钟	使组员了解并且学会用正确的心态面对演讲	介绍在演讲时应该学会的几种心态以及几种错误的心态	
6）10 分钟	让组员学会丢丑，不要因为丑而感到胆怯	每个人随便抽取之前组员写下的丑事，大声读出来	
7）5 分钟	评估小组成效	让组员完成《团体满意度自我评估表》	

【第 3 节　信息的收集——倾听技巧的训练】

活动时间：2008 年 11 月 12 日晚上 8：30　　　地址：4 教 A 座 321

个别活动时间	目的	内容	所需物资
1）15 分钟	使组员了解聆听的一些技巧	介绍聆听的一些注意事项以及指出自己的不足之处。	
2）25 分钟	活跃气氛	游戏——让一名组员出去，然后剩余的人选出一名组员，再让原来那位组员进来，他可以提 3 个是非题，以此猜出哪位是选出的组员	
3）10 分钟	让组员在聆听的基础上学会提问来挑选对自己有利或所需的信息	介绍，分享一些正确的提问方法	
4）15 分钟	使组员掌握提问技巧	游戏——两人一组，一位背对黑板，一位正对黑板，由裁判在黑板上写下一个人名背对黑板的组员通过提问的方法，进行整合，猜出人名，每组限时 3 分钟	
5）15 分钟	让组员避免错误的提问方式	与组员讨论并分析一些错误的提问方式	
6）15 分钟	让组员尝试着演讲	让组员即兴对一个话题进行演讲	
7）5 分钟	评估小组成效	让组员完成《团体满意度自我评估表》	评估表

【第4节　语言技巧和表达的练习】

活动时间：2008年11月19日晚上8：30　　　地点：4教A座207

个别活动时间	目的	内容	所需物资
1）5分钟	帮助组员巩固第三节的主要内容	回顾第三节的活动内容并对上次每位组员的表现指出好与不足的地方，以及在这一节内容上自身的不足	
2）15分钟	活跃气氛	游戏——依次报数，逢3和7的倍数以“嘿嘿”代替，如果忘了说“嘿嘿”或者在错误的时候说，则淘汰，进行3轮，淘汰3位组员	
3）20分钟	经过几节的活动，让组员试着演讲	作为惩罚游戏，我们准备了3组，每一组有2道题目让这三位组员，再选一个题目，即兴演讲	
4）15分钟	帮助组员了解使演讲更成功的方法	让组员讨论这3位组员演讲时的优缺点，并介绍了5种方法，使演讲更生动	
5）20分钟	让组员能够运用这些演讲技巧	除去之前3位被惩罚过的组员之外，其余的组员开始即兴演讲，题目自拟	
6）15分钟	分享演讲时的技巧	组员讨论之后的演讲与之前组员的演讲的不同，并分享感受	
7）5分钟	评估小组成效	让组员完成《团体满意度自我评估表》	评估表

【第5节　演讲稿的准备】

活动时间：2008年11月26日晚上8：30　　　地点：4教A座107

个别活动时间	目的	内容	所需物资
1）5分钟	帮助组员巩固第四节的主要内容	和组员一起回顾第四节的内容	

（续表）

个别活动时间	目的	内容	所需物资
2）25 分钟	活跃气氛	游戏大风吹——主持人开始说："大风吹!"大家问："吹什么?"主持人说："吹．有穿鞋子的人。"则凡是穿鞋子者，均要移动，另换位置，主持人抢到一位置，使得一人没有位置成为新主持人，再吹（吹的内容由主持人自己决定）	
3）15 分钟	学会使演讲稿变得新颖	介绍一些如何使演讲稿变得出彩的方法	
4）10 分钟	活跃气氛	游戏007——由开始一人发音"0"随声任指一人，那人随即亦发音"0"再任指另外一个人，第三个人则发音"7"，随即用手指作开枪状任指另外一人，"中枪"者不发音不作任何动作，但"中枪"者旁边左右两人则要发"啊"的声音，同时扬手作投降状，反应慢或者出错的人为输	
5）20 分钟	学会运用技巧去写演讲稿	让组员试着写演讲稿，交流后并且讨论各自写的长处短处	白纸 9 张
6）5 分钟	评估小组成效	让组员完成《团体满意度自我评估表》	评估表

【第 6 节　总结活动的成果】

活动时间：2008 年 12 月 3 日晚上 8：30　　　地点：3 教 116

个别活动时间	目的	内容	所需物资
1）15 分钟	巩固六节的内容	组员一起回顾 6 节活动内容及成果	
2）15 分钟	分享经验与感受	每个人做出自己的演讲并表达在小组中的所得	

（续表）

个别活动时间	目的	内容	所需物资
3）15 分钟	深化组员之间的友谊，活跃气氛	互相交换联系方式以及祝福的话语	白纸 9 张
5）5 分钟	留下纪念	分发小礼物	笔记本、笔等学习用品
6）15 分钟	评估小组成效	让组员完成量表	

『招募』

过程：

1. 班级统一张贴大海报进行宣传招募，我们的宣传口号是：你想认识帅哥和美女吗？想用嘴唇亲吻听众的耳朵吗？

2. 对演讲有兴趣的同学可以通过朋友的推荐，得知我们的小组，并参与进来。

3. 报名累计 11 人，见面会以后一部分人因为时间问题无法继续参加，最后仅有 6 人参与小组。

4. 活动中有组员的朋友加入，非稳定成员。

总结：

1. 可以说我们的招募海报和宣传是到位和成功的，那些有兴趣的同学都知道了并参与了进来。

2. 熟悉的朋友的推荐，让小组成员特别的稳定，出席率较高。

3. 由于第一次协商小组活动时间的不可预知性，见面会中，组员与组员之间空余时间不能协调的情况难以避免，故应最大限度协调时间并做好一部分人因此退出的准备。

『过程』

【行前讲习工作过程记录表】

(11) 团体名称：勇敢走上讲台
(12) 团体会期：第1次
(13) 聚会日期：2008年10月22日20时00分
(14) 聚会地点：4教前的草坪
(15) 团体目标：让组员敢于在众人面前表达自我
(16) 阶段目标：了解我们小组的规则和意义
(17) 工作者：冯焘　孙本亮　徐丽娟

团体过程评估
优点：活动基本流畅，在游戏时气氛也很融洽
缺点：由于是第一次的见面，彼此之间都显得比较生疏，有时候会出现冷场的情况
下次需改进：准备应该更加充分，在环节与环节的链接上应该多多改进

【第一节　破冰】

(1) 团体名称：勇敢走上讲台
(2) 团体会期：第2次
(3) 聚会日期：2008年10月29日晚上8：30
(4) 聚会地点：4教407
(5) 出勤情况：应到10名，其中3名成员不会继续参加，所以将小组定位在7人小组
(6) 团体目标：让组员敢于在众人面前表达自我
(7) 阶段目标：使组员互相熟悉，提出小组规范，了解小组的大致内容
(8) 工作者：冯焘　孙本亮　徐丽娟

团体过程评估
优点：小组刚开始每个人都不肯说话，对小组活动的认识也不是很清晰，而且刚开始玩游戏时每个人可能都觉得小组是很没有意义的，但是到最后的情景剧时每个人都积极参与，每个人都觉得非常的开心。而且当我们让组员写下心愿时，有组员写下希望下次和自己的朋友可以一直都来，并且希望早点开始，这让我们觉得我们的小组是受欢迎的，这也是对我们小组的认可
缺点：迟到的现象比较严重。导致我们小组不能准时开展

【第二节　学会丢丑】

（1）团体名称：勇敢走上讲台
（2）团体会期：第3次
（3）聚会日期：2008年11月5日晚上8：30
（4）聚会地点：4教203
（5）出勤情况：有组员由于身体原因没有出席，但是我们依旧在缺少组员的情况下将小组进行了。总共7人，实到5人
（6）团体目标：让组员敢于在众人面前表达自我
（7）阶段目标：让组员学会丢丑，不以自己的丑为耻，敢于将它表达出来，并且学会用积极的心态面对演讲
（8）工作者：冯燕　孙本亮　徐丽娟

团体过程评估

优点：每个人都愿意在组员中交流自己相对比较丢脸的事情。而且在进行到游戏环节时，每个人都可以完全参与其中，大家群策群力，丰富自己要形容的要点，大家的交流更多

缺点：在游戏时由于我们规则没有想得很完善，导致游戏难以分出胜负。工作者有时表达过多，导致了在评估表上“我能在这次活动中向别人表达我的看法”和“我喜欢工作者的带领方式”这两个条目得分偏低，组员的满意度比我们的预期要低，小组没有给组员很好的表达机会与时间

【第三节　信息的收集——倾听技巧的训练】

（1）团体名称：勇敢走上讲台
（2）团体会期：第4次
（3）聚会日期：2008年11月12日晚上8：30
（4）聚会地点：4教A座321
（5）出勤情况：本次小组应到7人，实到6人
（6）团体目标：让组员敢于在众人面前表达自我
（7）阶段目标：帮助组员学会聆听其他人的观点，并且能主动发问，能从中收集需要的信息
（8）工作者：冯燕　孙本亮　徐丽娟

（续表）

团体过程评估 优点：组员在听了我们的讲解后，交流中就开始使用技巧，让我们觉得这一章提供的技巧还是很适合我们组员的胃口的 缺点：由于我们组长的疏忽大意，我们本次的小组评估表在小组结束的时候忘了做，使得本节没做评估。此外由于本节准备的资料比较多，在分享的时候有点杂乱，并且到后面结束的时候有延迟

【第四节　语言技巧和表达的练习】

（1）团体名称：勇敢走上讲台 （2）团体会期：第5次 （3）聚会日期：2008年11月19日晚上8：30 （4）聚会地点：4教A座207 （5）出勤情况：组员应到7人，但是实际参加的人数为6人 （6）团体目标：让组员敢于在众人面前表达自我 （7）阶段目标：教组员在演讲过程中语言的一些技巧，使演讲更出彩 （8）工作者：冯焘　孙本亮　徐丽娟
团体过程评估 优点：本节是几次小组中氛围最好的一次，每个组员参与度很高，可以通过照片看到每个组员当时乐在其中。在评估表上也看到有组员写到气氛非常好。这让我们组长觉得本次活动很有意义 “我能在这次活动中向别人表达我的看法”这个条目的得分有所改善。我们的组员都觉得比以前更能在小组中表达了，不再如第2次活动时的那几个数字让我们觉得不满意 缺点：气氛过于高涨，组员对于小组真正的主题可能有所忽略

【第五节　语言技巧和表达的练习】

（1）团体名称：勇敢走上讲台 （2）团体会期：第6次 （3）聚会日期：2008年11月26日晚上8：30 （4）聚会地点：4教A座107 （5）出勤情况：无人缺席

（续表）

（6）团体目标：让组员敢于在众人面前表达自我 （7）阶段目标：让组员能够在演讲稿中，把自己的观点、主张与思想感情传达给听众以及读者，使他们信服，并在思想感情上产生共鸣 （8）工作者：冯焘　孙本亮　徐丽娟
团体过程评估 优点：组员渐渐对小组有种责任的意识，出席基本上都能准时，不会让小组出现以前的问题，让我们觉得组员对我们的小组工作是肯定的 缺点：游戏过程中，发现总是输在一个组员身上。这提醒我们在选择游戏的时候应该注意游戏规则，应该让每个组员都能完全参与其中

【第六节　总结活动的成果】

（1）团体名称：勇敢走上讲台 （2）团体会期：第 7 次 （3）聚会日期：2008 年 12 月 3 日晚上 8：30 （4）聚会地点：3 教 116 （5）出勤情况：无人缺席 （6）团体目标：让组员敢于在众人面前表达自我 （7）阶段目标：回忆活动，鼓励大家将所学的用到实际的生活中 （8）工作者：冯焘　孙本亮　徐丽娟
团体过程评估 优点：每个组员在最后的小结性演讲中都能够袒露自己所得到的收获，并且也从其他人身上学习到了很多自身所没有的东西，而且组员也吐露出虽然小组那么短暂，但是在小组中也真的收获了快乐。在最后交流中，大部分组员也都实现了自己刚进小组的期望 最后一次的评估表也是对我们的一个真实反馈，和第一次的表格相比，每个组员对小组的满意度总体是在上升的 缺点：由于组长的疏忽，在最后时刻我们的小奖品忘在寝室，没有拿到小组现场，遗憾！

『成效评估』

“勇敢走上讲台”小组的目标是帮助组员获得一定的演讲知识并且让他们勇敢迈出第一步，敢于在众人面前演讲，而且通过帮助别人的同时也弥补自身的不足，积累多次成功的经验。

成效评估所运用的工具是目标达成评级表。在小组的第一节让组员填写他们在演讲方面所存在的问题并且对他们进行评分，然后在最后一节活动让他们对这些问题再进行一次评分。评分标准是“比预期中好得多”为+2、“较预期中好”为+1、“预期之内”为0、“较预期中差”为-1、“比预期中差得多”为-2。我们通过这个分数来研究组员在整个小组活动中的转变以及小组的成效和价值。

组员一共有7个人，都是一直坚持来参加活动的。欣欣的专业是小学教育，她希望达到的目标是变得大气，在事后评估中她给自己打的分数是+1；大超的专业是社会工作，他希望达到的目标是敢于向大家表达自己、广交朋友、收获良多，他给的分数分别是+1、0、+2；小琴的专业是小学教育，她的目标是学会拒绝别人一些自己不想答应的要求，在事后评估中她的分数是0；一一的专业也是小学教育，她希望达到的目标是在人们面前完整地表达自己的想法，她的事后评分是+2；汤汤的专业是文化产业管理，她的目标是学会与人交流并且勇敢表达自己的心声，她给的评分分别是+2、+2；俊俊的专业是中文师范，他想要达到的目标是更自信、学到他人的优点、了解演讲技巧，他的事后评估分数是+1、+2、+2；牛牛的专业是社会工作，他的目标是能够在众人面前自信地表达自己的想法，他的事后评估分数是+2。

从以上的数据可以看出，组员在六节的活动中，在不同程度上都向好的一面发生了转变。从组员希望达成的目标来看，我们可以发现有6位组员在参加我们小组的时候都希望能够在众人面前自信的，完整地表达自己的想法，并且在他们的事后评估的分数中可以看出他们在这方面的进步都是比他们预期中要大，甚至大得多。在小组活动中，每一节我们都会让每个组员在大家的面前发表她的看法以及意见，在后面几节，我们还让每个组员进行演讲，然后组员会对他们的演讲进行点评，指出他们的优势，由于这几次的练习，他们渐渐熟悉了站在讲台上讲话的感觉，他们的自我认同感得到了提升，渐渐发现了自己在演讲方面的优势，自我支持感加强了。因此，小组帮助他们得到了转变，达到了他们的目标以及小组的目标。

通过这次的小组活动，我们认为不敢迈出第一步是由于太拘泥于自己的想法，困在自己的世界中，因而忽略他人的感受，事实上并没有什么大不了的事情是由于我们的狭隘而变得困难，想要走出这座象牙塔，就要多实践，多多的练习，只有这样才能够了解到别人的一些看法。然后才会渐渐的进步。

【参考文献】

1. 卡内基．人性的弱点．北京：中国妇女出版社，2003.
2. 董方雷，李彧，王云．从销售新人到销售冠军．北京：人民电邮出版社，2003.
3. 邹建华．外部发言人揭秘．北京：世界知识出版社，2005.
4. 王志纲．策划旋风．北京：人民出版社，2005.
5. 易书波．精彩演讲训练营——30 分钟让听众爱．北京：机械工业出版社，2007.

『感想』

时间转瞬即逝，不知不觉六节的小组活动就已经结束了。在六节的活动中，我们不断探索。根据上一节的活动情况调节下一节活动的内容和方案。因此，我们小组开始从社工讲述理论知识为主到后来的组员实践为主、由一个人统筹小组的事务到后来的平均分担任务等转变。正是这些转变使得我们小组从初始工作上的不协调一直走到最后默契的协作，但是不可避免地存在一些不足之处。

首先，由于应变能力以及口头表达能力不强，再加上有些紧张，在小组初期，经常处于被动的状态。后来经过调整，加大了我在小组中的讲话部分，因此我的口头表达能力得到了锻炼，也渐渐地融入了小组，紧张感也消除了。

从筹划到组织；从准备道具到借教室；从制作所需的 PPT 到活动后的总结，能力在增长，经验在丰富，我们一路在锻炼自己的过程中慢慢成长。

——徐丽娟

【附录一】 团体满意度自我评估表

请在所选择的与您情况相符的数字下面画圈：

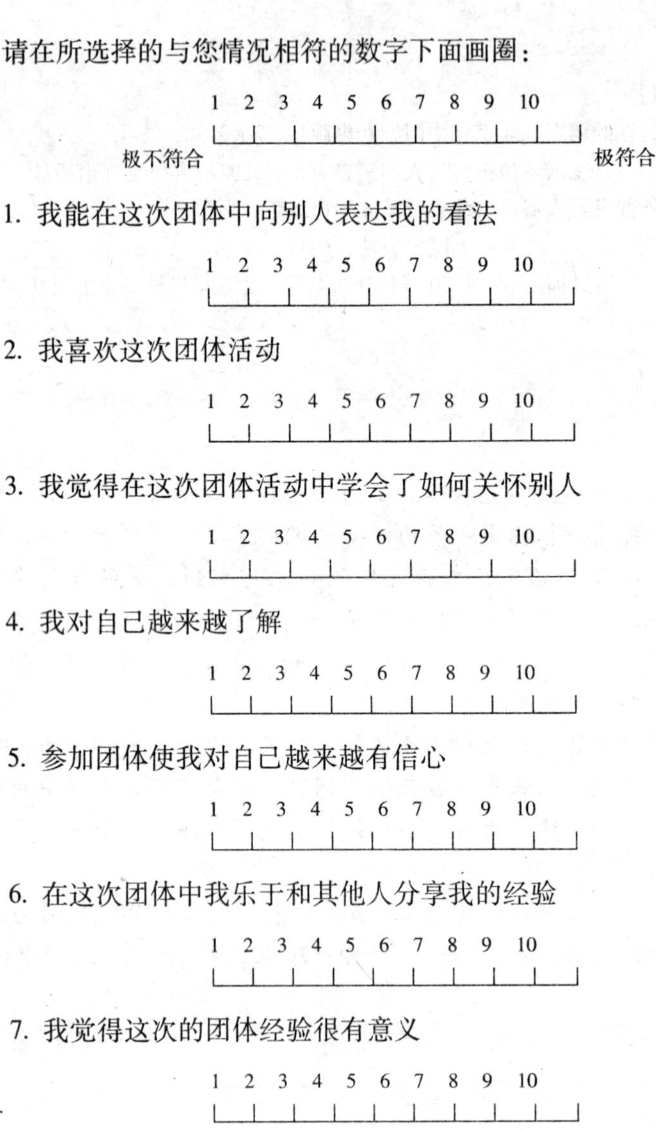

8. 我觉得这次聚会大家互相信任而且坦诚

1　2　3　4　5　6　7　8　9　10

9. 我喜欢工作者的带领方式

1　2　3　4　5　6　7　8　9　10

10. 我认为下一次可以改进的是

（刘梦．小组工作．北京：高等教育出版社，2003：204-205.）

【附录二】　目标问题评量表

请列举三项你最感到困扰的问题填入表中。并按困扰程度，在每项问题处评分（1～7分，分数越高，困扰程度越大）。

	目标问题	组前评估	组后评估	跟进评估
1				
2				
3				

姓名:

日期:

【附录三】　感受自评量表

下面是一些你可能有过或感觉到的情况或想法。请按照过去一星期内你的实际情况或感觉，在适当的格子内划“√”：

没有或几乎没有＝过去一周内，出现这类情况的日子不超过一天

少有＝过去一周内，有1至2天有过这类情况

常有＝过去一周内，有3至4天有过这类情况

几乎一直有＝过去一周内，有5至7天有过这类情况

	没有或几乎没有	少有	常有	几乎一直有
1　我因一些小事而烦恼	□	□	□	□
2　我不大想吃东西，我的胃口不好	□	□	□	□
3　即使家属和朋友帮助我，我仍然无法摆脱心中的苦闷	□	□	□	□
4　我觉得我和一般人一样好	□	□	□	□
5　我在做事时无法集中自己的注意力	□	□	□	□
6　我感到情绪低沉	□	□	□	□
7　我感到做任何事都很费力	□	□	□	□
8　我觉得前途是有希望的	□	□	□	□
9　我觉得我的生活是失败的	□	□	□	□
10　我感到害怕	□	□	□	□
11　我的睡眠情况不好	□	□	□	□
12　我感到高兴	□	□	□	□
13　我比平时说话要少	□	□	□	□
14　我感到孤单	□	□	□	□

（续表）

	没有或几乎没有	少有	常有	几乎一直有
15 我觉得人们对我不太友好	□	□	□	□
16 我觉得生活得很有意思	□	□	□	□
17 我曾哭泣	□	□	□	□
18 我感到忧愁	□	□	□	□
19 我觉得人们不喜欢我	□	□	□	□
20 我觉得无法继续我的日常工作	□	□	□	□

（张明园．精神科评定量表手册．长沙：湖南科学技术出版社，2003.）

后 记

多年的小组工作教学积累了很多实务案例，一直有想法集结成书，供交流和探讨。这次幸得上海师范大学社会学重点学科建设项目的资助，终于得偿夙愿，非常感谢学科带头人邵雍教授的鼓励与支持！

还要感谢历年参与小组策划与运作的我的学生们，他们的热情、创意与努力让我总是对这门课充满了期待！很遗憾，由于篇幅所限，很多精彩的小组报告无法放在这本书里。

最后，特别要感谢合肥工业大学出版社朱移山编辑，他为本书的出版付出了辛勤劳动。

转型社会涌现无数的新问题，也见证了解决问题的新思路。理性地看待自身和社会，现实地参与变革，既是通向有意义人生的基石，也是本土社会工作实践的基础。我相信，对“以人为本”的诠释与启蒙是本土社会工作教育持续发展的根基。

张宇莲

2010 年 7 月 7 日

图书在版编目(CIP)数据

高校小组工作:研究与实践/张宇莲主编.—合肥:合肥工业大学出版社,2010.9

(都市社会工作研究系列)

ISBN 978-7-5650-0277-9

Ⅰ.①高… Ⅱ.①张… Ⅲ.①高等学校—社会工作—研究 Ⅳ.①G40-052

中国版本图书馆 CIP 数据核字(2010)第 173284 号

高校小组工作:研究与实践

主编 张宇莲　　责任编辑 朱移山

出　版	合肥工业大学出版社	版　次	2010 年 9 月第 1 版
地　址	合肥市屯溪路 193 号	印　次	2010 年 9 月第 1 次印刷
邮　编	230009	开　本	787 毫米×1092 毫米　1/16
电　话	总编室:0551—2903038	印　张	20
	发行部:0551—2903198	字　数	337 千字
网　址	www.hfutpress.com.cn	印　刷	合肥现代印务有限公司
E-mail	press@hfutpress.com.cn	发　行	全国新华书店

ISBN 978-7-5650-0277-9　　定价:30.00 元